elefante

elefante

Edição
Tadeu Breda
Luiza Brandino

Preparação
Érico Melo

Revisão
Dafne Melo
Laila Guilherme

Diagramação
Daniela Miwa Taira

Assistência de arte
Yana Parente

Capa, projeto gráfico & direção de arte
Bianca Oliveira

Geopolítica e transições ecossociais

colonialismo verde

1

Organização

Miriam Lang, Breno Bringel & Mary Ann Manahan

Tradução

Adriana Guimarães Scarpelini Vieira

parte II

Interdependências e implicações globais do colonialismo verde

parte III

Horizontes para um futuro habitável e uma vida digna

Agradecimentos

Em primeiro lugar, queremos agradecer a todas as pessoas que lutam, em diferentes latitudes, para sustentar a vida neste planeta com dignidade para todos. Hoje, mais do que nunca, é necessário tecer iniciativas, experiências, movimentos e organizações que reabram o horizonte para profundas transformações socioecológicas. Nosso reconhecimento vai para aqueles que estão trilhando esse caminho, apesar dos enormes desafios e da violência que enfrentam neste momento crítico.

Este livro é resultado de muitos diálogos coletivos e globais. Várias organizações, instituições e processos foram essenciais para que este livro existisse: o Grupo Permanente Global de Alternativas ao Desenvolvimento, o Pacto Ecossocial e Intercultural do Sul, o Institute for Policy Studies (IPS) e todas as pessoas e coletivos que participaram do processo Global Just Transition e dos diálogos Sul-Sul promovidos pelo IPS e pelo Pacto Ecossocial do Sul desde 2022.

Também estendemos nossa gratidão à Fundação Rosa Luxemburgo, que sediou e financiou o Grupo Permanente Global entre 2016 e 2022, bem como ao seu Escritório Regional da África Ocidental em Dakar, que sediou a reunião de 2022 sobre transições globais justas e apoiou a redação de muitos capítulos deste volume. Alguns nomes próprios também precisam ser explicitamente reconhecidos. John Feffer foi um dos principais apoiadores do processo de diálogo por trás do livro e de sua publicação. Claus-Dieter König e Ibrahima Thiam possibilitaram que muitos dos autores estivessem presentes no Senegal para discutir ideias preliminares para o livro.

Gostaríamos ainda de agradecer às nossas famílias, filhos, colegas e amigos, que nos apoiaram com paciência, críticas e amor durante o trabalho de pesquisa, debate, compilação, organização, redação e revisão do material.

O livro foi publicado originalmente em espanhol em novembro de 2023 pelo Conselho Latino-Americano de Ciências Sociais (Clacso), graças aos esforços de Karina Batthyány, Pablo Vommaro e Fernanda Pampín. Seguiram-se outras edições latino-americanas publicadas em 2024 no Equador (coeditado com a Universidad Andina Simón Bolívar), na Colômbia (com o apoio da seção colombiana do Pacto Ecossocial do Sul, Tierra Libre e Broederlijk Delen) e no México.

A versão em inglês foi publicada em março de 2024, em Londres, pela editora Pluto. Agradecemos a Ken Barlow e toda a equipe, que recebeu com entusiasmo a nossa proposta e contribuiu para a ampla divulgação do livro. Em fevereiro de 2025, o Centre Tricontinental generosamente traduziu uma seleção de artigos do livro ao francês e os publicou em sua revista *Alternatives Sud*. Poucos meses depois, em junho de 2025, a editora Oekom publicou a versão em alemão. Ulrich Brand merece um agradecimento especial pelo seu apoio na mediação e na materialização da publicação na Alemanha.

Ao longo do último ano e meio, fizemos várias apresentações do livro na Colômbia, no Equador, na Espanha, nos Estados Unidos, na Filipinas, no México, na Nigéria e no Reino Unido, além de diversos debates on-line promovidos, entre outros, por Clacso, Global Tapestry of Alternatives, Fundação Rosa Luxemburgo África do Sul e Institute for African Alternatives. Somos gratos aos colegas que organizaram esses eventos e a todos os participantes pelos múltiplos comentários e resenhas.

Estamos muito felizes que, por fim, o livro também possa ser publicado em português no Brasil. Agradecemos à editora Elefante pela acolhida e, muito especialmente, a Tadeu Breda pela paciência e pelo cuidado na edição do manuscrito. Por sua vez, o Escritório Regional Brasil e Paraguai da Fundação Rosa Luxemburgo, com sede em São Paulo, possibilitou a tradução do livro ao português. Nosso agradecimento a Verena Glass e Andreas Behn pelo apoio.

Diálogos globais, como os que propomos nestas páginas, são sempre mediados por traduções. Agradecemos aos tradutores e revisores cujo trabalho permite que o livro possa circular em cada vez mais idiomas. Com isso, esperamos que outros processos de tradução, no nível das lutas e reflexões, sejam realizados pelos leitores, transformando os diagnósticos e as propostas aqui apresentados em uma bússola dinâmica para interpretar e transformar nossas realidades.

Introdução

Transições lucrativas, colonialismo verde e caminhos para a justiça ecossocial

Miriam Lang

Breno Bringel

Mary Ann Manahan

Os desafios enfrentados pelas sociedades humanas estão se complexificando num ritmo de tirar o fôlego. Nos últimos anos, vários desastres relacionados às mudanças climáticas, à pandemia, à guerra na Ucrânia e ao genocídio na Palestina complicaram ainda mais um panorama já tensionado pelas disputas entre as potências globais. Os cientistas desenvolveram uma grande capacidade de detectar e avaliar esses desafios, de modelar e prever o futuro, por exemplo, em cenários de aquecimento global e extinção de espécies. Eles nos fornecem informações mais detalhadas do que nunca. No entanto, apesar de sabermos mais, ainda faltam respostas adequadas à gravidade da situação. De acordo com a ciência, estamos ultrapassando todos os limites planetários, e os prazos para lidar com o colapso ecológico estão diminuindo, mas as emissões de gases de efeito estufa seguem aumentando, mesmo após décadas de esforços multilaterais. Isso se aplica também à poluição e à acidificação dos oceanos, à extinção de espécies, à perda de água doce e da fertilidade do solo. Todos os indicadores de destruição ambiental têm piorado, e parecemos condenados a expandir ainda mais nosso metabolismo social num planeta limitado.

Os instrumentos que as sociedades humanas desenvolveram para enfrentar esses desafios no chamado "Antropoceno", além de serem insuficientes, estão sendo colocados em xeque pela atual policrise, ou seja, uma série de crises interligadas que se reforçam mutuamente. As instituições da democracia liberal têm enfrentado uma crescente perda de credibilidade, e, em muitas partes do mundo, elas estão sendo desmanteladas por dentro pela ação coordenada de forças autoritárias. Em termos de distribuição de riqueza, nosso mundo nunca foi tão desigual como hoje; ainda assim, a despeito de algumas iniciativas interessantes para taxar os super-ricos, até agora não encontramos meios de limitar as fortunas e a influência de um pequeno grupo de pessoas e corporações transnacionais.

Tudo isso tem efeitos graves nas decisões que tomamos acerca de nossas relações com a natureza e seus resultados. As atuais políticas ambientais são marcadas por duas características: em primeiro lugar, não se concentram na preservação de ecossistemas complexos, mas na acumulação de capital; em segundo lugar, possuem uma natureza colonial, ou seja, presumem que algumas regiões, corpos e populações precisam estar a serviço de outras, desconsiderando as condições ambientais necessárias para uma vida digna. A seguir, aprofundamos os dois argumentos que compõem o cerne deste livro.

Consenso da Descarbonização e rentabilidade no centro da política ambiental

A governança ambiental e climática não ficou de fora da imposição do neoliberalismo em todas as dimensões da vida após os anos 1980. Como Laval e Dardot (2017 [2016]) têm apontado, a razão neoliberal não se contenta em eliminar os limites aos negócios em nome da liberdade, mas visa estender a própria lógica empresarial e seu modo de atuação para muito além da esfera do mercado, abrangendo todos os setores da sociedade, até mesmo as subjetividades, e colocando o Estado no papel de principal alavanca dessa expansão. A razão neoliberal pretende remodelar os limites de concepção e aceitação das propostas políticas, e foi tão bem-sucedida que se tornou hegemônica.

Foi assim que a rentabilidade passou a ocupar o centro da política ambiental. Nascidos da preocupação com as óbvias consequências das "décadas douradas" do fordismo para o meio ambiente e a saúde humana, movimentos ecológicos e relatórios acadêmicos como *Os limites do crescimento* (Meadows *et al.*, 1972 [1978]) impulsionaram um sistema relativamente eficaz de regras, limites, ações judiciais e sanções contra os poluidores, pelo menos no Norte Global. Mas esse sistema foi substituído por mecanismos de mercado, que todos os atores adotariam "voluntariamente", apenas por serem lucrativos (Klein, 2015 [2016]). Desde o Protocolo de Quioto, em 1997, prevalecem as compensações de carbono, os mecanismos de desenvolvimento limpo e um conjunto de incentivos de mercado que mudaram de nome, mas não de lógica.

A proteção de nosso habitat se tornou objeto de negócios especulativos que acabam financeirizando a natureza. Muitas vezes, eles apenas simulam uma redução nas emissões de gases do efeito estufa, supondo que alguém teria, de outra forma, desmatado uma floresta, por exemplo, se não tivesse fechado um acordo de compensação de carbono. Ao mesmo tempo, a linguagem das mudanças climáticas ficou tão complicada que excluiu boa parte da cidadania e diversos atores sociais, tornando a poluição um tema para especialistas. Atualmente, o discurso climático dominante encena uma gigantesca simulação, na qual "sumidouros de carbono" de um lado do planeta supostamente absorvem certo volume de toneladas de CO_2 emitidas do outro lado, como se esses "sumidouros" não absorvessem carbono de qualquer maneira, e como se essas toneladas de CO_2 não aumentassem a poluição em termos absolutos.

Diante dessas tendências, surgiu nos últimos anos um novo acordo global, comprometido em reduzir as emissões de carbono pelo sistema energético baseado em combustíveis fósseis através da adoção de energias "renováveis". Seu *leitmotiv* é combater o aquecimento global e a crise climática, promovendo uma transição energética impulsionada pela eletrificação do consumo e pela digitalização. No entanto, em vez de proteger o planeta, contribui para sua destruição, aprofunda as desigualdades existentes, exacerba a exploração dos recursos naturais e perpetua o modelo de mercantilização da natureza.

Breno Bringel e Maristella Svampa (2023) definem esse processo como "Consenso da Descarbonização". Por um lado, sugere-se que tudo pode continuar como antes se substituirmos os combustíveis fósseis por renováveis. Por outro, insiste-se na centralidade do crescimento econômico para a organização de nossas economias e sociedades, crescimento que agora seria simplesmente "verde". Além disso, o Consenso da Descarbonização limita o horizonte da luta contra as mudanças climáticas ao que a ativista e pesquisadora brasileira Camila Moreno define como "métricas de carbono" (Moreno, Chassé & Fuhr, 2015): uma forma limitada e deficiente de quantificar esse elemento, baseada apenas nas moléculas de CO_2, que proporciona uma espécie de moeda de troca internacional e cria a ilusão de que algo está sendo feito contra a degradação ambiental. Essa métrica reduz a deterioração e o colapso da teia biológica da Terra, extremamente complexa, a uma única cifra, compatível com a contabilidade capitalista: toneladas de CO_2, como se essa medida pudesse fornecer informações confiáveis sobre as diversas camadas dos danos causados ao nosso habitat pelo modo de vida hegemônico e suas linhas de interconexão. Assim, escondem-se os problemas subjacentes e defendem-se explicitamente os "negócios verdes", as "soluções baseadas na natureza", a "mineração climaticamente inteligente" e os "mercados de carbono", entre várias modalidades de investimento especulativo. Embora a gravidade da emergência climática seja reconhecida em princípio por essas políticas, elas não apenas são inadequadas como geram consequências muito graves.

Nos últimos anos, as grandes potências mundiais (União Europeia, Estados Unidos e China) se comprometeram a reduzir emissões e direcionar suas economias para modos de produção de baixo carbono e descarbonizados, ao mesmo tempo que visam novas oportunidades de crescimento "verde". Mas esse Consenso da Descarbonização é forjado pelo colonialismo verde, pois mobiliza tanto práticas quanto imaginários neocoloniais. Uma reviravolta na retórica da "sustentabilidade" abriu uma nova fase de expropriação ambiental no Sul Global que afeta a vida de milhões de seres humanos e não humanos e compromete ainda mais a biodiversidade, destruindo ecossistemas estratégicos.

A guerra na Ucrânia reconfigurou as tensões geopolíticas e reforçou a dependência internacional dos combustíveis fósseis, pois priorizou as preocupações de curto prazo com a segurança energética. A destruição de Gaza, por sua vez, combina o extermínio da população palestina com um verdadeiro ecocídio, destruindo solos, terras cultiváveis, fontes de água, projetos de energia solar. Além dos conflitos armados mais visíveis, a militarização dos territórios se estende globalmente como uma guerra contra a vida e a natureza.

A despeito das promessas de descarbonização e de "esverdeamento" da economia, boa parte dos governos reunidos anualmente nas Conferências das Partes (COP) da Convenção-Quadro das Nações Unidas sobre a Mudança do Clima (UNFCCC) e das empresas transnacionais de petróleo e gás planeja expandir suas operações. Fazem isso ao mesmo tempo que exploram novas tecnologias lucrativas em torno do hidrogênio, por exemplo. "Capitalismo verde" ou "extrativismo verde" é o nome dado por ativistas e grande parte da literatura acadêmica a essa dinâmica de "acumulação por desfossilização" (Slipak & Argento, 2022), que não deve ser vista como algo totalmente oposto ao "capitalismo fóssil", e sim como duas faces da mesma moeda no processo atual de acumulação capitalista.

A pesquisa e a inovação tecnológicas têm prosperado, mas também se inscrevem profundamente nos paradigmas da lucratividade, do progresso infinito e do crescimento econômico, em vez de serem orientadas pela necessidade fundamental de sustentar e reproduzir a vida. Assim, apontam para uma destruição ainda mais intensa de nosso habitat e do tecido social ao abrir caminho para a exploração de hidrocarbonetos em ambientes cada vez mais arriscados, apostando, do mesmo modo, em geoengenharia — intervenções em escala planetária para que as temperaturas sejam colocadas "novamente sob controle" — e na inteligência artificial como forma de substituição da aprendizagem humana e da compreensão das inter-relações complexas das quais depende a própria vida. É por isso que tantas vozes do Sul Global têm denunciado as transições ecológicas hegemônicas e sua lógica, embora nem sempre sejam ouvidas.

Um Sul Global invisibilizado para ser apropriado

Como pessoas cujas vidas e lutas gravitam em torno do Sul Global, mas que possuem múltiplos laços e, alguns de nós, também raízes no Norte Global, temos testemunhado muitos debates e práticas que abordam o colapso ecológico em diferentes regiões do mundo. Especialmente nos Estados Unidos e na Europa, ficamos impressionados com a consistente invisibilidade do Sul Global nesses debates e com a naturalidade com que se presume que virão de "algum lugar" todos os "minerais críticos"[1] e extensões de terras necessários para todos os carros elétricos, as gigantescas instalações solares e eólicas e a digitalização da produção — promessas para se alcançar o crescimento verde. O palavrório dos documentos se concentra em termos como "alianças verdes" e "matérias-primas sustentáveis"[2] para ultrapassar as outras potências mundiais na corrida pela primazia geoeconômica, sem detalhar como o extrativismo se tornará "sustentável" e as relações Norte-Sul, menos assimétricas. Suas preocupações se atêm à obtenção das quantidades necessárias.

Enquanto isso, na floresta tropical do Equador, o desmatamento é impulsionado pelo apetite chinês pela madeira de balsa, extremamente leve e resistente, usada na construção de turbinas eólicas. Na África do Sul, as enormes infraestruturas das centrais de hidrogênio para exportação de energia "limpa" constituem um problema para as comunidades cujo sustento depende da pesca

1 Recursos minerais essenciais para setores estratégicos como tecnologia, defesa e transição energética, cuja oferta está sujeita a riscos de escassez ou dependência de poucos fornecedores. [N.E.]
2 "The European Green Deal", Comissão Europeia, 2019. Disponível em: 01aa75ed71a1.0002.02/DOC_1&format=PDF.

artesanal e da agricultura. No Magreb, os pastores perdem suas terras e fontes de água para enormes fazendas solares construídas para fornecer "energia verde" à Europa. No Triângulo do Lítio da América do Sul, as comunidades indígenas lutam pelas escassas fontes de água, cada vez mais dominadas pela mineração do lítio necessário para as baterias dos carros elétricos. Ao buscarem uma nova legitimidade e se contraporem às lutas dos povos por seus meios de subsistência ou territórios, todas essas práticas recentes de apropriação e expropriação passaram a ser rotuladas como "verdes".

O colonialismo verde se desdobra em pelo menos quatro dimensões das relações entre o Norte e o Sul geopolíticos, à medida que se remodela e se atualiza no contexto desse Consenso da Descarbonização. A primeira dimensão é a exigência de matérias-primas ilimitadas para a corrida mundial da segurança energética, que adiciona uma camada "verde" às pressões extrativistas já existentes. A segunda é a imposição de certos formatos de conservação dos territórios do Sul, no contexto dos esquemas de compensação de carbono, que permitem adiar ainda mais as urgentes mudanças estruturais dos processos de produção poluentes nas economias do Norte. A terceira dimensão é a utilização de lugares no Sul Global como lixões para os resíduos tóxicos e eletrônicos gerados pelas fontes de energia renováveis (Sovacool *et al.*, 2020). A quarta projeta o Sul como novo mercado para a venda de tecnologias renováveis a altos preços, dentro da arquitetura assimétrica do comércio global, perpetuando assim as trocas desiguais (Hickel *et al.*, 2022).

Em muitos debates no Norte Global, as geografias nas quais essa apropriação ocorrerá são imaginadas e representadas como se não abrigassem pessoas, biomas e conflitos, como se pertencessem a outro planeta, em que nada é motivo de preocupação. Causa indignação a forma como paisagens, corpos e populações inteiras do Sul Global são considerados descartáveis. É assim que a qualidade mutuamente constitutiva do colonialismo, do patriarcado e do capitalismo, vigente desde o século XVI, é reencenada hoje: geografias destinadas à acumulação depredam outras geografias, relegadas à pilhagem (Aráoz, 2015). Embora o atual colonialismo verde seja tão materialmente expropriador quanto as relações coloniais anteriores, ele desafia as resistências ao se proclamar favorável ao meio ambiente e indispensável para possibilitar um futuro à humanidade — uma jornada na qual as populações racializadas do Sul Global aparentemente ainda não têm lugar.

Essas práticas e projetos são continuamente alimentadas por imaginários neocoloniais. Por exemplo, a ideia de "espaço vazio", típica da geopolítica imperial, é frequentemente acionada por governos e corporações. No passado, essa ideia, que complementa a noção ratzeliana de "espaço vital" (*Lebensraum*), gerou ecocídio e etnocídio indígena e posteriormente serviu para promover políticas de "desenvolvimento" e "colonização" de territórios. Hoje ela é utilizada para justificar o expansionismo territorial dos investimentos energéticos "verdes". Dessa forma, grandes extensões de terra em áreas rurais escassamente povoadas são vistas como "espaços vazios" adequados para a construção de turbinas eólicas ou usinas de hidrogênio.

Causa-nos perplexidade o fato de que mesmo as forças políticas consideradas alternativas, dissidentes ou de esquerda do Norte Global, ou seja, antagonistas da hegemonia planetária da civilização capitalista, abstenham-se de pensar a transformação ecossocial em termos verdadeiramente globais, numa perspectiva de justiça social e ambiental. É desconcertante o nível de naturalização do hábito de externalizar os custos sociais e ambientais do modo de vida imperial, sustentado tanto pela normalização da rotina cotidiana quanto por estruturas e regras globais historicamente assimétricas, e também o rigor com que isso restringe as possibilidades do que é politicamente dizível e sobretudo factível. Nas discussões sobre transição energética, eficiência e segurança, o privilégio das sociedades do Norte é autoevidente de um modo tão marcante como durante os primeiros anos da pandemia de covid-19. Essa autoevidência se baseia na naturalidade decorrente de terem crescido num contexto em que suas vidas e seus direitos são dignos de proteção, mas no qual estão implicitamente cientes de que esse não é o caso da maioria da população mundial. A colonialidade do ser, do poder e do conhecimento, como brilhantemente trazida à luz desde a década de 1990 pelo sociólogo peruano Aníbal Quijano e pelo grupo de trabalho latino-americano sobre colonialidade/modernidade, aparece conspicuamente nos debates sobre transição energética, eficiência e segurança em diferentes lugares do Norte.

Este livro busca tornar tudo isso visível e expressar vozes geralmente não ouvidas nesses debates. Procura ampliar as perspectivas das redes, dos movimentos e das alianças no Sul Global para ajudar a contrabalançar com mais efetividade a nova fase hegemônica do capitalismo verde-colonial, baseada em tecnologia e liderada por empresas. Ao intervir nesse debate a partir de uma perspectiva interseccional e internacionalista, este volume entrelaça vertentes de debate que, de outra forma, seriam separadas pelas fronteiras nacionais e disciplinares.

Uma das premissas deste livro é que não pode haver transformação ecossocial sem justiça global. Nosso planeta é um ecossistema megacomplexo do qual os humanos fazemos parte. A pandemia de covid-19 nos mostrou claramente onde podemos terminar se desconsiderarmos as soluções sistêmicas para priorizar interesses nacionais ou empresariais. Ao mesmo tempo, abraçamos a justiça em todas as suas dimensões — social, racial, de gênero, ecológica, interétnica e interespécies —, como reflete a diversidade de abordagens aqui incluídas, que vão do ecofeminismo à economia ecológica e do ecossocialismo ao pluriverso. Todos os autores têm formações e experiências que combinam ativismo com produção de conhecimento em variados contextos. Não somente escrevem sobre as lutas para a transformação ecossocial; também participam delas.

A segunda premissa central é que a transformação ecossocial precisa urgentemente reduzir o consumo humano de energia e matéria *em termos absolutos*, o que implica profundas mudanças em nossos modos de produção e abastecimento. Uma dimensão inevitável dessa transformação é o decrescimento planejado, especialmente no Norte Global, acompanhado de reformas estruturais na direção de uma distribuição justa dos meios materiais necessários à reprodução da vida, entre países e regiões e dentro deles. Por isso, convidamos vozes do movimento de decrescimento a contribuir com a parte III deste livro. A justiça global só será alcançada se vozes críticas do Norte e do Sul se unirem num caminho compartilhado, apesar das diferenças e especificidades.

Os autores e as autoras deste volume falam línguas muito diferentes, não somente no que concerne às suas origens sociais e geográficas mas também em termos de suas trajetórias epistêmicas e ativistas. Essa diversidade se reflete no estilo dos capítulos, que juntos compõem um diálogo global único entre diferentes formas de pensar, conhecer e compreender a transformação ecossocial. Acreditamos que essa diversidade de abordagens é exatamente aquilo de que precisamos para superar a fé cega em soluções tecnológicas e de mercado que estão nos levando ao colapso.

A colonialidade climática como última etapa do colonialismo verde

Durante a última década, ganhou força o conceito de colonialismo verde, aplicado para definir a fase atual do extrativismo verde. Mas ele já havia sido utilizado, principalmente por historiadores ambientais, para definir um processo mais longo. Como afirma Richard Grove (1995), um dos principais expoentes desse campo de estudos, "a homogeneização provocada pela dispendiosa transformação das pessoas, do comércio, da economia e do meio ambiente, com a qual estamos familiarizados hoje, pode ser rastreada até os primórdios da expansão colonial, quando os agentes do novo capital europeu e os mercados urbanos procuravam ampliar suas áreas de operação e fontes de matérias-primas".

Entendido dessa forma, o colonialismo verde não é um fenômeno recente, mas um padrão histórico de poder colonial e expansão capitalista. O extrativismo está no DNA do colonialismo desde 1492. Num livro brilhante, Horacio Machado Aráoz (2018 [2020]) mostra em detalhes como Potosí se tornou o ponto de partida de uma nova era geológica e civilizacional, na qual a mineração colonial serve de gatilho para o Capitaloceno. Esse padrão mudou ao longo dos séculos. Embora a lógica extrativista e a violência colonial contra corpos, territórios e ecossistemas tenham se mantido, elas se tornaram mais complexas com o surgimento de novas condições materiais e meios de justificação. À medida que o colonialismo se expandia, formava-se um novo imaginário geopolítico sobre a natureza e o "outro" não ocidental, justificando a apropriação de terras e a subjugação de populações inteiras. Paradoxalmente, a destruição ecológica causada pelo colonialismo permitiu, a partir de meados do século XVII, o advento da preocupação com a preservação ambiental.

Desde então, as potências coloniais aprimoraram sua estratégia imperialista: continuam a destruir a natureza e a extrair o máximo de riquezas possível, mas ao mesmo tempo elaboram políticas e discursos conservacionistas. Vimbai Kwashirai (2009), por exemplo, analisa o "colonialismo verde" no Zimbábue do final do século XIX ao final do século XX e mostra em detalhes os impactos socioambientais do colonialismo britânico e os diferentes tipos de conflitos, relações e mediações entre autoridades coloniais, corporações, cientistas e atores locais em torno da exploração madeireira e da conservação florestal. Como argumenta Ravi Kumar (2010), a tensão entre a preservação e a destruição de florestas na África e na Ásia é um legado do colonialismo britânico. No caso específico do sul da Índia, o autor mostra como o "colonialismo verde" de Londres primeiro destruiu as florestas — enquanto culpava os nativos por isso — e depois criou uma política de controle das paisagens florestais, argumentando que era importante manter e ampliar o domínio estatal sobre a natureza para administrar o clima e os sistemas de irrigação e, assim, melhorar o bem-estar do país.

Do mesmo modo, o controle tecnológico e a dominação das paisagens têm sido centrais para a contínua reprodução do colonialismo verde. Headrick (1981) sugere que a engenharia hidráulica foi um dos principais motores do imperialismo europeu. A construção de canais, obras de alargamento e barragens tem servido para manter o poder imperial inclusive após o fim do colonialismo formal, por meio da necessidade induzida de transferir tecnologia. Mas não se trata simplesmente de estabelecer uma relação de dependência material. Worster (2008) dá um exemplo interessante, argumentando que, depois da instalação de projetos de irrigação e do estabelecimento de várias formas de controle hídrico, a relação do povo indiano com a água nunca mais foi a mesma. Os sistemas comunitários de água em diferentes partes do Sul Global foram desmantelados e passaram a ser geridos pelo capitalismo colonial e pelas autoridades estatais para seus próprios fins. Consequentemente, o antropocentrismo implica não apenas a obsessão moderna pelo controle humano sobre a natureza mas também uma espécie de indiferença, desconsideração e desvalorização de outras formas de organização da reprodução social.

O colonialismo verde foi, assim, historicamente forjado pelo capitalismo e pela mercantilização da natureza, combinando expansão material e controle subjetivo, que se expressam na "colonialidade da natureza" (Coronil, 2000). Segundo Héctor Alimonda (2011), um dos impulsionadores da ecologia política na América Latina, o pensamento hegemônico global e as elites dominantes são atravessados pela colonialidade da natureza e interpretam esse subcontinente e outras regiões do Sul Global como um espaço subalterno, que pode ser explorado, destruído e reconfigurado conforme as necessidades dos regimes de acumulação dominantes. Isso afeta a realidade biofísica (a flora, a fauna, os habitantes humanos, a biodiversidade de seus ecossistemas), a configuração territorial (as dinâmicas socioculturais que articulam esses ecossistemas e paisagens) e o pensamento (colonialidade da mente e do conhecimento).

Uma vez que o colonialismo verde não terminou com o fim da colonização formal, a diferenciação conceitual proposta por Quijano (2000) entre colonialismo e colonialidade é relevante para identificar momentos e lugares específicos nos quais ocorreu dominação imperial, bem como a matriz colonial de poder que persistiu após a independência política das ex-colônias. Além disso, o arcabouço da colonialidade é importante para entendermos como o imperialismo de alguns países, como os Estados Unidos, não precisou de colônias para exercer seu padrão de poder, pois conseguiu potencializar o colonialismo verde através de ameaças militares, da imposição de mercados globais e de outros mecanismos indiretos de domínio cultural, jurídico, político e comercial.

Existe uma "razão imperial" no colonialismo verde. Portanto, esperamos que trabalhos futuros explorem mais detalhadamente a relação entre colonialismo verde e imperialismo ecológico. Seriam eles sinônimos? Seriam fenômenos interdependentes, mas distintos? Uma crescente bibliografia, majoritariamente marxista, tem resgatado o debate sobre o imperialismo ecológico, vivo no âmbito acadêmico desde a década de 1980, a fim de enfatizar as contradições ecológicas do capitalismo e da fenda metabólica (Foster & Clark, 2004). De forma complementar, muitos estudiosos se perguntam como o imperialismo ecológico se enraíza nas práticas cotidianas e se escora nas instituições. Como isso é normalizado de forma a esconder o caráter imperialista implícito? Brand e Wissen (2021) o chamam de "modo de vida imperial", conceito muito próximo do que Slater (2010) define como "imperialidade", ou seja, "o direito, o privilégio e o sentimento percebidos de ser imperial ou de defender um modo de vida imperial que legitima a invasividade geopolítica".

Esses avanços recentes dos debates são muito bem-vindos, assim como os que procuram pensar o decrescimento como uma política anticolonial (Hickel, 2021b), relevantes para as relações Norte-Sul porque reconhecem a dívida ecológica como um tema central das lutas contemporâneas, ao mesmo tempo que advogam a descolonização também no Norte. No entanto, precisamos ser cautelosos: o discurso anti-imperialista ainda é amplamente mobilizado contra a natureza por setores que se autodenominam de esquerda ou "progressistas". O desenvolvimentismo baseado em combustíveis fósseis ainda está muito presente, por exemplo, na retórica de certos atores e setores do Sul que defendem uma transição energética justa e, ao mesmo tempo, a continuidade da exploração petrolífera por interesse nacional, porque, caso contrário, um país estrangeiro o fará. Do mesmo modo, a ideia do "direito ao desenvolvimento" ainda ressoa fortemente entre os atores do Sul Global que se definem como anti-imperialistas, embora sejam muitas as evidências de ecocídio, genocídio e destruição epistêmica causados em nome desse "desenvolvimento".

Durante a luta pela descolonização da África, o revolucionário ganês Kwame Nkrumah (1965 [1967]) argumentou que o neocolonialismo seria a última etapa do imperialismo. Hoje podemos afirmar que a colonialidade climática (Sultana, 2022), marcada pelo Consenso da Descarbonização, é a última etapa do colonialismo verde. Salvar o clima e descarbonizar a economia se tornaram mantras. A tensão histórica entre preservação e destruição segue muito presente, ainda que através de mecanismos cada vez mais sofisticados de controle digital e territorial. Em meio a esse processo, a nova face do colonialismo verde reproduz tanto as relações do colonialismo histórico quanto a colonialidade do poder, mas busca uma nova legitimação social em torno da ideia de descarbonização. Para alguns autores, é um novo "colonialismo do carbono" (Lyons & Westoby, 2014); para outros, enfrentamos um "colonialismo climático" (Bhambra & Newell, 2022). Seja qual for a nomenclatura, parece emergir no pensamento crítico mundial certo consenso de que estamos em um ponto de inflexão histórica no que se refere à natureza das relações coloniais e da emergência climática.

Como superar o colonialismo verde? Transições justas e transformações ecossociais

É essencial que reconheçamos o colonialismo verde e sua faceta atual de extrativismo verde como inimigos, mas precisamos discutir como derrotá-lo. Além de desnudar suas falsas soluções para as mudanças climáticas e analisar criticamente seus impactos, é igualmente importante mapear e examinar as alternativas disponíveis. Embora o Consenso da Descarbonização afirme que não há alternativa fora do quadro dominante, isso está longe de ser realidade. Nos últimos anos, vários autores se dedicaram a examinar e propor alternativas socioecológicas "de baixo para cima". O repertório de intervenções é diversificado: da justiça ambiental e climática (Bond, 2023) a experiências ecológicas de base (Gelderloos, 2022), o decrescimento (Schmeltzer, Vansintjan & Vetter, 2022), a resiliência (Rifkin, 2022 [2024]) e uma ampla gama de políticas e experiências de transição.

Muitas vezes, essas análises se concentram na dimensão local e na adaptação às mudanças climáticas, e raramente alcançam uma perspectiva de justiça global que considere não apenas ações e cenários macro mas também as diferentes visões de mundo e perspectivas por trás das lutas contemporâneas. Neste livro priorizamos lutas localizadas que não são localistas. Isso significa pensar na ressonância entre as lutas semelhantes em diferentes partes do mundo, em sua escalabilidade e na possibilidade de gerar articulações e convergências.

Enfatizar a importância do Sul Global não implica homogeneizar o Norte Global. Pelo contrário, precisamos aprofundar e complexificar nossas análises. Por um lado, como mostramos neste livro, o colonialismo verde não é simplesmente imposto de cima para baixo ou do Norte para o Sul. Em muitos casos, também está em jogo uma espécie de "colonialismo verde interno", que forja as condições de possibilidade para o avanço do extrativismo verde com base nas alianças coloniais e nas relações entre elites nacionais e globais. Por mais que possam ter sua capacidade política e econômica crescentemente limitada, os governos dos países do Sul Global e suas elites retrógadas são atores com agência, atuando como vetores e mediadores das políticas corporativas dominantes. Por outro lado, também precisamos valorizar as vozes críticas dentro do Norte Global, especialmente as que se preocupam com uma transição justa em chave internacionalista e planetária, e fortalecer seus vínculos entre si e com as alternativas do Sul Global.

Concordamos plenamente com Arturo Escobar (2015): para construir pontes entre as lutas do Norte e do Sul, é necessário ter em mente a importância de resistir à armadilha de pensar que, enquanto o Norte precisa decrescer, o Sul necessita se "desenvolver" (mesmo que com matizes verdes). As políticas orientadas ao crescimento ilimitado e ao extrativismo são altamente destrutivas para os ecossistemas, os territórios e as comunidades. Por isso, na última década, ativistas e intelectuais da América Latina começaram a sugerir que o essencial não são as alternativas *de* desenvolvimento, mas as alternativas *ao* desenvolvimento (Lang & Mokrani, 2013).

Essas alternativas necessariamente envolvem a construção de transições radicais, pós-extrativistas. Uma vez que a ideia de transição — ou mesmo de transição justa — tem sido cooptada pelo capitalismo e por diversos atores institucionais de maneira limitada e problemática como sinônimo de uma transição energética orientada para o mercado ou como uma sustentabilidade frouxa, devemos esclarecer seus significados e horizontes. A transição ecossocial precisa ser entendida como parte de um processo mais amplo de transformação cultural, econômica, política e social em relação à natureza. Além disso, a transição ecossocial não pode ser reduzida a uma promessa de futuro, como é o caso das propostas dominantes.

As transições já acontecem em todo o mundo através de uma infinidade de experiências em comunidades e territórios, em áreas rurais e urbanas, bem como das resistências territoriais contra o capitalismo verde e suas falsas soluções. Precisamos urgentemente mapear e fortalecer esses múltiplos processos de reexistência ligados à energia comunitária, aos projetos agroecológicos, às hortas urbanas e às economias alternativas, para citar apenas alguns exemplos de experiências concretas de transição, que consistem em (eco)utopias territorializadas. É nelas que residem as alternativas mais sólidas ao colonialismo verde.

Devemos também nos perguntar se as propostas institucionais atualmente existentes são parte da solução ou do problema. As múltiplas propostas de Novo Pacto Verde ou Green New Deal (GND) continuam a ser objeto de acalorados debates. Nos últimos anos, uma extensa bibliografia tem sido dedicada à análise de diferentes casos nacionais (Aronoff *et al.*, 2019), embora também existam perspectivas mais sistêmicas (Chomsky & Pollin, 2020), internacionalistas (Riexinger *et al.*, 2021) e globais (Ajl, 2021). Apesar da diversidade de propostas de GND, todas têm algo em comum: a necessidade de que os governos (e não os mercados) liderem a transição energética (Tienhaara & Robinson, 2023). De fato, em alguns casos, essas transições institucionais e/ou governamentais facilitam as transições corporativas e a elas se fundem numa dinâmica de submissão do setor público aos interesses privados. Em diversos países, a tendência à formação de grandes alianças público-privadas entre Estados e empresas transnacionais dilui as fronteiras entre as "transições corporativas" e as "orientadas pelo Estado", embora no papel a diferenciação entre discursos e espaços continue a existir. Em outros casos, no entanto — a menor parte, devemos reconhecer —, o Estado reivindica sua autonomia e é mais claramente contestado. Nesses cenários, tensões e forças contrárias à sua relação umbilical com o mundo corporativo propõem transições energéticas viáveis, capazes de promover a diversificação econômica e a descentralização conforme as agendas de organizações ambientais e movimentos sociais. Analisar essas mediações e tensões é um desafio importante — apenas parcialmente incorporado neste livro — que necessitará de maior atenção no futuro.

Em suma, as alternativas ao colonialismo verde existem não apenas em termos intelectuais mas também políticos e práticos, embora enfrentem cenários extremamente complexos. Grande parte do pensamento de esquerda no século XX, partindo de Marx, define os períodos de transição como aqueles em que novas relações sociais emergem dentro de outras anteriormente existentes, caracterizadas por coexistência e luta entre antigas e novas relações sociais — uma luta em que as novas formas de relação desempenham papel decisivo. Embora as transições radicais pós-antropocêntricas rompam com vários pressupostos da modernidade e, assim, compreendam a transformação ecossocial em bases diferentes, continua sendo essencial analisar essa tensão entre o antigo e o novo e entre as forças antagônicas. Como pretendemos demonstrar na apresentação das seções e capítulos do livro, a seguir, é nosso dever examinar as novas facetas do capitalismo colonial e dar visibilidade às alternativas existentes, sem desconsiderar suas contradições e potencialidades.

Sobre este livro

O objetivo desta publicação é examinar o avanço do colonialismo verde no mundo, enfatizando sua caracterização e a hipocrisia subjacente (parte I); analisar os entrelaçamentos estruturais e geopolíticos entre o Sul e o Norte Global que os sustentam e, portanto, devem ser abordados para construir uma perspectiva de justiça global (parte II); e, por fim, compartilhar uma série de perspectivas, desafios e propostas que constituem marcos relevantes no caminho para um futuro mais digno. Buscamos, por isso, fazer um breve inventário de práticas e conhecimentos que fundamentam outros modos de existência, verdadeiramente sustentáveis e que já são praticados, embora muitas vezes invisibilizados e não reconhecidos. De forma complementar, apresentamos ideias para as estratégias e políticas nesse caminho. A seguir, fornecemos uma visão panorâmica das seções do livro.

Transições hegemônicas e a geopolítica do poder

A primeira parte do livro examina criticamente o projeto hegemônico de "transição" energética em suas diferentes dimensões e escalas. A seção contém contribuições que examinam temas relacionados às "soluções verdes", ao Consenso da Descarbonização, aos processos de acumulação e desapropriação, à (nova) divisão internacional do trabalho e da natureza e as relações entre o Norte e o Sul Global. Os autores e as autoras rastreiam cuidadosamente as epistemes, os objetivos, os atores e os interesses por trás dos projetos de transição na União Europeia, nos Estados Unidos e na China, bem como sua tradução em políticas e práticas concretas na América Latina e na África. Todos os autores compartilham o entendimento de que a "narrativa tecnocapitalista" — termo cunhado por Maristella Svampa — não passa de "vinho velho em garrafas novas". Tal narrativa não abandona a obsessão pelo crescimento econômico e seu modelo insustentável de produção, distribuição e consumo, apesar de uma retórica que reconhece os limites do planeta.

Ao dissecar a "solução verde" como resposta para a policrise, Kristina Dietz, estudiosa alemã de relações internacionais, examina como as políticas europeias de transição energética à neutralidade climática anunciam uma nova fase de extrativismo verde no Sul Global. No centro desses planos está a ferrenha crença numa modernização ecológica que promova a reestruturação do comércio, da energia e dos transportes para que se encaixem no quadro da "economia verde". Dietz argumenta que as chamadas transições energéticas verdes estimulam um novo superciclo de commodities e posicionam os países ricos em matérias-primas como fornecedores de recursos críticos e "espaços vazios" para o Norte. Sua reflexão é conduzida por questões fundamentais de economia política: quem é proprietário do quê, quem faz o quê, por que e quem se beneficia ou perde?

No entanto, os Estados do Sul Global também têm desempenhado papéis ativos para consolidar sua posição subordinada na cadeia global de suprimentos. A socióloga e filósofa argentina Maristella Svampa narra como Argentina, Bolívia e Chile, que abrigam o famoso Triângulo do Lítio, desenvolveram agressivas estratégias nacionais na corrida geopolítica pelo mercado desse mineral e, no processo, geraram uma nova configuração de poder global. O lítio, como escreve Svampa, tornou-se uma representação simbólica e material, além de uma "chave mestra" do que ela chama de "transição energética corporativa" rumo a uma sociedade pós-fóssil. Assim como Dietz, Svampa discute a episteme por trás desse modelo de transição, que, argumenta, baseia-se na postura ideológica "de que o potencial de mudança é percebido apenas na eficiência tecnológica e, portanto, no consumo, sem que a própria lógica desse consumo seja contestada".

Em seu capítulo, Hamza Hamouchene, investigador-ativista argelino, narra meticulosamente a história das transições para energias renováveis no Norte da África como a constituição de um "colonialismo energético" de natureza extrativa e reproduzido sob a forma de apropriação de terras. Com amplas evidências regionais, Hamouchene destaca como os clichês coloniais sobre o Saara são propagados e concretizados para implementar a estratégia de hidrogênio verde da União Europeia no âmbito do Pacto Verde Europeu. Seu ensaio também descreve a feroz política de resistência liderada por corpos sacrificados, induzida pelo Consenso da Descarbonização.

Todos os textos da parte I apontam as causas estruturais subjacentes à policrise. Enquanto Hamouchene diz que "o capitalismo é o culpado", outros, como Feffer e Lander, ressaltam aspectos mais específicos do capitalismo, como o modelo de produção e o consumo excessivo. Vários autores assinalam as relações coloniais de poder continuamente entrelaçadas com o modo de vida imperial (Dorninger, Feffer e Lander, bem como Brand e Lang, na segunda parte). E todos os autores ilustram as relações constitutivas entre desapropriação e acumulação em várias escalas.

No capítulo que escreveram juntos, o analista político americano John Feffer e o sociólogo venezuelano Edgardo Lander perguntam de que maneira os maiores poluidores do mundo seriam capazes de salvar o planeta. Eles argumentam que "as 'transições energéticas limpas' de Estados Unidos, Europa e China devem ser avaliadas não apenas segundo as diferenças entre os respectivos compromissos, as metas globais, as políticas declaradas e sua implementação real, mas também em termos de danos ambientais e prejuízos para os povos do Sul". Feffer e Lander apontam enfaticamente a externalização dos custos socioambientais para o Sul Global e a recusa em abordar o consumo excessivo nos países mais ricos como o motor subjacente das mudanças climáticas.

De forma complementar, Ivonne Yáñez e Camila Moreno mostram como o Consenso da Descarbonização, tal como formulado por Bringel e Svampa, se ancora na falsa premissa da equivalência e na obsessão por carbono e "neutralidade climática". Yáñez, ativista equatoriana, e Moreno, ativista e pesquisadora brasileira, desconstroem a ideia de que uma molécula de carbono emitida num lugar equivale a uma molécula de carbono sequestrada em outro. Em tom enfático e com base em evidências observadas no Equador, elas argumentam que as emissões *net zero* (quando há equilíbrio entre os fluxos de gases de efeito estufa lançados na atmosfera e os que são retirados) são apenas um pretexto dos poluidores do mundo para continuarem poluindo.

Nos capítulos da parte I, os autores analisam o Norte e o Sul Global não como categorias geográficas, mas como construções geopolíticas e epistêmicas dinâmicas e relacionais, situadas em configurações de poder históricas e contemporâneas. Outra questão que aparece em vários textos é a relação dos modelos de transição hegemônica com o tempo/temporalidades e o espaço/lugar. O conceito de "zonas de sacrifício", inicialmente cunhado para descrever os territórios aniquilados por rejeitos atômicos e testes nucleares durante a Guerra Fria, foi estendido para se referir a lugares com níveis perigosos de poluição e degradação ecológica, cujas comunidades foram prejudicadas sob o pretexto do crescimento e do desenvolvimento econômicos (Valenzuela-Fuentes, Alarcón-Barrueto & Torres-Salinas, 2020) — e, mais recentemente, foi atualizado pelas transições energéticas. Os ensaios enfatizam como os modelos de transição dominantes tornam descartáveis certas vidas, corpos, populações e paisagens. Aqui, os textos de Hamouchene e Dietz fornecem vívidas descrições da conversão de comunidades indígenas, pastoris e agrícolas em coisas descartáveis, bem como das respostas — protestos e lutas de resistência — geradas por tais processos. O descontentamento é o fio que alinhava as contribuições da parte I.

Em relação às temporalidades, o capítulo de Feffer e Lander explicita os cronogramas lineares embutidos nos objetivos declarados pelos múltiplos pactos verdes. Yáñez e Moreno, por sua vez, articulam uma concepção de tempo diferente acerca da transição e propõem caminhos para sairmos da policrise. As autoras se beneficiam do conhecimento indígena segundo o qual transição significa transformação e mudança, o que implica "caminhar com o passado no futuro". Essa maneira não linear de pensar o tempo aponta para as contribuições da terceira parte do livro, com uma narrativa semelhante: valorizar outros caminhos e formas de fazer e ser como alternativas civilizatórias.

Interdependências e implicações globais do colonialismo verde

A imaginação política necessária para construir transformações ecossociais é hoje obstaculizada por processos, relações e instituições estruturais e geopolíticas que enredam o Norte e o Sul Global em uma divisão internacional do trabalho marcada por desigualdade e padrões coloniais de poder. Nessa seção, os autores analisam as interdependências, muitas vezes perversas, e os fatores estruturais que complicam a perspectiva de transições justas e soberanas dentro de territórios e regiões do Sul Global.

A segunda parte do livro começa com um texto de Christian Dorninger, pesquisador interdisciplinar baseado na Áustria. O autor examina em profundidade o intercâmbio comercial e ecológico no comércio, na produção e no consumo, análise fundamental para entender as prolongadas iniquidades e interdependências entre as regiões ricas e empobrecidas do mundo. Usando indicadores de pegada ecológica, Dorninger mostra como os padrões globais de intercâmbio e drenagem ecologicamente desiguais que afetam o Sul Global por meio da apropriação imperialista não terminaram com o fim do domínio colonial. O capítulo passa então a revelar a gigantesca escala de extração e apropriação do Sul pelo Norte Global desde a década de 1990.

Em seguida, três estudiosos e ativistas do Equador, Miriam Lang, Alberto Acosta e Esperanza Martínez, chamam nossa atenção para a centralidade da dívida, em suas diversas formas, como "um poderoso meio de exploração, subjugação e escravização", que moldou a divisão internacional do trabalho e da natureza e ainda estrutura as relações entre o Norte e o Sul Global, nas quais a prosperidade de poucos é construída sobre o saque e a subordinação de muitos. Com uma visão abrangente, os autores abordam as múltiplas dimensões da dívida e suas interseções — da dívida soberana e popular à dívida colonial e ecológica —, enfatizando seus impactos multidimensionais e devastadores sobre as famílias, o meio ambiente e sociedades inteiras. Através do feminismo interseccional e decolonial, eles pintam um quadro pungente da dívida e da indução à privatização da esfera reprodutiva, bem como da desproporcionalidade com que o endividamento afeta as mulheres e os corpos feminizados; ao mesmo tempo, esboçam medidas políticas para enfrentar as "dívidas eternas do Sul".

Embora a questão da dívida precise ser compreendida de forma ampla, o papel do Estado continua sendo crucial. O acadêmico austríaco Ulrich Brand e a pesquisadora feminista decolonial Miriam Lang exploram a lógica do Estado como um ator que reproduz as relações capitalistas, patriarcais, racistas e internacionais, mas também como um interlocutor relevante na mediação e regulação das temáticas socioambientais e ecológicas. Mediante uma análise minuciosa, os autores desvendam os múltiplos papéis, as contradições e ambiguidades internas e as características relacionais e multiescalares do Estado, fundamentais para entender a complexidade inerente às estratégias políticas para lidar com o aparato estatal nas transformações ecossociais. Em tom provocativo, Brand e Lang convidam os leitores a refletir sobre o desafio coletivo de alcançar mudanças transformadoras, concentrando-se não apenas na mudança das políticas mas também na alteração do próprio Estado, juntamente com suas estruturas, processos e burocracias.

Em seu capítulo, o poeta e ativista socioambiental Nnimmo Bassey, da Nigéria, compartilha uma leitura do Estado como uma "condensação das relações sociais de poder" e destaca como o colonialismo e o capitalismo moldaram as estruturas e epistemes estatais da África. Numa perspectiva pan-africana, Bassey desenha um quadro sombrio do colonialismo verde no continente, criticando a "imaginação coletiva dos Estados africanos e seus líderes" para depender das receitas dos combustíveis fósseis que lhes permitirão se adaptar aos desastres climáticos. A inabalável crença ideológica dos países africanos nos investimentos estrangeiros diretos em troca de recursos naturais e mão de obra barata continua a entrincheirá-los num "intercâmbio comercial e ecológico desigual", nas palavras de Dorninger.

A cadeia global de suprimento de minerais críticos para a transição energética e a disputa geopolítica são os temas-chave examinados pela advogada e ativista indonésia Rachmi Hertanti. Ao explorar o papel do "Estado" nas relações Norte-Sul, ela centra sua análise nas posições ocupadas pelos países industrializados e periféricos na cadeia de suprimentos. Hertanti argumenta enfaticamente que os acordos de livre-comércio e investimento são mecanismos concretos para que países ricos em recursos na América Latina, na Ásia e na África se tornem fornecedores regulares de matérias-primas para as vorazes necessidades da transição verde nos Estados Unidos e na União Europeia.

Ao contrário de Bassey, que se concentra na dependência dos Estados africanos em relação aos combustíveis fósseis, Hertanti explora as medidas neoprotecionistas do Estado indonésio para tentar garantir o abastecimento interno e promover nacionalmente a industrialização do setor mineral. Isso, no entanto, é impedido pelos mecanismos dos acordos de livre-comércio que permitem aos investidores processar os Estados quando os resultados previstos são ameaçados. O ensaio de Hertanti dá vida às afirmações de Brand e Lang sobre as contradições do Estado: o contínuo assentimento dos países do Sul a tais acordos, que promovem os interesses arraigados das nações poderosas, dificulta suas próprias habilidades e capacidades de construir caminhos transformadores e independentes.

O caráter multiescalar da rede de relações entre o Norte e o Sul Global é reforçado pelo "multissetorialismo" ambiental, examinado criticamente por Mary Ann Manahan, ativista e pesquisadora feminista das Filipinas. Ela tece uma crítica à governança global privatizada no campo ambiental, marcada pela captura corporativa, pelo déficit democrático e pela cumplicidade da ONU. Manahan situa a ascensão do multissetorialismo nos espaços de governança global dentro da dinâmica político-histórica da contrarrevolução neoliberal do capital, que provocou mudanças significativas dentro do sistema da ONU, levando a uma crise do multilateralismo. Seu capítulo possui ressonâncias com a análise de Yáñez e Moreno das epistemes por trás das "soluções baseadas na natureza", que definem hoje os limites das soluções para os atuais problemas ecossociais em todo o mundo.

Os textos da parte II oferecem, em conjunto, diversas perspectivas sobre os modos de transformar as interdependências desiguais e as relações Norte-Sul. Lang, Acosta e Martínez descrevem possíveis estratégias de reparação para enfrentar o problema multidimensional da dívida. Bassey salienta que uma transição descolinizadora exige a transformação de todos os sistemas energéticos, econômicos e políticos por meio de um pan-africanismo democrático. Da mesma forma, Hertanti propõe o desenvolvimento de uma práxis da transição energética entre os povos, liderado pela classe trabalhadora. Brand e Lang, no entanto, assinalam que as estruturas e os processos democráticos em escala local, apesar de decisivos, são insuficientes, e é necessária uma abordagem multiescalar para a transformação interna e relacional do Estado. Isso exige reduzir os poderes não apenas dos países industrializados mas também dos atores corporativos que se tornaram protagonistas nos espaços de governança global. Como sugere Manahan, a reconstituição do multilateralismo democrático e radical requer que os apelos à redistribuição de riqueza e recursos ganhem novo foco, assim como a conquista de poderes de decisão e a priorização das necessidades e aspirações das comunidades marginalizadas.

Horizontes para um futuro digno e habitável

A terceira e última parte reúne uma ampla gama de abordagens e propostas voltadas para transições ecossociais justas no Norte e no Sul Global. Os capítulos dessa seção destacam processos e imaginários pluriversais que desmascaram o colonialismo verde, desafiam projetos oficiais de transição e colocam em execução múltiplas visões, conhecimentos, ontologias relacionais e práticas possíveis, necessárias e em andamento. Ao mostrarem horizontes multidimensionais enraizados nas lutas anticoloniais, antipatriarcais, anticapitalistas e antirracistas, nas histórias e nos territórios dos povos colonizados e em diferentes relações de natureza societal, os capítulos finais são testemunhos vivos de que há muitas saídas possíveis para as injustiças causadas pelas relações desiguais e extrativistas, rumo a um mundo onde caibam muitos mundos, como propuseram os zapatistas.

No texto de Tatiana Roa Avendaño, ativista ambiental colombiana, e Pablo Bertinat, engenheiro elétrico e pesquisador argentino, são investigadas as alternativas às transições energéticas verdes. Com base em argumentos anticapitalistas e socioecológicos, eles afirmam que as "transições energéticas justas e populares" reformulam a energia não como um "setor", mas como um direito coletivo e um bem comum fundamental ao tecido da vida e às relações que o sustentam. A partir das visões de mundo indígenas da América Latina, segundo as quais "o petróleo é o sangue da terra", suas propostas abrem diferentes caminhos para a desmercantilização, a desprivatização, a democratização e a verdadeira descarbonização do sistema energético, além da transformação do modelo de produção e consumo que o sustenta.

Reverberando do outro lado do oceano, as transformações ecossociais também são discutidas por Zo Randriamaro, ativista e pesquisadora feminista de direitos humanos de Madagascar. Partidária de uma perspectiva decolonial, pan-africana e democrática, ela avalia o potencial dos ecofeminismos africanos para transformações ecossociais radicais no continente. Seu capítulo explora as raízes e as práticas passadas e presentes, bem como as visões de mundo dos movimentos africanos que abraçam a política ecofeminista. O ensaio delineia uma política da esperança: apesar da pesada exploração colonial e da expansão capitalista, as lutas e os horizontes ecofeministas têm se sobressaído no contexto da história africana, com as mulheres e outras comunidades marginalizadas na linha de frente.

Com o objetivo de tecer diálogos entre as alternativas sistêmicas mundiais, os dois capítulos seguintes se debruçam sobre o decrescimento. Bengi Akbulut, economista política e feminista turca residente no Canadá, destaca eloquentemente o decrescimento como uma proposta capaz de recentrar e reorientar a economia, algo que vai além da noção de redução biofísica e material. Adotando a reprodução social como um conceito fulcral para organizar e mobilizar essa transformação, ela identifica três eixos necessários: colocar em primeiro plano uma concepção mais ampla do trabalho, realizar o decrescimento como/por meio da justiça, especialmente no que concerne às relações históricas e atuais entre o Norte e o Sul, e promover a autonomia e a democracia como princípios organizadores da economia do decrescimento. Akbulut convida os leitores a ousar perguntar sobre "o quê, como e para quem produzir, e em que condições", na esperança de abrir "espaço para objetivos alternativos e para a repolitização da economia, submetendo-a à deliberação e ao controle da sociedade".

O desafio de Akbulut é retomado no texto de Luis González Reyes. Ativista espanhol especializado em energia e ecologia social, González Reyes mostra como as mudanças devem ser amplas, profundas e velozes para que gerem transformações ecossociais. Ao tratar do decrescimento, ele defende uma transformação radical da economia e do mundo do trabalho, capaz de reduzir o consumo de materiais e energia, localizar e diversificar a economia, integrar a produção e a reprodução e conduzir uma redistribuição da riqueza entre e dentro dos territórios, ancorada na justiça global. Lançando mão de exemplos ocorridos na Espanha, ele demonstra a urgência de repensar o conceito de trabalho e de separá-lo do "emprego", que tem sido a base do sistema capitalista, estendendo-o ao cuidado e ao trabalho comunitário produtivo.

A economia do decrescimento também requer uma mudança na forma como produzimos alimentos. Farida Akhter, dirigente de uma ONG de Bangladesh, compartilha a experiência do movimento Nayakrishi Andolon por uma nova agricultura, liderado por camponeses que resistem à agricultura industrial, intensiva em produtos químicos e impulsionada por empresas, e promovem sistemas agrícolas baseados na biodiversidade. O Nayakrishi Andolon envolve mais de trezentas mil famílias.

O texto de Akhter destaca as várias estratégias implantadas pelo movimento, como a reconstituição das redes comunitárias de sementes e das práticas tradicionais das mulheres agricultoras.

Essa dinâmica de resistência e reexistência inter-relacionadas é enfatizada no capítulo escrito por María Campo, feminista negra colombiana, e Arturo Escobar, celebrado pesquisador e ativista colombiano. Eles retratam a construção contínua de uma transformação ecossocial pluriversal e radical enraizada numa biorregião do sudoeste da Colômbia: o Vale do Rio Cauca e seus territórios geográficos. A trajetória e a jornada de pesquisa-ação dos autores ecoam outras contribuições da parte III ao discutir ontologias ecológicas e relacionais que privilegiam o cuidado e a reconstituição do tecido da vida. Campo e Escobar também delineiam objetivos, estratégias e ações concretas resultantes das experiências e práticas vividas pelos coletivos da região, particularmente pelos povos e organismos racializados que protegem o vale, reconstruindo e curando as terras assoladas por conflitos.

Até aqui, os textos se concentram nos níveis micro (baseado na comunidade), macro (nacional) e meso (regional/território/biorregiões). Obviamente falta destacar a escala global. No último capítulo, os pesquisadores e ativistas brasileiros Breno Bringel e Sabrina Fernandes lançam luz sobre o que chamam de "internacionalismo ecoterritorial" como um possível horizonte para a justiça ecossocial transformadora. Os autores situam sua proposta dentro da história da organização internacionalista e da evolução dos internacionalismos nas últimas décadas. Bringel e Fernandes ressaltam o surgimento de redes e coalizões transnacionais e espaços globais de convergência, além do movimento por justiça global. O capítulo convoca o leitor a repensar a solidariedade entre diversos grupos afetados pela dívida ecológica e pelas assimetrias Norte-Sul, ao mesmo tempo que reconhece haver espaço para a construção de novas alianças entre o Norte e o Sul Global a partir do acúmulo de experiências existentes nos territórios.

Todos os capítulos são sustentados por olhares críticos que buscam reimaginar e construir propostas de transição contra-hegemônicas. Os ensaios dessa seção destacam várias epistemes, além da importância de: (a) mudar radicalmente a maneira como produzimos, distribuímos e consumimos, isto é, a maneira como nossas economias e sociedades são organizadas; (b) recuperar as relações entre a sociedade e a natureza; (c) repensar nossos inimigos e nossas formas de articulação; e (d) desmantelar as estruturas e processos, internos e internacionais, das relações extrativistas e assimétricas entre Norte e Sul.

No entanto, também há diferenças evidentes e talvez inexploradas entre os ensaios em torno da *escala* (que nível da sociedade focar); das noções de *público* versus *comum*; *soberania* e *autonomia* (como se relacionar com o Estado? Afastar-se dele ou reestruturá-lo internamente? Quais são os novos sentidos emergentes da autonomia e da soberania a partir das lutas sociais?); das relações entre a *cidade* e o *campo*; e do papel da *tradição* na projeção de caminhos e horizontes para as transformações ecossociais. É importante que trabalhos futuros explorem esses temas com mais detalhamento.

Em suma, os autores desta coletânea não apresentam alternativas como projetos e visões a serem impostos a outras partes do mundo, mas sim, como escreve Akbulut, "uma entre muitas perspectivas alternativas que visam ao Bem Viver e à equidade para além do crescimento capitalista". Esta, afinal, é a mensagem-chave que desejamos sublinhar: está se tecendo uma densa rede de alternativas, na qual a resistência e a reexistência constituem a (re)imaginação e a construção de outros mundos.

parte I

Transições hegemônicas e a geopolítica do poder

Kristina Dietz é professora de relações internacionais com foco na América Latina na Universidade de Kassel, Alemanha. Suas principais áreas de estudo são ecologia política, economia política, estudos agrários críticos, movimentos sociais e democracia. Seu livro mais recente é *Handbook of Critical Agrarian Studies*, coeditado com H. Akram-Lodhi, B. Engels e B. McKay (2021).

Transições energéticas globais e extrativismo verde[1]

1

Kristina Dietz

A intensificação da transição energética global como um caminho para a descarbonização, a mitigação das mudanças climáticas e a segurança energética apontam para um novo boom global de commodities. A crescente demanda pelas chamadas matérias-primas críticas — como cobre, lítio, níquel e cobalto, metais essenciais para a descarbonização da economia global e dos sistemas energéticos nacionais — tem gerado uma alta nos preços.[2] Até que ponto esse desenvolvimento ocasionará um novo extrativismo "verde" nas regiões com abundância de matérias-primas não é apenas uma questão de demanda e preços; também depende de como os países ricos nesses recursos vão se posicionar na nova e emergente divisão internacional do trabalho verde (Lachapelle, MacNeil & Paterson, 2017), além de decisões políticas, regulamentos institucionais, padrões de interação entre Estado e eco-

1 Este capítulo é uma versão expandida e atualizada de um texto da autora originalmente publicado em alemão sob o título "Energiewende und grüne Ausbeutung: Die Energiewende in Europa kündigt einen grünen Extraktivismus in Lateinamerika an". Partes do texto foram traduzidas inicialmente por Hunter Bolin para o Gegensatz Translation Collective e editadas por Mariana Fernández para o escritório de Nova York da Fundação Rosa Luxemburgo. A autora lhes é extremamente grata por isso.
2 "Critical Raw Materials Resilience: Charting a Path towards Greater Security and Sustainability", Comissão Europeia, 2020.

nomia e lutas sociais em torno da disponibilidade e da exploração desses recursos críticos. Nos casos em que o Estado é altamente dependente das receitas oriundas do extrativismo, e onde a regulação ecológica e social não protege os ecossistemas e os direitos políticos, os movimentos sociais enfrentam o desafio de se mobilizar não apenas contra o extrativismo mas também contra um discurso verde hegemônico que dificulta cada vez mais a formação de alianças internacionais.

Este capítulo está estruturado da seguinte forma: na primeira seção, discutem-se as políticas de transição verde na Europa. Especial ênfase é dada às estratégias para promover a produção de hidrogênio verde como a nova panaceia para resolver a crise climática e energética. Em seguida, são analisadas as repercussões transregionais dessas políticas, com particular enfoque na América Latina. Argumenta-se que as políticas de transição energética verde na Europa e em outros lugares se entrelaçam de maneira complexa com o advento do extrativismo verde na América Latina. Na conclusão, apresento um resumo dos principais achados e discuto o significado dessas interações em abordagens mais radicais e emancipatórias para uma transformação vinda de baixo.

Transição para a energia verde

A partir do final de 2020, as matérias-primas ficaram mais caras, e as cotações das matérias-primas críticas, em particular, aumentaram rapidamente. As razões dessa mudança são complexas: além das expectativas de crescimento econômico após a pandemia de covid-19 e do impacto da guerra na Ucrânia na oferta global, os programas governamentais e supraestatais de transição energética rumo à "neutralidade climática", anunciados no mundo inteiro, também passaram a impulsionar as expectativas de lucro e preço. Um desses programas é o Pacto Verde Europeu, projeto de modernização ecológica proposto pela Comissão Europeia[3] com o objetivo de descarbonizar a economia do bloco até 2050, ou seja, torná-la neutra em carbono. Uma das principais maneiras de alcançar essa meta é a eletrificação massiva da economia e do transporte, para a qual metais como cobre e lítio são indispensáveis. O cobre é necessário para conduzir eletricidade, e o lítio serve para armazená-la em baterias. A Agência Internacional de Energia (AIE) prevê que a demanda por lítio aumentará 43 vezes até 2040 na comparação com 2020, e que a de cobre crescerá 28 vezes no mesmo período (AIE, 2021). A consultoria financeira Bloomberg estima que a demanda por cobre saltará mais de 50% entre 2022 e 2040, e que a economia global enfrentará escassez desse metal a partir de 2035.[4]

O governo alemão persegue objetivos semelhantes com sua transição energética. A coligação no poder durante o processo de escrita deste texto, composta pelo PSD social-democrata, pelo PFD liberal e pela Aliança 90/Verdes, estima que quinze milhões de carros elétricos serão emplacados no país até 2030. Com a guerra na Ucrânia, o governo revisou seus objetivos de expansão das energias renováveis no setor elétrico. Ao mesmo tempo, ajustou o discurso: uma vez que a importação de gás, carvão e petróleo da Rússia se tornou problemática, as energias renováveis já não são apenas um meio de proteger o clima, mas uma

3 "The European Green Deal", Comissão Europeia, 2019.

4 "A Great Copper Squeeze Is Coming for the Global Economy", *Bloomberg*, 22 set. 2022.

"questão de segurança nacional",[5] além de "energias da liberdade".[6] A União Europeia e o governo de coalizão da Alemanha dependem sobretudo de tecnologia e inovação para gerenciar as crises energética e climática. Ambos pretendem obter uma parcela das matérias-primas necessárias a essa transição energética verde por meio de tecnologias de reciclagem e do *onshoring*, ou seja, a mineração de lítio na própria Europa, embora a maior parte tenha que ser importada. Os países com as maiores reservas desses recursos são aqueles cujo papel histórico na divisão internacional do trabalho tem sido sobretudo o de fornecedores de matérias-primas.

As transições energéticas verdes não ocorrerão dentro das fronteiras dos Estados, pois "são as interações globais entre as economias de diferentes Estados que permitem que tais transições ocorram" (Lachapelle, MacNeil & Paterson, 2017, p. 312). Enquanto os investimentos, a inovação de patentes, as capacidades de fabricação e instalação no setor de energia verde estão concentrados em um punhado de países como Estados Unidos, China, Japão, Alemanha, Dinamarca, Finlândia e Coreia do Sul, os recursos críticos se localizam principalmente em países africanos e latino-americanos. A economia geopolítica da transição energética verde (Bridge & Faigen, 2022) é moldada por interconexões globalmente estruturadas com países do Sul Global ricos em recursos, cuja estratégia de acumulação tem sido marcada — historicamente e no passado recente — pela extração e pela exportação de commodities com baixo processamento, na posição de fornecedores de recursos críticos e provedores dos

5 "Habeck sieht Chancen für Comeback der Solarindustrie", *Der Spiegel*, 30 jul. 2022.

6 "Lindner: Erneuerbare Energien sind 'Freiheitsenergien' — Zustimmung von Lauterbach", *RedaktionsNetzwerk Deutschland*, 27 fev. 2022.

chamados "espaços vazios" para a instalação de parques eólicos e solares e usinas de hidrogênio verde. Teme-se que uma modernização ecológica voltada para a descarbonização possa reproduzir essa divisão internacional do trabalho, agora tingida de verde, e estimular um novo superciclo planetário de matérias-primas,[7] o que resultaria numa nova era de trocas desiguais por meio da expropriação desses materiais e recursos naturais do Sul Global. Ao contrário do superciclo anterior, ocorrido no início dos anos 2000, desta vez o foco não está apenas nos combustíveis fósseis e nos metais preciosos e industriais mas também nos elementos que alimentam a economia global verde, eletrificada e de alta tecnologia. Além das matérias-primas críticas já mencionadas, isso também inclui o hidrogênio verde.

Hidrogênio verde

O hidrogênio verde pode desempenhar um papel essencial na transição energética. A palavra "verde" se refere ao método de produção, que utiliza energias renováveis, enquanto o hidrogênio "cinza" depende de combustíveis fósseis para ser sintetizado. Quando as emissões de dióxido de carbono resultantes são armazenadas no subsolo, ele é chamado de hidrogênio "azul".

Muitos países já adotam estratégias ou projetos de hidrogênio verde. Em junho de 2020, o governo alemão lançou uma estratégia nacional para o hidrogênio. O objetivo era pro-

7 O termo superciclo se refere a um intervalo de tempo estendido durante o qual a demanda por matérias-primas impulsiona os preços até níveis muito acima de sua tendência de longo prazo.

duzir 14 terawatts-hora de hidrogênio verde na Alemanha até 2030 (BMWK, 2020). No entanto, isso está longe de ser suficiente para atender à demanda estimada. As lacunas serão compensadas pelas importações de "países em desenvolvimento com abundância de sol e vento" e "alto potencial de produção de energias renováveis" (BMWK, 2022). Além dessa estratégia, o governo de coalizão entrou em negociações bilaterais para garantir o fornecimento futuro de hidrogênio. Acordos semelhantes poderão ser feitos em breve com países latino-americanos como Brasil, Colômbia, Argentina e México.

Para garantir o acesso ao hidrogênio verde, o governo e as empresas alemãs estão apoiando a construção de usinas no Sul Global, tanto com investimentos públicos quanto privados. Ao lado de outros países, a Alemanha participa da Missão Hidrogênio Limpo, fundada em 2021, que visa impulsionar o desenvolvimento do chamado hidrogênio limpo em todo o mundo e reduzir seus custos de produção e transporte. Expandir as capacidades produtivas e desenvolver infraestruturas para o transporte de hidrogênio verde também são o foco do Congresso de Hidrogênio para a América Latina e o Caribe (H2LAC), lançado em novembro de 2021 pela Agência Alemã de Cooperação Internacional (GIZ) em parceria com o Banco Mundial, a Comissão Econômica das Nações Unidas para a América Latina e o Caribe (Cepal) e a União Europeia. Já estão em curso vários projetos de produção de hidrogênio verde para exportação à Europa. Um exemplo é o acordo entre o governo do Ceará, no Nordeste do Brasil, com a multinacional alemã Linde, representada na América do Sul pela White Martins, para implantar uma usina de hidrogênio verde no estado. A iniciativa resulta da Aliança Brasil-Alemanha para o Hidrogênio Verde, criada em agosto de 2020 pela Câmara de Comércio e Indústria Brasil-Alemanha do Rio de Janeiro e de São Paulo para promover parcerias e oportunidades de negócios entre empresas e instituições brasileiras e alemãs. Outro caso é o acordo da Siemens Energy e outras empresas transnacionais com a petroleira colombiana Ecopetrol para a construção de uma usina de hidrogênio verde em Cartagena. A iniciativa é apoiada pelos governos alemão e colombiano. Esses exemplos mostram que, para realizar a transição energética verde, os países — particularmente os da Europa Ocidental, densamente povoados — dependem não apenas de pesquisa e desenvolvimento (P&D) e do acesso a patentes e capacidades de fabricação mas também de recursos e espaço, ou seja, áreas para a construção de instalações eólicas e solares em grande escala e usinas de hidrogênio verde.

O discurso oficial retrata as iniciativas multilaterais para a promoção do hidrogênio verde como uma situação de ganha-ganha. O que não se diz é que a produção de hidrogênio verde requer a construção de gigantescas usinas eólicas e solares, e que a eletromobilidade depende da extração de enormes quantidades de lítio, cobre e outros metais — ou seja, incorporação de muita terra e material (ver o capítulo 6, "Continuidades e intensificação da apropriação imperialista na economia global"). Muitos países com abundância de recursos naturais e supostos "espaços vazios" já viveram conflitos prolongados envolvendo controle, acesso, conservação e pressão sobre ecossistemas, meios de subsistência e modos de vida. Tudo isso vai se intensificar com o extrativismo verde, o lado mais sombrio da transição energética verde.

Extrativismo verde

O termo "extrativismo verde" tem sido usado por ativistas e cientistas para criticar a extração e a apropriação capitalista de matérias-primas, recursos naturais (como radiação solar e vento) e mão de obra, especialmente do Sul Global, para fins de transição energética verde-tecnológica. Nesses casos, "verde" não denota um uso ambientalmente amigável e socialmente justo da natureza, mas a reestruturação do comércio, da energia e dos transportes para se ajustarem à estrutura da economia verde. No extrativismo verde, a obtenção de matérias-primas se torna um meio para realizar uma finalidade, razão pela qual parece ser compatível com os objetivos do desenvolvimento sustentável e inevitável para garantir um futuro de baixo carbono (Voskoboynik & Andreucci, 2022). O termo pretende criticar a maneira como as precondições estruturais e os impactos da nova transição energética e tecnológica fortalecem ainda mais a divisão mundial do trabalho e da natureza e acirram as relações globais de desigualdade e exploração. O conceito de extrativismo verde também enfatiza o fato de que, nas regiões (inevitavelmente) "sacrificadas" em prol da modernização ecológica, a extração e a apropriação de matérias-primas andam de mãos dadas com o aumento do controle e da influência que corporações transnacionais, organizações internacionais, governos ocidentais e investidores exercem sobre a política, os territórios e o trabalho (Kingsbury, 2021).

O extrativismo verde não se opõe ao chamado neoextrativismo, que surgiu na América Latina como um modelo hegemônico para o comércio e o desenvolvimento no início do século XXI. O que caracteriza o neoextrativismo das décadas de 2000 e 2010 — e o torna semelhante ao extrativismo verde — são a extração e a exportação (nesse caso, sobretudo) de matérias-primas fósseis, metálicas e minerais e produtos agrícolas, com consequências mortais, incluindo a destruição ecológica e o agravamento de conflitos sociais. Os países extrativistas se tornam altamente dependentes das receitas do setor de matérias-primas devido ao baixo valor agregado dos produtos, o que garante grandes lucros para as empresas transnacionais. Esse processo é sustentado pela destruição de recursos alternativos nas áreas rurais e pela prática cada vez mais violenta de projetos extrativistas (Svampa, 2019).

No entanto, o aspecto que diferencia o extrativismo verde do neoextrativismo é o discurso usado para legitimá-lo. Por atender a objetivos ecológicos, atores estatais, internacionais e privados, bem como agências não governamentais de proteção ambiental, apresentam esse método de exploração da natureza como um meio de promover um desenvolvimento amigável ao clima, sustentável, progressista e ecologicamente moderno. Por exemplo, a União Europeia apregoa a H2LAC como uma oportunidade de vincular a proteção climática na Europa à promoção da transição energética e do crescimento econômico sustentável na América Latina.[8] Assim, em nível global, a transição energética verde é acompanhada pelo surgimento de um novo paradigma de desenvolvimento verde, que conecta as soluções tecnológicas para a crise climática com a modernização ecológica e o desenvolvimento econômico. Além disso, os governos dos países extrativistas têm desempenhado um papel muito mais ativo no extrativismo verde, pois também promovem a exploração de matérias-primas essenciais e a expansão das energias renováveis, a fim de abrir novas oportunidades para a acumulação e realizar suas próprias transições energéticas verdes.

8 "New Platform Will Seek the Development of Green Hydrogen in Latin America and the Caribbean", *PV Magazine International*, 2 dez. 2021.

Extrativismo verde na América Latina

A América Latina tem abundância de cobre, lítio, vento e luz solar (ver o capítulo 2, "Transição energética corporativa: o Triângulo do Lítio sul-americano como caso emblemático"). Esses recursos tornam os países latino-americanos atraentes para a produção exportadora de hidrogênio verde. Além das decisões políticas tomadas nas últimas décadas, as condições para o surgimento do extrativismo verde no subcontinente já existem. Na década de 1990, sob pressão do Fundo Monetário Internacional (FMI) e do Banco Mundial, vários governos liberalizaram e privatizaram seus setores agrícolas e minerais, criando o quadro político e institucional para a venda de terras e recursos em larga escala. Atualmente, novas reformas têm sido implementadas para promover o investimento privado em setores verdes e incentivar a extração e exportação de matérias-primas e fontes de energia essenciais. Essas reformas são apoiadas por organizações financeiras internacionais como o Banco Mundial, o Banco Interamericano de Desenvolvimento (BID), a Cepal, a União Europeia e agências nacionais de desenvolvimento, como a GIZ alemã.

Nos últimos anos, vários países latino-americanos — como o México em 2015, a Argentina em 2015 e 2021 e a Colômbia e o Peru, ambos em 2021 — aprovaram leis e implementaram programas para realizar suas próprias transições energéticas. Numa perspectiva econômica e política global, essas iniciativas devem ser entendidas não como estratégias nacionais isoladas, mas como parte de um processo emergente de interações multiescalares (locais, nacionais e globais) entre atividades que se reforçam mutuamente (Lachapelle, MacNeil & Paterson, 2017). Tais atividades são realizadas por governos locais, regionais e nacionais, junto de empresas privadas no Norte e no Sul Global e organizações internacionais que visam à transição energética verde e à acumulação de capital verde, por meio das quais se reforçam as relações assimétricas de poder Norte-Sul. Os países da América Latina historicamente têm sido produtores de matérias-primas essenciais. Na emergente divisão verde do trabalho em nível mundial, muitos países da região continuarão a desempenhar esse papel, sobretudo no que concerne à extração e à exportação de recursos críticos para a transição verde, como cobre e lítio. Os volumes de produção e comercialização desses dois metais aumentaram nos últimos anos. Um exemplo é o cobre peruano. O Peru é o segundo maior produtor mundial de cobre, depois do Chile. Entre 2012 e 2019, a produção anual peruana quase dobrou, passando de 1,3 milhão para 2,5 milhões de toneladas. Depois de uma diminuição em 2020 e 2021 durante a pandemia, o governo previa aumentar a produção de cobre em mais de 25% em 2022. Sessenta por cento das receitas de exportação do Peru vêm da mineração, o que significa que sua economia depende da venda de matérias-primas. De acordo com as atuais previsões de preços e demanda, espera-se que essas receitas continuem a crescer. China, Estados Unidos, Alemanha e Japão, que possuem as maiores capacidades de processamento industrial, são os principais consumidores do cobre peruano.

Também se espera que a produção exportadora de lítio na Bolívia, no Chile e na Argentina aumente devido aos altos preços desse minério no mercado mundial e continue a gerar divisas para esses países, embora de maneiras distintas. O governo do presidente Luis Arce vem tentando — sem sucesso até o momento — incrementar a capacidade nacional de gerar valor através do desenvolvimento de sua própria indústria de processamento. A Argentina é diferente: o país tem enormes reservas de lítio não extraído, duas vezes mais que o vizinho Chile. Em seu governo, o presidente Alberto Fernández possuía, no final de seu mandato, treze novos projetos a serem implementados com empresas transnacionais, num esforço para oferecer uma contribuição significativa à segurança global do fornecimento, atrair novos investimentos e expandir a pauta de exportações da Argentina. Embora a execução desses projetos seja incerta e dependa do nível de resistência dos movimentos sociais, a mera expectativa de que serão implementados é suficiente para que os analistas financeiros classifiquem a Argentina como um novo peso-pesado do mercado global de lítio.

No Chile, o lítio tem sido explorado principalmente no deserto do Atacama, no norte do país. No entanto, o Atacama não é rico apenas em lítio; é uma das regiões com maior incidência de luz solar direta em todo o mundo. No sul, a Patagônia chilena tem um enorme potencial para a energia eólica. Em ambas as regiões, usinas solares em grande escala e parques eólicos serão usados para gerar eletricidade. Também há planos para expandir a produção de hidrogênio verde. A partir de 2030, o Chile pretende se tornar o maior exportador mundial de materiais para armazenamento e transmissão de energia verde. Na Colômbia, o governo conservador do ex-presidente Iván Duque — que Gustavo Petro substituiu em agosto de 2022 — formulou planos igualmente ambiciosos: por exemplo, a construção de parques eólicos *offshore* no Caribe e de plantas solares e eólicas na província de La Guajira, no norte do país. Assim como o Chile, a Colômbia também pretende expandir seu portfólio de energia para exportação e vender energia verde na forma de hidrogênio, além de carvão, petróleo e gás. Durante uma viagem à Europa na primavera de 2022, o ex-ministro da Energia colombiano, Diego Mesa, pediu apoio para alcançar essas metas ambiciosas, o que exigiria investimentos de três a cinco bilhões de dólares. Acordos preliminares foram assinados com a Holanda, e estão em preparação projetos-piloto para usinas eólicas em alto-mar, financiados com capital dinamarquês.[9]

Lutas contra o extrativismo verde

Protestos contra a extração de matérias-primas críticas têm acontecido na América Latina há vários anos. Essa tendência continuará, ainda que a extração seja justificada por preocupações ecológicas. As necessidades básicas das pessoas e os recursos naturais estão sendo sacrificados para atender à demanda global de cobre e lítio. Isso é especialmente verdadeiro para comunidades camponesas e indígenas, setores da população ignorados pela criação de valor do extrativismo verde. Movimentos ambientais de âmbito local e nacional, organizações de jovens, pequenos agricultores, grupos indígenas e afro-latino-americanos e seus parceiros internacionais têm protestado contra o deslocamento e o reassentamento forçados e a destruição dos meios de subsistência, contra a poluição do ar e da água e contra os ataques a direitos adquiridos de uso e acesso a bens essenciais. Além disso, exigem participação democrática, descentralização, justa distribuição de lucros, remuneração adequada e mais empregos (ver o capítulo 12, "Resistir ao extrativismo e construir uma transição energética justa e popular na América Latina").

Esses protestos concernem, portanto, não apenas aos prós e contras da extração de recursos mas também a questões fundamentais das relações de poder sociais e internacionais. Em toda a

9 "Colombia busca hasta 5.000 millones de dólares para hidrógeno verde", *Portafolio*, 13 nov. 2021.

região, os movimentos lutam contra as desigualdades, a pobreza, a violação de direitos, a exploração do trabalho, a imposição autoritária de projetos econômicos e a terceirização de custos ecológicos e sociais para áreas do Sul Global muitas vezes consideradas "espaços vazios" e "subdesenvolvidos" por empresas extrativistas e governos. A mineração de cobre no Peru ilustra as dimensões sociais e políticas desses protestos.

O cobre peruano é extraído principalmente por empresas transnacionais, em grandes minas industriais. Esse tipo de produção é intensivo em termos de capital, mas não de mão de obra. A população rural das regiões mineradoras, a maioria indígena, raramente encontra trabalho nas minas. Em vez disso, o deslocamento de comunidades, a ausência de compensação e a destruição ambiental causados pela mineração de cobre roubam seus meios de subsistência e ameaçam suas necessidades básicas. É por isso que eles revidam. A mina de cobre Las Bambas, em particular — operada pela chinesa Minerals and Metals Group (MMG) —, é um local de protestos. No final de abril de 2022, a mina foi ocupada por mais de cem membros de uma comunidade indígena, levando a MMG a interromper as operações. Muitas pessoas que perderam suas terras e aldeias agora exigem uma compensação adequada pelo reassentamento, bem como investimentos em infraestruturas sociais e produtivas que lhes garantam novas fontes de renda e meios de subsistência e o fim da destruição ambiental. Ao mesmo tempo, os manifestantes acusam as empresas de mineração de enganar as comunidades locais.[10]

A resistência contra a mineração de lítio nos lagos de sal andinos de Chile, Argentina e Bolívia também tem aumentado. Os movimentos que protestam nessas regiões exigem a prote-

10 "Las Bambas: comunidad campesina de Pumamarca protestó contra empresa minera", *El Comercio*, 12 fev. 2021.

ção dos direitos dos povos indígenas e dos ecossistemas sensíveis. A expansão da produção energética de fontes eólicas e solares para a fabricação de hidrogênio verde também enfrenta oposição. No norte da Colômbia, por exemplo, grupos indígenas protestam contra a construção de megaparques eólicos em seus territórios. Essas regiões já sofrem as consequências ambientais, fisiológicas e sociais da mineração exportadora de carvão.[11]

No contexto global da transição energética verde, essas áreas estão sujeitas a uma dupla pressão: a extração de combustíveis fósseis muitas vezes se sobrepõe a projetos de mineração verde e energia renovável em grande escala — energia que, por sua vez, é necessária à produção de hidrogênio verde. Com seus meios de subsistência destruídos, os habitantes dessas regiões mineradoras são os mais prejudicados em nome da garantia do fornecimento de energia e da solução da crise climática; enquanto isso, sua participação nas emissões de gases é quase desprezível.

Conclusão

Atualmente, estão sendo definidos os moldes da transição energética verde e o papel dos países latino-americanos e outros lugares do Sul Global na emergente divisão verde do trabalho e da natureza em escala mundial. As regras e os procedimentos dessa transição global são formulados principalmente por investidores privados, instituições financeiras internacionais, agências e bancos de desenvolvimento, Cepal, agências nacionais e

11 "Wayús completan 10 días de protestas en el parque eólico Guajira 1", *El Tiempo*, 16 jan. 2022.

internacionais de energia e governos do Norte Global, com a colaboração de suas contrapartes latino-americanas. Isso não é surpreendente, uma vez que os primeiros possuem o capital necessário para construir a infraestrutura de produção "verde" e explorar matérias-primas.

Ainda não está claro até que ponto o Chile conseguirá evitar a devastação ecológica causada pela mineração de lítio, fortalecer os direitos da população indígena e adotar uma legislação ambiental rigorosa para aproveitar ao máximo o potencial da energia renovável, especialmente no âmbito nacional. O mesmo se aplica à Colômbia, onde Gustavo Petro deixou claro durante sua campanha eleitoral que, como presidente, pretende superar a lógica extrativista do boom anterior de matérias-primas. Em países cujos governos não podem ou não querem impor regulações ecológicas e sociais, os movimentos de resistência não enfrentam apenas a expansão do extrativismo verde; eles também precisam desafiar a hegemonia do discurso verde, que dificulta ainda mais a formação de alianças internacionais.

A retórica atual em torno da transição verde difere consideravelmente da utilizada pelos partidários do neoextrativismo para legitimar suas ações. Não se trata mais apenas de desenvolvimento, mas de modernização verde, progresso verde, sustentabilidade e solução da crise climática — e quem poderia se opor a tudo isso? No entanto, existem várias maneiras de politizar as estruturas de exploração imiscuídas na transição energética verde. A redução das emissões de dióxido de carbono por meio de soluções tecnológicas desenvolvidas na Europa levará a mais devastação socioecológica nos países do Sul Global. É por isso que o acesso à terra continua sendo objeto de lutas políticas e movimentos de resistência. A militância pós-crescimento, as abordagens ecossocialistas e as lutas das indígenas feministas fornecem úteis ferramentas discursivas e exemplos práticos de como implementar, a partir "de baixo", uma transição energética e socioecológica alternativa. A tarefa da política emancipatória de uma transição energética de esquerda, como Bringel e Fernandes sugerem neste livro (ver o capítulo 18, "Rumo a um novo internacionalismo ecoterritorial"), é conectar transnacionalmente essas lutas.

Ao mesmo tempo, é crucial orientar a transição energética verde para um caminho reformista radical e, enquanto ainda for possível, evitar os impactos negativos já causados por esse processo. O lítio continuará a ser extraído, assim como o cobre, e a produção de hidrogênio verde seguirá aumentando. No entanto, a questão decisiva são as condições políticas sob as quais isso acontecerá. Portanto, paralelamente ao desenvolvimento de abordagens alternativas para a transição energética, uma intervenção emancipatória de esquerda também deve fortalecer os movimentos de resistência na América Latina e no resto do mundo, a fim de impor limites ao nascente extrativismo verde através de uma rigorosa legislação ambiental, democrática e sociopolítica.

Maristella Svampa é socióloga, pesquisadora e escritora argentina. Recebeu os prêmios Guggenheim Fellowship (2007), Platinum Konex Award in Sociology (2016) e Georg Forster da Fundação Alexander von Humboldt da Alemanha (2023). Sua pesquisa aborda a crise socioecológica, os movimentos sociais e os problemas ligados ao pensamento crítico e à teoria social latino-americana. Faz parte do Pacto Ecossocial e Intercultural do Sul. Pela Elefante, publicou *As fronteiras do neoxtrativismo na América Latina* (2019) e *Debates latino-americanos: indianismo, desenvolvimento, dependência e populismo* (2023).

Transição energética corporativa: o Triângulo do Lítio sul-americano como caso emblemático[1]

2

Maristella Svampa

Introdução

"Transição energética" é o nome que damos à passagem da concepção da energia como uma matéria-prima de base fóssil — não renovável, causadora de sérios impactos ambientais, controlada pelo capital privado e concentrada nas mãos de poucos — para a projeção de um ativo comum que seja renovável e sustentável no sentido pleno dessas palavras, além de compartilhado e descentralizado. Isso significa descarbonizar o conceito de energia, transformando o modelo produtivo e, em sentido mais amplo, o sistema de relações sociais e de conexão com a natureza. Significa abandonar concepções industriais e desenvolver uma visão mais holística, além de conceber a transição energética no quadro de

1 Este capítulo expande ideias desenvolvidas pelo Grupo de Estudos Críticos e Interdisciplinares de Problemas Energéticos, coordenado por Pablo Bertinat e Maristella Svampa. Reflete e reproduz partes das obras de Argento e Puente (2019), Slipak e Argento (2022) e Svampa e Bertinat (2022).

uma transição socioecológica completa. Uma transição que não expresse uma visão abrangente, não aborde a extrema desigualdade na distribuição dos recursos energéticos ou não leve à desmercantilização e ao fortalecimento das capacidades de resiliência da sociedade civil resultará numa reforma apenas parcial, que deixará intactas as causas estruturais do atual colapso socioecológico.

No entanto, não é fácil encontrar esse tipo de transição sistêmica no contexto global. Muitas experiências ligadas à transição energética estão associadas a propostas de mudança das fontes de energia, ao desenvolvimento de energias renováveis para substituir as fontes fósseis e nucleares e à transformação da matriz energética, mas não do sistema em si. Os atores dominantes enxergam na transição energética apenas seu potencial de acumulação de riqueza e posicionamento geopolítico hegemônico, com perspectiva corporativa e débeis mecanismos de sustentabilidade. Isso pode ser chamado de "universo do ambientalismo corporativo" (Bertinat, Chemes & Forero, 2021) ou "narrativa capitalista-tecnocrática" (Svampa, 2018).

Como afirmam Pablo Bertinat e Melisa Argento, a transição energética corporativa possui ampla gama de apoiadores além da esfera empresarial, como empresas multinacionais, Estados (em seus diferentes níveis), instituições e organizações que veem nessa perspectiva a maneira mais rápida de responder à urgência da crise, com base na premissa da eficiência tecnológica. O que importa é sustentar nichos de mercado e garantir a relação oferta/demanda através do crescimento do consumo, sem propor alterações na própria lógica desse consumo.

O objetivo — que se apresenta como um fim em si — é emitir menos gases de efeito estufa e gerar apoio geopolítico diante da crescente inquietação pública com as mudanças climáticas. Ele está associado ao crescente acúmulo de riqueza e poder nas novas áreas de extração, que visa manter as desigualdades existentes. Na melhor das hipóteses, garante um crescimento ilimitado, mas para poucos. Essa concepção é hegemônica, capitalista e colonial, pois promove falsas soluções ligadas a alternativas controversas, tais como a energia nuclear, o gás natural como uma "ponte" ou combustível de transição, as energias "extremas", os agrocombustíveis etc.

Na transição energética corporativa, a maioria dos elementos (equipamentos, projetos, regulamentos, pesquisa e desenvolvimento) é controlada por corporações transnacionais e potências mundiais, ou trabalha em favor delas, prejudicando os sistemas e a vida cotidiana sob o pretexto da eficiência e, assim, limitando a possibilidade de democratizar o acesso à energia e à tecnologia. Nesse quadro, a propriedade e o controle das fontes de energia, materiais e tecnologias necessários desempenham um papel central. A concentração do sistema energético é inerente a ele. As grandes empresas privadas — e, em muitos casos, também as públicas — detêm o poder hegemônico.

Os principais atores da transição energética corporativa desenvolvem fontes renováveis de energia embasados numa concepção utilitarista e em formato industrial, esperando que elas sejam alternativas à disponibilidade limitada de recursos planetários no âmbito do modelo intensivo de neoextrativismo dominado pela lógica fóssil (González Reyes, 2018). Eles imaginam que as fontes de energia não fósseis conseguirão sustentar a trajetória atual de crescimento ilimitado. Em alguns casos, também ganha destaque a perspectiva tecnocrática do problema da eficiência energética. O potencial de mudança é percebido apenas na eficiência tecnológica e, portanto, no consumo, sem que a lógica desse consumo seja contestada.

De acordo com um estudo recente, a mídia enxerga a transição energética na América Latina apenas do ponto de vista econômico e empresarial. Esse viés é evidenciado pelo exame de 1,2 mil artigos da grande mídia, compilados pelo Climate Tracker.[2] O estudo também destaca a escassez de jornalistas especializados na cobertura regional da transição energética. Além disso, prevalece uma abordagem centrada nos negócios — em alguns países, de forma esmagadora. Os governos nacionais e os dirigentes empresariais são a principal fonte de informação. Outra conclusão é a ausência de explicações científicas e declarações de líderes comunitários e de qualquer foco na ecologia e na pobreza.

Com esse pano de fundo, a transição energética corporativa se pauta nas questionáveis noções de "desenvolvimento sustentável" e "economia verde", que presumem o crescimento ilimitado e a substituição dos combustíveis fósseis por recursos renováveis e de alta tecnologia, sem abandonar os modelos de consumo capitalista, questionar a distribuição e o acesso à energia ou promover a participação cidadã nos processos de tomada de decisão.

A transição corporativa e o lítio

O lítio é considerado a chave da transição energética a uma sociedade pós-fóssil. É um mineral com vários usos, modalidades e destinações. Uma de suas principais aplicações são as baterias de computadores pessoais, celulares e equipamentos relacionados. Como produtos finais, as baterias de íons de lítio são usadas para o armazenamento de energia e a fabricação de carros elétricos.

2 "Los medios latinoamericanos ven la transición energética solo desde una perspectiva económica y de negocios, según un estudio", *El Diario Argentina*, 22 abr. 2022.

O lítio também é utilizado na produção de graxas lubrificantes, vidro, alumínio, polímeros e medicamentos.

Atualmente, 39% da demanda vem da produção de baterias, 30% de cerâmica e vidro, 8% de graxa e lubrificantes, 5% da metalurgia, 5% de polímeros, 3% para tratamentos de ar, e os 10% restantes se destinam a outros setores. As previsões estimam que, até 2026, 70% do consumo de lítio corresponderá à fabricação de baterias e 15% de cerâmica e vidro, com os 15% restantes para os demais usos (Zicari, Fornillo & Gamba, 2019, p. 62). Globalmente, projeta-se uma expansão acelerada do mercado de acumuladores elétricos à base de lítio que superará o de células de energia e baterias. Os acumuladores, que são capazes de armazenar ainda mais energia, mudarão os hábitos de consumo individual e podem vir a ser empregados por cidades inteiras para facilitar a administração urbana e a distribuição de energia.

A importância geopolítica do mercado de lítio ilustra a nova configuração do poder mundial. A necessidade de abandonar o paradigma dos combustíveis fósseis e mitigar a gravidade da crise climática tem gerado uma competição explícita pela obtenção de lítio e sua inclusão na cadeia de valor. Pouquíssimos países controlam essa cadeia e são capazes de gerenciá-la em todas as fases, que abrangem desde a extração do minério até a fabricação de baterias.

No início deste século, o Japão era o líder do mercado de células de energia e baterias, seguido pelos Estados Unidos e vários países europeus. Empresas japonesas como a Toyota há muito procuram participar dessa cadeia de valor. A China então ocupava uma posição marginal (apenas 1,46% do mercado). No entanto, num cenário cada vez mais problemático e complexo, enquanto alguns líderes mundiais (Estados Unidos, Austrália, Brasil etc.) aderiram ao negacionismo, a China, que até recentemente relutava em assinar o Protocolo de Quioto, modificou sua política e está cada vez mais engajada na transição energética. Isso reforça sua liderança no mercado global de carros elétricos, particularmente por meio da BYD, sediada em Shenzhen, onde é ainda mais importante do que a Tesla na Califórnia. Não por acaso, em 2017, a China se tornou o maior exportador mundial de baterias de lítio, ao lado dos Estados Unidos e de Singapura, e à frente de Hong Kong. A participação japonesa no mercado caiu drasticamente, e os países europeus fornecem praticamente metade do volume anterior (Zicari, Fornillo & Gamba, 2019, p. 62).

Os debates sobre o papel do lítio na transição, que refletem o reposicionamento das potências globais, estão começando a ter impacto na América do Sul, que abriga o chamado Triângulo do Lítio, localizado entre os salares do Atacama, no norte do Chile, o de Uyuni, na Bolívia, e os salares Grandes, Olaroz, Cauchari e Hombre Muerto, na Argentina. Essa área concentra mais de metade das reservas mundiais de lítio atualmente conhecidas (Argento & Puente, 2019).

O lítio é um metal alcalino que se oxida rapidamente em contato com a água ou o ar e tem propriedades diferenciadas na condução de calor e eletricidade. Está presente em diferentes tipos de depósitos minerais, bem como em salares naturais. O primeiro passo da cadeia de valor é a extração de carbonato de lítio, seja de depósitos em salares ou jazidas minerais (como a espodumena). Embora o lítio não seja raro ou escasso, nem distribuído de forma desigual, os salares andinos oferecem a melhor relação custo-benefício. Isso significa que a pressão global e nacional sobre a região dos salares do Atacama tem aumentado.

A extração de lítio é diferente da mineração de metais em grande escala, uma vez que não envolve a remoção de toneladas de terra ou a explosão de montanhas; em vez disso, o principal problema é que se trata, fundamentalmente, de mineração de água. A extração de lítio dos salares consome quantidades insustentáveis de água, o que ameaça o frágil ecossistema do deserto, incluindo sua fauna silvestre e os meios de subsistência de seus habitantes, especialmente as comunidades indígenas. Isso é o que vem acontecendo atualmente no Atacama chileno e argentino. A extração de lítio pode romper o frágil balanço hídrico e secar aquíferos e reservas de água em áreas já caracterizadas por aridez e estresse hídrico.

Essa prática também compete por água com os agricultores indígenas, que a utilizam em plantações e no pastoreio de seus animais, ao mesmo tempo que coloca em xeque a biodiversidade local. Uma pesquisa realizada no Chile por Ingrid Garcés, da Universidade de Antofagasta, descobriu que, para cada tonelada de lítio produzida, dois milhões de litros de água doce são consumidos, e "diariamente mais de 226 milhões de litros de água e salmoura são extraídos do salar do Atacama".[3] Somam-se a isso os impactos dos projetos de mineração vizinhos (Zaldívar e La Escondida), que também extraem grandes quantidades de água. O impacto da mineração de lítio na região chilena do Atacama chegou a ser questionado no Tribunal Internacional dos Direitos da Natureza, que se reuniu no Chile em dezembro de 2019.

A mineração de lítio e suas formas privadas de extração, produção e apropriação reproduzem as lógicas da megamineração e, em geral, de todo o complexo das atividades extrativistas. Isso acarreta uma violação de direitos que transfere custos para a natureza, os territórios e as populações, que são as partes realmente afetadas pela insustentabilidade do negócio. Estamos, portanto, diante de um modelo de "acumulação por desfossilização", como argumentam Argento, Puente e Slipak, associado

3 "Cada tonelada de litio requiere la evaporación de 2 mil litros de água", Fundación Chile Sustentable, 20 maio 2019.

às corporações transnacionais, numa reprodução da dominação da natureza e das populações.

Nesse contexto, é uma hipocrisia recorrer às noções de "sociedade pós-fóssil" e "transição energética" para exigir a anuência de uma população específica ou transformar seus territórios em zonas de sacrifício. O atual modelo consolidado de mineração transnacional serve apenas para justificar o saque, que por sua vez impulsiona a mudança do paradigma energético nos países do Norte Global — baseada, novamente, na expropriação das comunidades locais e na destruição da natureza. As comunidades de base e os ativistas ambientais têm denunciado essa "falsa solução", destinada a garantir a transição energética corporativa, benéfica aos países centrais em detrimento dos territórios e populações do Sul.

Argentina, Bolívia e Chile: três países, três estratégias diferentes

De acordo com o Serviço Geológico dos Estados Unidos, 58% dos recursos mundiais de lítio e 53% das reservas de lítio se concentram nos salares andinos de Argentina, Bolívia e Chile, uma área conhecida como Triângulo do Lítio, que também abriga muitas comunidades indígenas. Mais especificamente, "cinco projetos de mineração na Austrália e quatro em salares de lítio na Argentina e no Chile (dois em cada país) hoje respondem pela maior parte da produção mundial de lítio" (Bonilla, 2020; ver também Sánchez *et al.*, 2019).

O aumento da demanda por lítio desencadeou uma espécie de "corrida do ouro", motivando diferentes estratégias nos três países envolvidos. O Chile busca se consolidar como o maior exportador mundial de lítio sem abandonar o modelo privatizado. O país desenvolveu apenas a extração de carbonato de lítio, sem adicionar nenhum valor agregado ao produto exportado. Para esse fim, formulou um quadro regulatório altamente comercial (que inclui a privatização da água), que se traduz em apoio estatal irrestrito às mineradoras (as duas mais proeminentes são a SQM e a Albemarle) e a sua necessidade de consumir cada vez mais água para produção exportadora de lítio. O governo de Michelle Bachelet (2014-2018) criou a Comissão Nacional do Lítio, que recomendou a priorização da sustentabilidade, com a participação das comunidades e a criação de uma empresa estatal. Nada disso se materializou, embora as empresas tenham começado a pagar royalties, o que possibilitou ao governo nacional aumentar suas receitas. Um dos marcos mais inovadores foi o acordo da Albemarle com o Conselho dos Povos do Atacama, por meio do qual a empresa concordou em pagar uma compensação equivalente a 3,5% das vendas. Segundo o Observatório Latino-Americano de Conflitos Ambientais, "o compartilhamento de recursos complica as tendências da responsabilidade social corporativa, passando da mentalidade voltada ao bem-estar para a de 'parceiro participante', que busca envolver as comunidades não apenas como beneficiárias dos lucros da empresa mas também como partes responsáveis pelos impactos potenciais de tais lucros ao dispor dos direitos desses povos em seus territórios".[4]

A Bolívia, outro país minerador por excelência, entendeu que o lítio não é apenas mais uma matéria-prima, mas um ativo estratégico. Procurou, assim, formular uma visão de longo prazo, baseada no controle estatal e na industrialização do minério.

4 "Albemarle y Consejo de Pueblos Atacameños exponen en Sustainable Mining 2019", Albemarle, 16 set. 2019.

Como resultado, desde 2008, o Estado tem explorado parcerias com diferentes empresas transnacionais para avançar nas fases subsequentes (II e III) e no futuro produzir baterias de lítio, de modo a garantir a transferência de tecnologia e o uso de patentes. Por isso, o país quase não progrediu na fase I, a extração do lítio, apesar de deter as maiores reservas mundiais no salar de Uyuni. Da mesma forma, o governo de Evo Morales (2006-2019) procurou firmar acordos com as comunidades locais, especialmente com os influentes mineradores de Potosí. Nesse sentido, em 2018, foi criada a Yacimientos de Litio Bolivianos (YLB), "uma empresa estatal que inclui prospecção, exploração, produção, beneficiamento ou concentração, instalação, implementação, partida, operação e administração de recursos evaporíticos, complexos químicos inorgânicos, industrialização e comercialização".[5]

A deposição de Evo Morales, em novembro de 2019, diminuiu a possibilidade de realização desse ambicioso projeto, que já desencadeara um grave conflito entre as empresas mineradoras de Potosí e os jovens líderes do Comitê Cívico, que haviam forçado o governo a recuar do acordo firmado entre a YLB e uma empresa alemã, que renderia escassos royalties para a região. Não há garantia de que esses projetos, que visam desenvolver a industrialização local do lítio a partir da transferência de tecnologia por atores transnacionais, serão retomados no futuro.

Na Argentina, a extração de lítio cresceu exponencialmente nos últimos anos. As exportações de carbonato de lítio aumentaram de 8% em 2012 para 16% em 2016. Atualmente o país é o terceiro maior exportador do mundo, atrás somente do Chile e da Austrália. Essa tendência de aceleração aponta para o aumento do consumo de água. De acordo com as previsões

5 "Bolivia crea la empresa estatal Yacimientos de Litio Boliviano", *Medios El Independiente*, 1º fev. 2018.

de Gustavo Romeo, espera-se que sejam necessários cinquenta bilhões de litros de água adicionais a cada ano, volume equivalente ao consumo anual de uma cidade de 350 mil habitantes (Fornillo, 2019, p. 236).

O governo de Mauricio Macri (2015-2019) inseriu as energias renováveis na agenda política. No entanto, isso aconteceu num quadro de extrema mercantilização e agravamento da dependência econômica e tecnológica. E não significa que seu governo tenha desenvolvido qualquer tipo de política estatal para o lítio. Além de estimular a corrida pelo mineral, conhecido como "ouro branco", o envolvimento do governo federal consistiu em proporcionar condições mais vantajosas para as empresas mineradoras, em detrimento dos países vizinhos que também possuem reservas de lítio. Essa estratégia acentuou a dinâmica econômica da relação entre o minério e o Estado, gerando um sistema de outorga de concessões que agrava as disputas pela água em zonas áridas e o desprezo pelas comunidades locais. O aparecimento do lítio como uma nova oportunidade de negócios para a elite econômica e política (por meio da criação de empresas de serviços de mineração ou empresas júniores, a fim de obter licenças de mineração que depois são revendidas para grandes conglomerados industriais) aprofundou as alianças suspeitas entre o Estado e agentes privados.

Na Argentina, o lítio não possui um marco regulatório, ao contrário do Chile e da Bolívia. Sua produção continua a ser baseada na legislação neoliberal aplicada à megamineração de metais, que remonta a 1990 e prevê generosas isenções, royalties minguados (3%), baixas retenções e a autoexclusão das províncias do controle da extração do mineral.

Desde o começo, a exploração e a produção de lítio geraram conflitos ecoterritoriais com comunidades indígenas. Em novembro de 2010, a Junta de 33 Comunidades Nativas para a Defesa e Gestão do Território (Salta e Jujuy) ajuizou um recurso de amparo na Corte Suprema de Justiça da Argentina para exigir consulta prévia sobre a concessão de Salinas Grandes, de acordo com a Constituição Nacional (art. 75.17), a Lei Geral Ambiental de 2002, a Convenção 169 da Organização Internacional do Trabalho (OIT) e a Declaração das Nações Unidas sobre os Direitos dos Povos Indígenas.

Por fim, em janeiro de 2013, a Corte Suprema indeferiu o recurso, por questão de competência. As organizações que assinavam a petição decidiram recorrer à Comissão Interamericana de Direitos Humanos e trabalharam em conjunto com várias ONGs e reconhecidas fundações de proteção ambiental (Farn, Fundação Heinrich Böll) e direitos humanos (Endepa) na preparação do Primeiro Protocolo de Consulta Indígena da Argentina (2015).

No entanto, a expansão indiscriminada da fronteira mineradora, a disputa pela água e a ausência de consulta prévia, livre e informada às comunidades produziram um cenário complicado. Em Jujuy, por exemplo, o progresso extrativista nos salares de Olaroz e Cauchari contrasta com a situação em Salinas Grandes, onde predomina a rejeição à mineração de lítio (em 2019, duas multinacionais receberam licenças de exploração). Em todos os casos, o resultado foi a consolidação de um esquema extrativista semelhante ao da mineração de metais, totalmente transnacionalizado e marcado por conflitos hídricos, provincialização das disputas e expropriação das populações locais, sobretudo povos originários.

Tanto na Argentina quanto na região chilena do Atacama, são muitos os casos em que essa atividade avança sem licença social, ou seja, sem o consentimento das comunidades. Por outro lado, na Bolívia, a estratégia de industrialização do lítio encontrou outros obstáculos e limites para a extração e a consolidação da cadeia de valor, o que fez com que se concretizassem apenas plantas-piloto em pequena escala. A nova administração do presidente do Movimento ao Socialismo (MAS), Luis Arce (2021-), solicitou às empresas estrangeiras que estudem formas alternativas de extrair lítio, uma vez que enfrentam problemas para obter o metal a partir da salmoura.

Recentemente, o México também entrou na corrida do lítio. Seguindo os passos da Bolívia, o país norte-americano nacionalizou o mineral em abril de 2022. O México ocupa o décimo lugar entre 23 países com reservas de lítio e detém o maior depósito do mundo em Sonora, no noroeste do país. Após a nacionalização, o México e a Bolívia criaram uma equipe técnica e um comitê científico conjuntos, encarregados de elaborar projetos de cooperação internacional para explorar, produzir e processar lítio.

O lítio e os limites das energias renováveis

Diante do cenário de expropriação e saque em relação ao lítio na América Latina, cabe perguntar que tipo de transição energética temos em mente. A história nos ensina que não existem transições puras e que o caminho não será linear. Tampouco há um manual com perguntas e respostas sobre o tema, muito menos na escala global da crise socioecológica e climática, por sua vez inserida no âmbito de complexos sistemas socioeconômicos e socioambientais. No entanto, também não devemos entrar na onda de uma transição insustentável, como ocorre nos salares do Atacama, associada a corporações transnacionais que consolidam o colonialismo verde e a subjugação da natureza e das populações.

Não é verdade que toda sociedade pós-fóssil conduza ao pós-desenvolvimento. A transição não pode ser reduzida apenas a uma mudança na matriz energética, que garante a continuidade de um modelo de consumo insustentável. A descarbonização da economia deve necessariamente levar a uma transformação abrangente da produção, do consumo e da distribuição, com o objetivo de mudar o sistema de relações sociais e reforçar o vínculo ecodependente com a natureza.

A transição pós-fóssil não pode servir de pretexto para consolidar ou perpetuar modelos de consumo nitidamente insustentáveis. O planeta não terá lítio suficiente nem capacidade para sustentar essa situação se não mudarmos nossos modelos de mobilidade. Não basta substituir os carros movidos a combustíveis fósseis por carros elétricos. Precisamos reduzir o consumo e avançar para modelos de mobilidade pública e compartilhada que sejam sustentáveis. A fabricação das baterias de lítio, assim como os projetos eólicos e solares, requer minerais metálicos como cobre e zinco, o que deve nos alertar para a necessidade de reformar o sistema de transportes e, no limite, o modelo de consumo.

Numerosos estudos têm enfatizado que a transição energética corporativa é insustentável do ponto de vista metabólico e implica um acirramento da exploração de recursos naturais. Por exemplo, o relatório "Minerals for Climate Action: The Mineral Intensity of the Clean Energy Transition" (2020) prevê que a extração de minerais "como grafite, lítio e cobalto sofrerá um aumento de quase 500% até 2050 para atender à crescente demanda por tecnologias de energia limpa. Estima-se que mais de três bilhões de toneladas de minerais e metais serão necessárias para a implementação das energias eólica, solar e geotérmica, bem como para seu armazenamento, a fim de alcançar uma alteração da temperatura atmosférica abaixo de 2 °C".[6]

6 "Climate-Smart Mining: Minerals for Climate Action", Banco Mundial, 26 maio 2019.

Vista por essa perspectiva, a transição socioecológica envolve um olhar mais amplo, que sirva para nos questionarmos de forma mais radical sobre o tipo de sociedade em que queremos viver e quais modelos de desenvolvimento propomos para o futuro. Precisamos abandonar os combustíveis fósseis porque eles são grandes poluidores e ameaçam a vida no planeta. No entanto, a transição energética não pode estimular a adoção de falsas soluções e permitir a continuidade da expropriação das populações, que reforça desigualdades sociais e territoriais e exacerba ainda mais a divisão internacional do trabalho. Tampouco pode ser uma desculpa para consolidar e/ou manter modelos de consumo insustentáveis. A transição precisa ser justa, tanto do ponto de vista ambiental como do social. Isso significa que, enquanto países dependentes e periféricos, devemos construir uma sociedade justa a partir de diferentes dimensões e redefinir nossos desafios políticos e civilizatórios.

Em suma, o papel do lítio na mudança do sistema não é evidente nem inquestionável. Dúvidas e temores apontam para a necessidade de uma perspectiva mais abrangente e multidimensional sobre os custos ambientais, bem como os aspectos territoriais e sociais dos direitos das populações nos territórios, os direitos da natureza e os papéis do Estado, do conhecimento e da pesquisa científica.

Hamza Hamouchene é pesquisador-ativista argelino estabelecido em Londres e membro fundador da Campanha de Solidariedade da Argélia (ASC), da Justiça Ambiental da África do Norte (EJNA) e da Rede Norte-Africana de Soberania Alimentar (Siyada). Atualmente, é coordenador de programas para a região árabe do Transnational Institute. Sua obra se concentra em temas como extrativismo, recursos, terra e soberania alimentar e justiça climática, ambiental e energética nacregião árabe. É autor/organizador de três outros livros: *The Arab Uprisings: A Decade of Struggles* (2022), *The Struggle for Energy Democracy in the Maghreb* (2017) e *A futura revolução do Norte da África: a luta por justiça climática* (2015, em árabe). Também contribuiu com capítulos para vários livros, incluindo *The Oxford Handbook of Economic Imperialism* (2022), *The Routledge Essential Guide to Critical Development Studies* (2021), *Fanon Today: Reason and Revolt of the Wretched of the Earth* (2021), *A Region in Revolt: Mapping the Recent Uprisings in North Africa and West Asia* (2020), *The Palgrave Encyclopaedia of Imperialism and Anti-Imperialism* (2016) e *Voices of Liberation: Frantz Fanon* (2014).

Descolonização da transição energética no Norte da África

3

Hamza Hamouchene

Introdução

Há alguns anos, publiquei na revista *New Internationalist* uma crítica à Desertec, uma ambiciosa iniciativa para abastecer a Europa a partir de centrais solares e parques eólicos instalados no Saara, em toda a região do Oriente Médio e África do Norte (Mena, na sigla em inglês). O projeto se baseia na ideia hiperbólica de que uma pequena fração da superfície do deserto poderia atender toda a demanda mundial de eletricidade. Na primeira década deste século, um consórcio "internacional" de empresas formou a Desertec Industrial Initiative (DII), posteriormente batizada como Dii Desert Energy, com atores de peso como E.ON, Munich Re, Siemens e Deutsche Bank, todos inscritos como acionistas. Trata-se de uma iniciativa do setor privado em grande parte liderada pela Alemanha, com o objetivo de transformar o conceito da Desertec num projeto comercial lucrativo, capaz de fornecer cerca de 20% da eletricidade da Europa até 2050 por meio de cabos especiais de alta tensão e corrente contínua (Hamouchene, 2015).

Na ocasião, argumentei que a Desertec, orientada para a exportação, deve ser vista no contexto dos acordos comerciais pró-corporativos e da disputa por influência e recursos energéticos, similares aos esquemas coloniais de apropriação e pilhagem. Esses esquemas veem o Saara como uma vasta terra vazia, escassamente povoada, um verdadeiro eldorado de energia renovável, constituindo assim uma oportunidade de ouro para o fornecimento de eletricidade à Europa, a fim de permitir ao continente preservar seu extravagante estilo de vida consumista e seu esbanjador consumo energético. Entretanto, essa narrativa enganosa ofusca questões de propriedade e soberania. Ela mascara a continuidade de relações globais de hegemonia e dominação que facilitam a pilhagem de recursos, a privatização de bens comuns e a expropriação de comunidades. Consolidam-se, assim, formas antidemocráticas e excludentes de gerenciamento da transição.

Depois de alguns anos de campanha publicitária, a iniciativa Desertec perdeu ímpeto em meio a críticas a seus custos astronômicos e conotações neocoloniais. No entanto, o projeto parece ter se revigorado como uma possível resposta às necessidades europeias de hidrogênio renovável. No início de 2020, a Dii Desert Energy lançou a Mena Hydrogen Alliance, que reúne atores dos setores público e privado, cientistas e acadêmicos para impulsionar a economia do hidrogênio verde. Antes de analisar essa suposta "nova" iniciativa, apelidada de Desertec 3.0, vale a pena examinar os grandes projetos solares que prosperaram no Norte da África, apesar do fracasso dos planos da Desertec, para aprender algumas lições sobre como a transição para a energia renovável pode efetivamente consagrar a expropriação e reproduzir padrões coloniais de exploração e pilhagem.

Transições energéticas, desapropriação e expropriação

As transições para energias renováveis podem ter natureza extrativista e manter práticas de espoliação, bem como dependências e hegemonias. Alguns exemplos do Norte da África (com foco no Marrocos) mostram como o colonialismo energético se reproduz na forma de colonialismo e apropriação verdes.

Ao mesmo tempo que se deve louvar o objetivo do Marrocos de aumentar a cota de renováveis em seu mix energético para 52% até 2030, em termos de capacidade instalada, uma avaliação crítica deve, no entanto, considerar que o mais importante não é realizar uma transição a todo custo, mas uma "transição justa" que beneficie os empobrecidos e marginalizados da sociedade, em vez de aprofundar sua exclusão socioeconômica.

Saudada como a maior central solar do mundo, a Usina Solar de Ouarzazate foi inaugurada em 2016, pouco antes das negociações climáticas realizadas em Marrakesh (COP22). A monarquia marroquina foi declarada uma grande defensora das energias renováveis. Mas um olhar cuidadoso revela outra imagem. Para começar, a usina foi instalada em três mil hectares do território de comunidades agropastoris amazigh [bérberes] sem sua aprovação e consentimento, o que constitui grilagem de terras em nome de uma agenda supostamente verde — uma grilagem verde. Em segundo lugar, esse megaprojeto é controlado por interesses privados e foi construído após a contratação de uma dívida de nove bilhões de dólares junto ao Banco Mundial e ao Banco Europeu de Investimento, entre outros. Esse empréstimo é garantido pelo governo marroquino, o que potencialmente significa mais dívida pública para um país já muito endividado. Em terceiro lugar, o projeto não é tão verde como diz ser. O emprego de energia solar concentrada (CSP) requer um consumo intensivo de água para resfriar e limpar os painéis. Numa região semiárida como Ouarzazate, é simplesmente ultrajante desviar a água da população e da agricultura (Hamouchene, 2016).

O projeto Noor Midelt constitui a segunda fase do plano marroquino de energia solar e visa gerar mais potência que a central de Ouarzazate. É um híbrido entre CSP e energia solar fotovoltaica (FV). Com 800 megawatts (MW) planejados para seu primeiro estágio, será uma das maiores usinas solares do mundo. Em maio de 2019, um consórcio formado por EDF Renewables (França), Masdar (Emirados Árabes Unidos) e Green of Africa (conglomerado marroquino) venceu a licitação para construir e operar a planta em parceria com a Agência Marroquina de Energia Solar (Masen) durante 25 anos. Até agora, Noor Midelt implicou um débito de dois bilhões de dólares com o Banco Mundial, o Banco Africano de Desenvolvimento, o Banco Europeu de Investimento, a Agência Francesa de Desenvolvimento e o Kreditanstalt für Wiederaufbau (KfW).[1]

A construção do projeto começou em 2019 e sua inauguração está prevista para 2024. O complexo solar ocupará 4.141 hectares no planalto de Haute Moulouya, no centro do Marrocos, cerca de vinte quilômetros a nordeste da cidade de Midelt. Desse total, 2.714 hectares são geridos como terra comunal/coletiva pelas comunidades rurais de Ait Oufella, Ait Rahou Ouali e Ait Massoud Ouali. Ao mesmo tempo, os 1.427 hectares restantes são terras florestais atualmente administradas por essas comunidades. A terra foi confiscada de seus proprietários através de leis e regulamentos nacionais que permitem desapropriações para servir ao interesse público. A desapropriação foi concedida em

1 "Noor Midelt Solar Power Project, Marrocos", NS Energy, 28 maio 2019.

favor da Masen por uma decisão do tribunal administrativo em janeiro de 2017, publicada dois meses depois.

Ecoando a narrativa ambiental de teor colonial que rotula as terras a serem desapropriadas como marginais e subutilizadas e, portanto, disponíveis para empreendimentos de energia verde, o Banco Mundial enfatizou, num estudo realizado em 2018, que "o terreno arenoso e árido permite o crescimento apenas de pequenos arbustos, e a terra não é adequada para o desenvolvimento agrícola devido à escassez de água" (Banco Mundial, 2018). Esse argumento/narrativa também foi usado para promover a planta de Ouarzazate no início da década de 2010. Na época alguém declarou: "Os envolvidos no projeto falam como se este fosse um deserto baldio, mas, para as pessoas daqui, não é deserto, é um pasto. É seu território, e seu futuro está na terra. Quando você toma a minha terra, tira o meu oxigênio" (Rignall, 2012).

O relatório do Banco Mundial não para por aí. O banco garante que "a aquisição de terras para o projeto não terá impactos no sustento das comunidades locais". No entanto, a tribo de pastores nômades de Sidi Ayad, que há séculos usa essa terra, discorda dessa afirmação. Hassan El Ghazi, um jovem pastor, declarou em 2019 a um ativista da Associação pela Taxação das Transações Financeiras para Ajuda aos Cidadãos (Attac) no Marrocos:

> A nossa profissão é o pastoreio, e agora esse projeto ocupou a nossa terra, onde criamos nossas ovelhas. Não nos empregam no projeto, contratam estrangeiros. O terreno onde vivemos foi ocupado. Estão destruindo as casas que construímos. Somos oprimidos, e a região de Sidi Ayad está sendo oprimida. Seus filhos são oprimidos, e seus direitos e os direitos de nossos antepassados foram perdidos. Somos "analfabetos" que não sabem ler e escrever... As crianças que você vê não vão à escola, e há muitas outras. Estradas e caminhos estão interrompidos... No fim das contas, somos invisíveis e não existimos

para eles. Exigimos que os funcionários prestem atenção à nossa situação e às nossas regiões. Não existimos com tais políticas, e é melhor morrer, é melhor morrer![2]

Nesse contexto de expropriação, miséria, subdesenvolvimento e injustiça social, o povo de Sidi Ayad tem manifestado seu descontentamento em vários protestos desde 2017. Em fevereiro de 2019, os atingidos realizaram uma mobilização que acabou por levar à prisão de Said Oba Mimoun, membro do Sindicato dos Pequenos Agricultores e Trabalhadores Florestais, sentenciado a doze meses de prisão.

Mostepha Abou Kbir, sindicalista que tem apoiado a luta em Sidi Ayad, descreve como a terra foi cercada sem a aprovação das comunidades locais, que têm sofrido décadas de exclusão socioeconômica. Simplesmente construíram uma cerca, e ninguém tem permissão para se aproximar. Os megaprojetos de desenvolvimento do Estado marroquino contrastam com a inexistência de infraestrutura básica em Sidi Ayad. Além disso, Kbir denuncia outra dimensão do cerco e da apropriação de recursos — o esgotamento dos recursos hídricos na região de Drá-Tafilete em prol desses projetos gigantescos (a usina solar de Midelt será alimentada pela barragem vizinha, a Hassan II), dos quais as comunidades alegam não se beneficiar. Nesse contexto desafiador — em que os pequenos proprietários de rebanhos são expulsos, a riqueza se concentra, e se agravam a mercantilização da atividade pecuária e as secas crônicas —, o projeto Midelt pode exacerbar a ameaça aos meios de subsistência das comunidades pastoris e piorar sua marginalização.

2 Attac Marrocos, "Oh Land" [vídeo], 2019. Disponível em: facebook.com/attac.maroc/videos/199096351435545/.

Não são apenas as comunidades de Sidi Ayad que têm manifestado preocupações sobre esse projeto; algumas mulheres do movimento Soulaliyate também vêm exigindo seus direitos fundiários na região de Drá-Tafilete e reivindicando uma compensação adequada pela terra ancestral na qual a usina solar foi construída. O termo "mulheres Soulaliyate" se refere às mulheres que vivem em terras coletivas no Marrocos. O movimento começou no início dos anos 2000, num contexto de intensa mercantilização e privatização das terras coletivas.[3] Essas mulheres exigiram direitos e participações iguais quando suas terras foram privatizadas ou divididas. Apesar das intimidações e prisões por parte das autoridades públicas, o movimento se tornou nacional, e mulheres de diferentes regiões se reuniram sob a bandeira da igualdade e da justiça.

A despeito de todas essas inquietações e injustiças, o projeto avança, protegido pela monarquia e seus dispositivos de repressão e propaganda. Aparentemente, a lógica de externalizar os custos ecossociais e deslocá-los no espaço e no tempo, característica da pulsão extrativista do capitalismo, não tem fim.

Colonialismo verde e ocupação no Saara Ocidental

Enquanto alguns projetos no Marrocos, como as usinas solares de Ouarzazate e Midelt, podem ser qualificados de "apropriações verdes" de terras e recursos para fins supostamente

3 Attac Marrocos, "The Soulaliyate Movement: Moroccan Women Fighting Land Dispossession", War on Want, 14 ago. 2020.

ambientais (Fairhead, Leach & Scoones, 2012), empreendimentos semelhantes (solares e eólicos) nos territórios ocupados do Saara Ocidental podem ser simplesmente rotulados como colonialismo verde, pois são realizados contra a vontade dos saarauis, em suas terras usurpadas.

O colonialismo verde consiste na continuidade das relações coloniais de pilhagem e expropriação (bem como de desumanização do outro) na era verde das energias renováveis, com a transferência dos custos socioambientais para comunidades e países periféricos. Basicamente, é o mesmo sistema que está em vigor, mas com uma fonte de energia diferente — em vez de combustíveis fósseis, energia verde —, enquanto são mantidos os mesmos padrões globais de produção e consumo intensivos em energia, além das estruturas políticas, econômicas e sociais que geram desigualdade, empobrecimento e expropriação.

De acordo com a ONG Western Sahara Resource Watch, atualmente há três parques eólicos em operação no Saara Ocidental ocupado.[4] Há mais um em construção em Boujdour, e vários outros na fase de projeto. Em conjunto, esses parques eólicos terão uma potência superior a 1.000 MW. Eles integram o portfólio da Nareva, empresa de energia eólica pertencente à holding da família real marroquina. Noventa e cinco por cento da energia de que a OCP, empresa de fosfatos marroquina, necessita para explorar as reservas não renováveis desse mineral no Saara Ocidental, em Bou Craa, são produzidos por turbinas eólicas. A energia renovável é gerada por 22 turbinas Siemens no parque Foum el Oued, de 50 MW, em operação desde 2013.

4 O Saara Ocidental, localizado no extremo oeste do deserto Saara, às margens do Oceano Atlântico, foi uma colônia espanhola até 1975, quando foi ocupado pelo Marrocos, situação que perdura até o presente. [N.E.]

Em novembro de 2016, por ocasião das Climate Talks da ONU durante a COP22, a Acwa Power da Arábia Saudita assinou um acordo com a Masen para desenvolver e operar um complexo de três centrais de energia solar fotovoltaica, totalizando 170 MW. Duas dessas centrais elétricas (hoje operacionais), que somam 100 MW, não se localizam no Marrocos, mas dentro do território ocupado (El Aiune e Boujdour). Também há planos para uma terceira usina solar em El Argoub, perto de Dakhla.

Esses projetos renováveis têm sido empregados para consolidar a ocupação dos territórios por meio do aprofundamento dos laços com o Marrocos, com a óbvia cumplicidade de capital e empresas estrangeiras. Após essa pequena digressão, voltemos agora à Desertec e ao hidrogênio.

Hidrogênio, a nova fronteira energética na África

O hidrogênio limpo ou verde consiste no gás extraído de substâncias mais complexas através de processos "limpos" (carbono zero). A maior parte da produção atual de hidrogênio provém de combustíveis fósseis, que geram grandes emissões de carbono (hidrogênio cinza). Por meio de tecnologias de captura de carbono, esse processo pode se tornar mais limpo (hidrogênio azul). No entanto, a forma mais limpa de produzir hidrogênio consiste na dissociação das moléculas de água através de eletrolisadores alimentados por fontes de energia renováveis (hidrogênio verde).

A Estratégia da União Europeia para o Hidrogênio, publicada em julho de 2020 — no quadro do Pacto Verde Europeu — estabelece um roteiro ambicioso para o hidrogênio verde até 2050. Propõe que a União Europeia obtenha parte de seu fornecimento futuro na África, sobretudo no norte desse continente, que oferece um enorme potencial de energia renovável, além da proximidade geográfica.[5]

A ideia foi lançada num artigo publicado em março de 2020 pelo organismo comercial Hydrogen Europe, que define a "iniciativa de hidrogênio verde 2 × 40 GW". De acordo com esse conceito, até 2030 a União Europeia terá 40 gigawatts (GW) de capacidade doméstica de eletrólise de hidrogênio renovável e importará mais 40 GW de áreas vizinhas, como os desertos do Norte da África, através de gasodutos já existentes, que ligam a Argélia e a Líbia à Europa.[6] Um dos autores do artigo sobre a iniciativa 2 × 40 GW da Hydrogen Europe também participou da redação do "manifesto" do hidrogênio Dii para o Norte da África e a Europa, em novembro de 2019.[7]

A Alemanha está à frente dos principais esforços de produção de hidrogênio verde na África. O país trabalha com a República Democrática do Congo, o Marrocos e a África do Sul para desenvolver a produção de "combustível descarbonizado" com energia renovável, destinado à exportação para a Europa, e tem explorado outras áreas/países potencialmente adequados para a produção de hidrogênio verde.[8] Em 2020, o governo marroquino firmou uma parceria com a Alemanha para construir a primeira usina de hidrogênio verde do continente. Como sempre, o Marrocos,

5 "A Hydrogen Strategy for a Climate-Neutral Europe", Comissão Europeia, jul. 2020.

6 "European Union Sets Gigawatt-Scale Targets for Green Hydrogen", *Green Tech Media*, 9 jul. 2020.

7 "A North Africa-Europe Hydrogen Manifesto", Dii Desert Energy, nov. 2019.

8 "Focus on Hydrogen: A New Energy Frontier for Africa", Clifford Chance, 12 jan. 2021.

que ostenta uma das economias mais neoliberais da região, continua a ser elogiado por seu ambiente de negócios, sua abertura ao capital estrangeiro e sua "liderança" no setor das energias renováveis. Estima-se que o país absorverá até 4% do mercado global de Power-to-X (produção de moléculas verdes) até 2030, em razão de seus "excepcionais recursos renováveis e seu histórico de sucesso na implantação de usinas renováveis de grande escala".[9]

No entanto, é importante salientar que o que está realmente em jogo em todos esses documentos, manifestos, políticas e iniciativas é, em primeiro lugar, a segurança energética da União Europeia. A Europa, suas prioridades e visões ocupam sempre o centro do palco, e todo o resto precisa forçosamente se remodelar e adaptar, embora a retórica empregada mencione benefícios compartilhados e agregados para todas as partes envolvidas.

Por exemplo, a iniciativa Desertec — que defende que até 2050 o sistema energético europeu seja 50% baseado em eletricidade renovável e 50% em hidrogênio verde — parte do pressuposto de que, "devido a suas dimensões e densidade populacional limitadas, a Europa não será capaz de produzir toda a sua energia renovável no próprio continente". Portanto, assume-se que grande parte do hidrogênio será importada e que a melhor região para isso é o Norte da África, com fartura de sol e vento. A nova proposta da Desertec tenta se afastar do foco nas exportações que marcou a primeira versão da iniciativa, adicionando o desenvolvimento local de um sistema de energia limpa. No entanto, a dimensão exportadora de sua agenda não pode ser subestimada ou negligenciada: "Além de atender à demanda doméstica, a maioria dos países do Norte da África possui enorme potencial em ter-

9 "Study on the Opportunities of 'Power-to-X' in Morocco: 10 Hypotheses for Discussion", Fraunhofer Institute for Systems and Innovation Research, fev. 2019.

mos de terra e recursos para a produção exportadora de hidrogênio verde". Como se isso não fosse convincente o bastante para as elites políticas e empresariais de ambos os lados do Mediterrâneo, a equipe da Desertec tem outras cartas na manga: "Uma abordagem conjunta da Europa e do Norte da África sobre a energia renovável e o hidrogênio geraria desenvolvimento econômico, empregos orientados para o futuro e estabilidade social nos países do Norte da África, além de potencialmente reduzir o número de emigrantes econômicos da região para a Europa". Não tenho certeza se se trata de desespero ou de uma variedade apelativa de estratégia comercial, mas a visão da Desertec parece se prestar à predisposição geral de consolidar a Europa como uma fortaleza e expandir seu regime desumano de imperialismo de fronteira, além de explorar o potencial energético de baixo custo do Norte da África, que depende do trabalho subvalorizado e oprimido.

Assim, a Desertec é apresentada como uma solução para a transição energética europeia, uma oportunidade para o desenvolvimento econômico do Norte da África e um freio à migração Sul-Norte. No entanto, se queremos realmente levar a sério essas questões, precisamos focar suas causas estruturais, que residem num modelo econômico globalmente destrutivo e injusto. Apresentada como uma panaceia tecnológica e apolítica, a Desertec promete a superação dos problemas energéticos sem promover mudanças fundamentais, basicamente mantendo o status quo e as contradições do sistema global que originalmente causaram esses problemas. Nesse sentido, ela abraça a obsessão pelo crescimento econômico eterno, maquiada pelo oximoro "crescimento verde", vende a ilusão da infinita disponibilidade de energia e recursos e, com isso, indiretamente perpetua os estilos de vida consumistas. Nada disso ajudará a ajustar nosso sistema socioeconômico aos limites planetários a tempo de evitar o colapso climático e ecológico.

Grandes "soluções" de engenharia, como a Desertec, tendem a considerar as mudanças climáticas como um problema comum, sem contextualização política ou socioeconômica. Essa perspectiva oculta as responsabilidades históricas do Ocidente industrializado, os problemas do modelo energético do capitalismo e as diversas vulnerabilidades das relações entre os países do Norte e do Sul. Além disso, ao empregar expressões como "cooperação mútua" e "para o benefício de ambos", que presumem que a região euro-mediterrânica seja uma comunidade unificada (somos todos amigos agora, lutando contra um inimigo comum!), ela mascara o verdadeiro inimigo do povo africano: as estruturas neocoloniais de poder que exploram e saqueiam seus recursos.

Ademais, ao advogar o uso da infraestrutura do gasoduto, a Desertec propõe uma mera mudança da fonte de energia, conservando a atual dinâmica política autoritária e deixando intocada a hierarquia da ordem internacional. Pode ser pedir demais à Desertec, mas, ao incentivar a utilização de gasodutos da Argélia e da Líbia (através da Tunísia e do Marrocos), a iniciativa levanta dúvidas sobre o futuro das populações nesses dois países, ricos em combustíveis fósseis. O que aconteceria se a Europa deixasse de importar seu gás (13% do gás consumido na Europa sai do Norte da África)? E quanto ao caos e à desestabilização causados pela intervenção da Organização do Tratado do Atlântico Norte (Otan) na Líbia? As aspirações dos argelinos por democracia e soberania — bem expressas no levante de 2019-2021 contra a ditadura militar — entrariam nessa equação? Ou se trata simplesmente de mais uma reiteração do status quo através da substituição do gás pelo hidrogênio? Talvez não haja nada de novo sob o sol.

Para piorar, o manifesto da Desertec afirma que, "na fase inicial (entre 2030-2035), um volume substancial de hidrogênio pode ser produzido pela conversão de gás natural em hidrogênio, na qual o CO_2 é armazenado em campos vazios de gás/petróleo (hidrogênio azul)". Combinado à utilização dos escassos recursos hídricos para produzir hidrogênio, trata-se de mais um exemplo de descarte de resíduos e transferência de custos ambientais do Norte para o Sul Global (isto é, a criação de zonas de sacrifício), uma estratégia do capital imperialista que alia racismo ambiental a colonialismo energético.

Por último, mas não menos importante, ao tratar dos benefícios mútuos para a Europa e o Norte da África, o manifesto diz: "Mas o Norte da África não tem a tecnologia, o capital e a força de trabalho bem formada necessários para desenvolver sozinho um sistema de energia limpa". Em primeiro lugar, por que isso acontece? Não teria a ver com relações de dominação e apropriação contínuas da riqueza? Isso não seria atribuível à tecnologia monopolística e ao regime de propriedade intelectual, que demonstraram sua crueldade durante a última pandemia? Não seria uma consequência dos programas de ajuste estrutural impostos a esses países, que sucatearam serviços públicos como saúde e educação? No entanto, a transferência de conhecimentos e tecnologia é primordial — quem os utiliza e possui, como são implementados, para que agenda e em que contexto são promovidos constituem questões de grande importância.

Se assumirmos que a abordagem da Desertec é o caminho a ser seguido, um desafio permanece: seu custo. Seria necessário um enorme investimento inicial para construir a infraestrutura de produção e transporte de hidrogênio verde. Dadas as experiências anteriores de empreendimentos de alto custo e capital intensivo (por exemplo, a usina solar de Ouarzazate), o investimento acarretará mais dívidas para o país receptor e aprofundará sua dependência de empréstimos multilaterais e assistência externa.

Conclusão

Nesse contexto, é fundamental investigar o que há por trás de expressões como "limpas", "brilho" e "cortes de emissões de carbono", a fim de examinar a materialidade da transição para a energia renovável. Este texto tentou examinar diferentes projetos e iniciativas através da lente da criação de novas cadeias de commodities, revelando que seus efeitos não diferem essencialmente da destruição causada pela extração de combustíveis fósseis e minérios.

O que parece unificar todos os projetos mencionados e o estardalhaço em torno deles são as suposições profundamente errôneas de que todo movimento na direção das energias renováveis é bem-vindo e de que qualquer saída dos combustíveis fósseis, independentemente de como seja realizada, vale a pena. É preciso dizer claramente: a crise climática que enfrentamos atualmente não foi provocada pelos combustíveis fósseis em si, mas por seu uso insustentável e destrutivo para alimentar a máquina capitalista. Em outras palavras, o capitalismo é o culpado. Se desejamos fazer esforços sérios para enfrentar a crise climática (que é apenas uma das facetas da crise multidimensional do capitalismo), não podemos nos furtar à necessidade de mudar radicalmente nossos modos de produção e distribuição e nossos padrões de consumo a fim de debater questões fundamentais sobre equidade e justiça. A mera mudança dos combustíveis fósseis para fontes de energia renováveis, com a manutenção da estrutura capitalista de mercantilização e privatização da natureza para o benefício de poucos, não resolverá o problema. Se continuarmos nesse caminho, agravaremos ou criaremos mais problemas em torno dos recursos naturais e da propriedade da terra.

A maior parte da bibliografia sobre sustentabilidade, transição energética e problemas ambientais no Norte da África é dominada por instituições internacionais e *think tanks* neoliberais. Suas análises são limitadas e não contemplam questões de classe, raça, gênero, poder e história colonial. As soluções e prescrições que propõem se baseiam no mercado e adotam uma abordagem hierarquizada, que não considera as causas profundas das crises climática e ecológica. O "conhecimento" produzido por tais instituições é profundamente desempoderador e ignora questões de opressão e resistência, amparando-se em grande medida na visão de "especialistas", em detrimento das vozes "de baixo". As pessoas comuns e os trabalhadores pobres são sempre excluídos de qualquer estratégia e retratados como ineficientes, atrasados e irracionais. Os pequenos agricultores familiares, pescadores, pastores (cujas pastagens são apropriadas para a construção de megausinas solares e projetos eólicos), trabalhadores das indústrias de combustíveis fósseis e extrativistas, trabalhadores informais e as classes empobrecidas são os norte-africanos que terão a vida mais afetada pela crise climática/ecológica (e pelas formas autoritárias e injustas de enfrentá-la). Mas eles são escanteados e impedidos de planejar o próprio futuro. As políticas econômicas, energéticas e de desenvolvimento costumam ser definidas por arraigados interesses domésticos e internacionais.

Para ser justa, a transição verde precisa fundamentalmente transformar e descolonizar o sistema econômico global, inadequado nos níveis social, ecológico e até biológico (como revelou a pandemia de covid-19). Também requer uma revisão dos padrões de produção e consumo exacerbados e intensivos em energia, especialmente no Norte Global. Nesse sentido, o decrescimento pode ser uma via para alcançar o cerne do sistema global.

Devemos sempre fazer estas relevantes perguntas: quem é o proprietário de quê? Quem faz o quê? Quem ganha o quê? Quem ganha e quem perde? E a serviço de quem estão? É necessário romper com a lógica imperialista, racializada e generificada da externalização de custos que, se não contestada, instaura o colonialismo verde e estimula o extrativismo e a exploração da natureza e do trabalho sob uma agenda supostamente verde.

A luta por justiça climática e por uma transição justa precisa considerar as diferentes responsabilidades e vulnerabilidades do Norte e do Sul. Portanto, uma compensação ecológica e climática deve ser paga aos países do Sul Global mais atingidos pelo aquecimento global, presos pelo capitalismo global ao circuito do extrativismo predatório.

Num contexto global de liberalização forçada, a pressão por acordos comerciais injustos, a disputa imperialista por influência e recursos energéticos, a transição verde e as discussões sobre sustentabilidade não podem servir de fachada para esquemas neocoloniais de pilhagem e dominação.

John Feffer é diretor do Foreign Policy in Focus no Institute for Policy Studies, com sede em Washington, Estados Unidos. É autor de vários livros, incluindo *Pandemic Pivot* (2020) e *Aftershock: a Journey into Eastern Europe's Broken Dreams* (2022). Colunista do *Huffington Post*, seus artigos apareceram no *New York Times*, no *Washington Post*, no *USA Today* e em muitas outras publicações.

Edgardo Lander é um dos principais sociólogos da Venezuela. É professor emérito da Universidade Central da Venezuela, pesquisador associado do Transnacional Institute (TNI) e professor da Universidade Andina Simón Bolívar, em Quito, Equador. Membro permanente do Grupo de Trabalho de Alternativas ao Desenvolvimento e do Pacto Ecossocial e Intercultural do Sul. Em 2025 recebeu o título de doutor honoris causa da Universidade de Buenos Aires. É autor de inúmeros livros e artigos sobre os limites ambientais da industrialização e do crescimento econômico, a esquerda latino-americana, o capitalismo pós-democrático e os desafios às epistemologias eurocêntricas.

Os maiores poluidores podem salvar o planeta? Políticas de descarbonização nos Estados Unidos, na União Europeia e na China[1]

4

John Feffer

Edgardo Lander

Atualmente, os Estados Unidos, a União Europeia e a China são responsáveis pela maior parte das emissões de carbono: um total de 52%, do qual mais da metade tem origem no país asiático (Ritchie & Roser, 2020). Essas três potências também são responsáveis por mais da metade de todas as emissões históricas, 47% dos Estados Unidos e da União Europeia e 13% da China.

No entanto, tais números ofuscam a situação vigente desde 1990, quando os governos começaram a reconhecer a importância de reduzir as emissões de gases causadores do efeito estufa. De 1990 a 2017, as emissões globais aumentaram 63%. No mesmo período, a União Europeia reduziu suas emissões em cerca de 20%.

1 Este capítulo se baseia em um diálogo entre os autores a partir de quatro artigos curtos de John Feffer, "What Remains of the U.S. Green New Deal?", "The Green New Deal Goes Local", "The Future of China's Green Revolution" e "European Green Deal: Step Forward, Backward, or Sideways?", todos publicados na revista *Foreign Policy in Focus*, bem como no texto de Edgardo Lander, "La transición energética corporativa-colonial", apresentado na conferência Transiciones Justas en América Latina y el Caribe, realizada em Bogotá, na Colômbia, em 29 e 30 de setembro de 2022.

Por outro lado, os Estados Unidos conseguiram uma redução de apenas 0,4%, enquanto as emissões da China aumentaram 350%. Os países europeus levaram muito a sério o perigo das mudanças climáticas, os Estados Unidos avançaram e recuaram conforme o partido no poder, e a China continuou a priorizar o crescimento econômico e seu "direito ao desenvolvimento".

O legado dos últimos trinta anos continua a influenciar pesadamente as políticas ambientais e energéticas desses três principais atores. Superficialmente, todos reconhecem a importância de uma rápida redução das emissões de carbono como parte de uma transformação econômica sem precedentes. Os Estados Unidos e a União Europeia prometeram atingir a neutralidade de carbono até 2050, enquanto a China se comprometeu a superar o pico de emissões até 2030 e chegar à neutralidade em 2060. A União Europeia tem avançado rapidamente, os Estados Unidos, de forma irregular, e a China ainda não se mexeu.

A postura de cada uma das três potências em relação à descarbonização também se reflete em suas respectivas economias políticas. Com seu Pacto Verde, a União Europeia estabeleceu um compromisso entre os países-membros, combinando uma estratégia industrial "limpa" com diversos mecanismos de mercado, fazendo jus às raízes social-democratas do bloco e, mais recentemente, à sua adesão ao receituário neoliberal. Enquanto isso, alguns Estados-membros adotaram estratégias individuais de descarbonização, mais rigorosas, que podem estabelecer importantes precedentes no âmbito global.

Os Estados Unidos optaram por uma abordagem fragmentária no nível federal, distribuindo vários incentivos à "energia limpa" através de uma série de políticas com nomes enganosos — a Lei de Redução da Inflação, a Lei Bipartidária de Infraestrutura, a Lei de Chips e Ciência —, enquanto estados como a Califórnia e cidades como Ithaca, em Nova York, implementaram ações muito mais ousadas. Os interesses privados, sobretudo de empresas de combustíveis fósseis, têm exercido considerável influência para minar quaisquer esforços de coordenação das políticas federais.[2]

A China planeja continuar a priorizar o crescimento econômico e adiou os cortes gerais nas emissões de carbono para depois de 2030. O país ainda depende essencialmente de combustíveis fósseis para movimentar sua economia em expansão, com uma esmagadora necessidade de carvão, a mais poluente das fontes de energia. No entanto, a China também tem estimulado uma rápida expansão das energias renováveis, com especial ênfase na eólica e na solar, com as quais tem gerado mais potência do que qualquer outro país.[3] Além disso, algumas províncias pressionam para que se acelere a transformação, o que pode levar mais precocemente ao pico de emissões e, em seguida, à neutralidade de carbono na China como um todo.

Neste capítulo, avaliamos os "pactos verdes" dos Estados Unidos, da União Europeia e da China para entender até que ponto eles ficam aquém de sua própria retórica e das reduções de carbono necessárias para manter o aumento das temperaturas globais abaixo de 1,5 °C em relação aos níveis pré-industriais até 2050, estabelecidas pelo Acordo de Paris. Essas transformações dependem de diversos mecanismos que transferem a agricultura, a manufatura e os serviços intensivos em carbono para os países do Sul Global como uma estratégia de externalização das emissões. No centro das transições nos países mais poluentes do mundo funciona uma persistente mentalidade de soma zero (*net zero*), que reduz as emissões de carbono e os impactos negativos do extrativismo no Norte através, em grande medida, da expor-

2 "'Easter Eggs' in Climate Bill Delight Oil and Gas Industry", *Politico*, 28 jul. 2022.

3 "China on Track to Hit New Clean & Dirty Power Records in 2022", *Reuters*, 23 nov. 2022.

tação desses problemas para o Sul. Ao mesmo tempo, os países mais ricos se recusam a atacar a causa subjacente das mudanças climáticas: o consumo excessivo.

O Pacto Verde Europeu

No papel, os países europeus têm levado a crise climática muito a sério. A Finlândia se comprometeu a ser neutra em carbono até 2035, a Áustria até 2040 e a Alemanha e a Suécia até 2045. Várias nações — Dinamarca, França, Hungria — chegaram a transformar seus compromissos em leis. Esses compromissos são ainda mais sérios porque os países europeus têm algumas das maiores pegadas de carbono do mundo. Em emissões per capita, a Alemanha é a sétima colocada, com 10,4 toneladas métricas, enquanto a França fica em 14º lugar, com 6,6 toneladas (a média aproximada da União Europeia).[4]

Todas essas promessas de neutralidade de carbono são factíveis. Ao contrário de outros continentes, os países europeus têm agido em conjunto para responder às mudanças climáticas. Em julho de 2021, a União Europeia publicou o plano Fit for 55, por meio do qual do qual o bloco de 27 países pretende reduzir suas emissões coletivas em 55% até 2030.[5] Esse plano de descarbonização integra o Pacto Verde Europeu, mais amplo, introduzido em dezembro de 2019 com a promessa de "crescimento eco-

4 "Wealthy Nations Lead Per-Capita Emissions", Statista, 1º mar. 2021; "Greenhouse Gas Emission Satistics: Carbon Gootprints", Eurostat, mar. 2022

5 "The European Green Deal", Comissão Europeia, 2019. Disponível em: 01aa75ed71a1.0002.02/DOC_1&format=PDF.

nômico dissociado da utilização de recursos". O Fit for 55, que os Estados-membros europeus ainda estão debatendo, prevê aumentar a participação das energias renováveis para 40% do consumo total, renovar 35 milhões de edificações para dotá-las de maior eficiência energética e criar 160 mil novos empregos verdes no setor da construção. A agricultura orgânica será impulsionada pelo programa Farm to Fork, que visa tornar mais sustentáveis a produção, a distribuição e o consumo agrícolas.[6]

Tudo isso, é claro, vai custar muito dinheiro. A União Europeia prometeu dedicar até 30% de seu orçamento de longo prazo à ação climática, o que equivale a cerca de 700 bilhões de dólares,[7] e o Mecanismo de Ajuste de Carbono na Fronteira (CBAM) criará uma tarifa sobre a importação de bens intensivos em carbono. O Mecanismo de Transição Justa ajudará as regiões mais pobres do bloco a atingir as metas do plano, com dotação de cerca de 85 bilhões de dólares em seis anos. Dentro desse dispositivo, um "mecanismo de empréstimo do setor público" combinará subvenções do orçamento da União Europeia com financiamentos do Banco Europeu de Investimento. O bloco também emitiu seu primeiro "título verde", com a expectativa de arrecadar catorze bilhões de dólares para o orçamento do Pacto Verde Europeu.

Esse projeto possui uma forte dependência do financiamento privado e exigirá modificações no atual Emissions Trading Scheme (ETS), ou Regime de Comércio de Licenças de Emissão da União Europeia. Criado em 2005, atualmente o ETS é o maior mercado mundial de carbono, abrangendo fábricas, usi-

6 "Delivering the Green Deal: On the Path to a Climate-Neutral Europe by 2050", Comissão Europeia, [s.d.]; "Organic Action Plan: Action Plan for Organic Production in the E.U.", Comissão Europeia, [s.d.]; "Farm to Fork Strategy", Comissão Europeia, [s.d.].
7 "Climate Change: E.U. to Cut CO_2 Emissions by 55% by 2030", *BBC*, 21 abr. 2021.

nas elétricas e o setor aéreo. O plano Fit for 55 propõe a inclusão das emissões dos navios e, num novo mercado separado, os transportes rodoviários e o setor da construção. O aumento dos preços do carbono que deve resultar desse plano dividiu a União Europeia em um eixo leste-oeste, uma vez que o Leste Europeu depende mais fortemente de combustíveis fósseis do que a porção ocidental do continente.

Os legisladores europeus têm reiteradamente reconhecido a gravidade da crise climática e a urgência de agir o quanto antes. Mas, por mais ambicioso que o Pacto Verde Europeu pareça no papel, ele é insuficiente. A implementação dessa iniciativa histórica pode de fato ser considerada uma vitória e um triunfo impressionantes se comparada ao que a China ou os Estados Unidos têm realizado. Mas o Pacto Verde Europeu na realidade não faz jus a seu nome, tampouco suas anêmicas promessas de criação de empregos. Compare-se, por exemplo, a geração de meros 160 mil novos empregos em infraestrutura verde com o contingente de 400 mil empregos diretos no setor de petróleo, gás e carvão na União Europeia em 2016, número que tem se mantido estável (com exceção da mineração de carvão).[8]

À primeira vista, a Europa aparenta ter reunido uma quantia considerável para seu Pacto Verde. O Plano de Investimentos da Europa Sustentável espera movimentar um trilhão de dólares até 2030. Cerca de metade desse dinheiro virá diretamente do orçamento da União Europeia, o que, por sua vez, exigirá um cofinanciamento nacional de 114 bilhões de dólares entre 2021 e 2027. Um fundo de garantia chamado Invest E.U. também estimulará o investimento público e privado de 279 bilhões de dólares. E o Mecanismo de Transição Justa ajudará as áreas mais pobres e

8 "Employment in the Energy Sector", Comissão Europeia, 9 jul. 2020.

dependentes de combustíveis fósseis a acompanhar o ritmo do restante da União Europeia.

Contudo, muito desse dinheiro é apenas vinho velho em garrafas novas. O fundo Invest E.U., por exemplo, constitui uma simples continuação do antigo Fundo Europeu de Investimento Estratégico. Ao mesmo tempo, a União Europeia segue dominando grande parte do orçamento de carbono remanescente em nível global por meio de brechas e compensações nos mercados. Depois da invasão russa da Ucrânia, a União Europeia continuou a torrar bilhões de dólares em subsídios a combustíveis fósseis e expandir a infraestrutura fóssil na Europa e na África.[9]

Além disso, embora o bloco tenha prometido criar um fundo de combate à desigualdade *dentro* da Europa, não faz grande esforço para combater a desigualdade global. Pouco dinheiro foi reservado para ajudar seus parceiros comerciais a cumprir os novos e rigorosos requisitos do CBAM. De acordo com os consultores do FMI He Xiaobei, Zhai Fan e Ma Jun, "o CBAM pode resultar em um ganho anual de bem-estar de 141 bilhões de dólares nos países desenvolvidos, enquanto os países em desenvolvimento sofrerão uma perda anual de bem-estar de 106 bilhões de dólares, em comparação com um cenário de base" (Xiaobei, Fan & Jun, 2022).

Alguns países europeus liberaram adiantamentos unilaterais para financiar ações climáticas e compensar perdas e danos atualmente experimentados no Sul Global. No entanto, grande parte dos cem bilhões de dólares anuais prometidos pelas nações ricas para adaptação e mitigação veio na forma de novos empréstimos e seguros, embora vários países europeus — Alemanha, Noruega, Itália, Suécia — tenham trabalhado duro para cumprir suas obri-

9 "Europe Turns to Africa in Bid to Replace Russian Natural Gas", *Associated Press*, 12 out. 2022.

gações, alcançando a cifra global de 83 bilhões de dólares (Carty & Kowalzig, 2022). Na COP27 em Sharm el-Sheikh, em 2022, a Escócia prometeu três milhões de libras a mais do que havia destinado para cobrir perdas e danos no ano anterior, elevando sua contribuição a cinco milhões. Esse compromisso serviu de exemplo para Irlanda, Áustria, Bélgica, Dinamarca e Alemanha. No final da COP27, duzentas nações concordaram em formar um novo fundo de perdas e danos, embora ainda não esteja claro quanto dinheiro será destinado aos países do Sul mais atingidos, nem como essa distribuição será feita.

O Green New Deal dos Estados Unidos

Em novembro de 2018, o Green New Deal foi convertido em grito de guerra pelos ativistas climáticos dos Estados Unidos. Membros do Movimento Sunrise ocuparam o gabinete da presidente da Câmara, Nancy Pelosi, repetindo esse slogan como sua mensagem unificada. Alguns meses depois, a deputada Alexandria Ocasio-Cortez, que apoiou a ocupação dos jovens ativistas, propagou a mensagem no Congresso, em parceria com o senador Ed Markey, ao apresentar sua proposta para o Novo Pacto Verde ou Green New Deal (GND).

Mais um manifesto do que uma legislação vinculativa, a resolução estabelece a visão de uma transição energética equitativa nos Estados Unidos. O documento é repleto de tópicos e propostas ambiciosas, como "investir na infraestrutura e na indústria dos Estados Unidos para enfrentar de forma sustentável os desafios do século XXI" e fornecer a todos os estadunidenses "direito a água limpa, ar limpo, alimentos saudáveis e acessíveis e à natureza".

Inspirados no discurso e na história do New Deal de Franklin D. Roosevelt, implementado na década de 1930, os ativistas climáticos esperavam reunir duas vertentes do movimento progressista: o ambientalismo e a justiça econômica. Eles exortaram os Estados Unidos a reduzir radicalmente sua pegada de carbono e, ao mesmo tempo, criar empregos bem remunerados, sobretudo para os trabalhadores de setores associados à energia suja. Tal como o programa de Roosevelt, o GND depende da direção e do financiamento estatais para promover uma grande transformação econômica.

Depois da resolução original, outros projetos de lei sobre educação, habitação e cidades surgiram em torno do GND. As cidades estadunidenses também estabeleceram iniciativas no nível municipal, e muitas organizações da sociedade civil continuam a defendê-lo como um roteiro radical para reorientar a sociedade estadunidense. Em 2022, muitas disposições previamente elaboradas sobre o clima foram reunidas num único pacote legislativo. A Lei de Redução da Inflação, apresentada como programa para mitigar o aumento dos preços, reduzir a dívida federal e fornecer assistência econômica direcionada, contém uma série de disposições sobre energia limpa, desde a concessão de bolsas de justiça climática até a criação de um banco verde nacional. Essas provisões somam cerca de 369 bilhões de dólares em novos gastos, o maior investimento federal em energia limpa da história dos Estados Unidos. Isso também coloca o país muito mais perto de atingir a meta do governo Biden de reduzir pela metade as emissões de carbono até 2030.

A lei delineia ainda uma espécie de política industrial ao direcionar sessenta bilhões de dólares para a manufatura e a criação de empregos de "energia limpa" na cadeia de fabricação de painéis solares, baterias e outros componentes. A essa quantia se somam 67 bilhões de dólares em investimentos em indústrias de carbono zero e pesquisa climática através da Lei Chips. O governo

Biden adota a abordagem "The Justice 40" — segundo a qual 40% de todos os gastos climáticos devem ser destinados a comunidades desfavorecidas —, que subvenciona a eletrificação de casas de famílias de baixa renda. As alocações também incluem fundos para eletrificar o transporte público e os veículos do Serviço Postal por meio da Lei Bipartidária de Infraestrutura. Outros vinte bilhões de dólares serão destinados à transição para práticas agrícolas sustentáveis, como a rotação de culturas. A conta desses programas será amplamente coberta pelo aumento de impostos, incluindo uma taxa mínima de 15% para corporações com mais de um bilhão de dólares de faturamento e um tributo especial de 1% sobre a recompra de ações corporativas.

Infelizmente, a legislação também faz desanimadoras concessões às empresas de combustíveis fósseis, como a expansão de licenças de mineração e perfuração e um crédito fiscal para manter em funcionamento as fábricas movidas a carvão. Parte do financiamento, particularmente na Lei Chips, enquadra os investimentos em "energia limpa" como ferramentas de uma geopolítica agressiva em relação à China.

Os estados norte-americanos continuam divididos a respeito dessas questões ambientais e energéticas. Alguns ainda investem fortemente em combustíveis fósseis — carvão na Virgínia Ocidental, petróleo no Texas, gás natural na Pensilvânia. Essa divisão dificulta a implementação de uma política federal mais coordenada e obstaculiza um compromisso nacional com os esforços internacionais. As obrigações do Acordo de Paris, por exemplo, têm caráter voluntário principalmente porque o negociador estadunidense, John Kerry, deixou claro que um acordo com metas obrigatórias não seria aprovado no Congresso. Além disso, enquanto a União Europeia e a China assumiram posições políticas amplamente consistentes em diferentes governos, os Estados Unidos oscilaram entre a cooperação (Obama) e a hostilidade

(Trump) e de volta para a cooperação (Biden). As mudanças de humor político minam os esforços do país para assumir a liderança nesse campo.

Revolução verde na China

Quando se trata de transição energética em nível global, a China é, ao mesmo tempo, parte do problema e da solução. O país é de longe o maior emissor de dióxido de carbono (embora seja apenas o quarto em emissões per capita). Por outro lado, é líder global da transição dos combustíveis fósseis para a energia limpa, adicionando mais potência renovável do que qualquer outro país. Ao final de 2022, a China terá instalado 156 gigawatts (GW) adicionais gerados por turbinas eólicas e painéis solares, ou 25% a mais que seu próprio recorde em 2021 (Ellerbeck, 2022). Na comparação, os Estados Unidos devem instalar cerca de 30 GW de energia solar e eólica no mesmo período.[10]

A economia chinesa continua a crescer, embora menos acentuadamente do que nas décadas anteriores, assim como suas necessidades energéticas. Em 2022, a demanda total de energia aumentou cerca de 4% em relação a 2021.[11] Desde 2009, quando a China assumiu seus primeiros compromissos internacionais para combater as mudanças climáticas, sua economia ficou três vezes maior, mas seu consumo energético cresceu apenas uma vez e meia. A China também tem impulsionado acordos inter-

10 "Wind and Solar Are Booming, but Emissions Aren't Falling", *ClimateWire*, 14 out. 2022.

11 Administração Nacional de Energia da China, 13 out. 2022, disponível em: nea.gov.cn/2022-10/13/c_1310669666.htm.

nacionais sobre o clima. Seu tratado climático bilateral com os Estados Unidos, em 2014, tornou possível o Acordo de Paris no ano seguinte.

No intervalo de uma geração, a China se transformou num gigante econômico global. O país agora enfrenta um desafio comparável em urgência e escala. Em poucas décadas, precisa assumir a liderança mundial enquanto converte sua economia para a energia verde. A velocidade e a disposição com que o governo comunista perseguirá essa meta determinarão em grande medida se o planeta poderá ou não evitar que a temperatura aumente 1,5 °C em relação aos níveis pré-industriais.

Apesar do compromisso de expandir a infraestrutura de energia renovável, a China permanece na liderança mundial do consumo de combustíveis fósseis, duas vezes maior que o dos Estados Unidos. Além disso, mais da metade da matriz energética chinesa depende do carvão, que libera mais carbono para a atmosfera que o petróleo e o gás natural.

No entanto, o governo chinês se comprometeu a atingir o pico das emissões antes de 2030 e alcançar a neutralidade de carbono até 2060. Esse cronograma é bastante apertado, com a meta de lograr, no espaço de uma geração, o que demandou da Europa ou dos Estados Unidos o dobro de tempo. A participação do carvão ainda é de cerca de 56% do consumo primário e precisa ser reduzida drástica e rapidamente.[12] A China também assumiu o compromisso de elevar a participação das fontes de energia não fósseis — eólica, solar, hídrica, biomassa e nuclear — para 80% do consumo total até 2060.[13] O país poderá atingir esse objetivo

12 "How Is China's Energy Footprint Changing?", China Power. Disponível em: chinapower.csis.org/energy-footprint/

13 "China Commits to 80% of Energy Mix from Non-Fossil Fuels by 2060", *S&P Global*, 25 out. 2021.

mais cedo se as províncias mais climaticamente progressistas conseguirem impulsionar a política nacional.

Tanto os Estados Unidos como a China dedicaram esforços consideráveis para estabelecer normas capazes de elevar os padrões ambientais dos projetos de desenvolvimento. Os Estados Unidos foram fundamentais na consolidação da Blue Dot Network, que promove "investimentos em infraestrutura de qualidade que sejam abertos e inclusivos, transparentes, economicamente viáveis, alinhados ao Acordo de Paris, financeira, ambiental e socialmente sustentáveis e em conformidade com padrões, leis e regulamentos internacionais". A China, por sua vez, desenvolveu um "sistema de semáforos" para garantir que seus projetos da Iniciativa Cinturão e Rota reduzam os riscos ambientais e contribuam para a transformação verde: a cor verde representa uma contribuição positiva, o amarelo, neutra, e o vermelho, negativa.

Pode-se criticar a velocidade com que a China tem implementado sua transição para a energia limpa. Não é discutível, no entanto, a previsibilidade de seu programa. O país estabeleceu metas e avança para alcançá-las. O que torna as posições chinesas razoavelmente consistentes ao longo do tempo é a determinação da atual liderança em aumentar a segurança energética do país através da redução de sua dependência de fornecedores externos de combustíveis fósseis. O governo de Pequim também está muito ciente da importância do apoio público à limpeza do ar, da terra e da água, pois, no passado, alguns protestos ambientais chegaram a desafiar a estabilidade do regime. Um terceiro fator motivador é o desejo da China de se posicionar como líder global do clima num momento em que a política climática dos Estados Unidos tem demonstrado fragilidade. A China também desfruta de certa credibilidade enquanto "país tardiamente desenvolvido" que só agora tem reconsiderado sua dependência de combustíveis fósseis, o que pode motivar os países do Sul a tentar equilibrar desenvolvimento e descarbonização.

O novo colonialismo verde

Embora os países do Norte Global estejam correndo para adotar novas tecnologias "limpas", como a eólica e a solar, em grande medida eles utilizam energias renováveis sem reduzir o consumo de combustíveis fósseis nem a própria demanda energética. O consumo excessivo do Norte reforça um desequilíbrio de poder de natureza neocolonial em relação ao Sul.

Considerem-se, por exemplo, os pilares das "transições limpas" no Norte: células solares, turbinas eólicas e baterias de íons de lítio para carros elétricos. Em primeiro lugar, os "Green New Deals" e iniciativas semelhantes continuam a privilegiar o crescimento econômico — e, na esteira desse crescimento, a elevação do consumo de energia. Em segundo lugar, esses avanços tecnológicos foram concebidos para preservar um estilo de vida perdulário, associado a significativas emissões de carbono. Em terceiro lugar, elas requerem vultosas quantidades de matérias-primas do Sul Global: cobre e alumínio para painéis solares; zinco, terras-raras e madeira de balsa para turbinas eólicas; e lítio, cobalto e níquel para baterias. Finalmente, o uso projetado dessas tecnologias revela um viés individualista que muitas vezes oblitera a necessidade de uma transformação estrutural, como é o caso dos carros elétricos individuais ou das campanhas de descarbonização direcionadas a consumidores individuais (por exemplo, para reduzir o uso de sacolas e canudos plásticos).

O Norte também tem formulado novas estruturas conceituais a fim de promover as "transições energéticas limpas". Para impulsionar a ideia de que é possível realizar a descarbonização mantendo os atuais níveis de consumo dos países mais ricos, a antiga campanha do "desenvolvimento sustentável" foi reaproveitada pela moderna agenda da "energia renovável". No entanto, muitos componentes necessários a essa energia, como o lítio e o cobalto, são tão finitos como o petróleo e o gás, o que põe em xeque a sustentabilidade da empreitada. Esse ponto cego no uso de tais matérias-primas é comparável ao da externalização dos custos ambientais, pois ambos costumam acompanhar as medidas convencionais para o crescimento econômico (ver o capítulo 14, "Um decrescimento feminista para perturbar a transição"). Em outras palavras, se o verdadeiro custo da poluição da terra, da água e do ar fosse considerado em certos processos fabris, estes não seriam de fato lucrativos; da mesma forma, se fossem computados os verdadeiros custos ambientais dos insumos das tecnologias de "energia limpa", ela não seria efetivamente sustentável.

Outra estrutura conceitual corresponde ao foco primordial na descarbonização, que exclui outros problemas ambientais e econômicos prementes. Esse enquadramento começou com a "pegada de carbono", ideia originalmente desenvolvida por uma agência de publicidade contratada pela British Petroleum, que transfere o ônus das mudanças climáticas para o consumidor individual e exime os contribuintes institucionais, notadamente as empresas de combustíveis fósseis. Tal estrutura de descarbonização se estende aos pactos centrais do Acordo de Paris, à mobilização coletiva para reduzir as emissões e sobretudo aos mercados de carbono, que permitem emissões em determinado local desde que sejam compensadas por reduções em outros lugares — o que resulta em redução líquida zero.

Embora a descarbonização seja essencial, não é esse o único desafio ambiental enfrentado pelo planeta. A crise inclui o desmatamento, a perda de biodiversidade, a destruição da fertilidade do solo e o declínio do acesso a água potável. Esses problemas são particularmente agudos no Sul, o que contribui para reforçar a crença de que os países ricos estão focados na descarbonização porque as mudanças climáticas ameaçam seus interesses econômicos específicos, enquanto a precariedade do acesso a água potável no Sul, por exemplo, não o faz. Evidentemente, muitas das tecnologias de "energia limpa" agravam os danos ambientais no Sul, em vez de amenizá-los, com impacto em bacias hidrográficas, florestas e terras agrícolas degradadas pela mineração, em terras produtivas entregues a grandes projetos solares e na exploração generalizada de madeira de balsa para abastecer os projetos chineses de energia eólica.

Em suma, as "transições energéticas limpas" dos Estados Unidos, da Europa e da China devem ser avaliadas não apenas no quadro das diferenças entre os respectivos compromissos, metas globais, políticas declaradas e implementação real, mas também considerando os danos ambientais e prejuízos para os povos do Sul, de modo que os custos sociais e ambientais totais para as nações fornecedoras sejam incluídos na equação. Nos velhos modelos coloniais, a riqueza e a segurança do Norte dependiam do saque das riquezas do Sul. Sob o novo colonialismo verde, o Norte continua a presumir que a natureza e a mão de obra barata dos países do Sul estão totalmente disponíveis para manter os modos de vida insustentáveis e imperiais de seus habitantes (Brand & Wissen, 2021). Um Novo Pacto Verde global não deve apenas ser efetivamente global e equitativo mas também transcender as premissas fundamentais sobre crescimento e consumo que estão na origem das crises ambientais planetárias.

Ivonne Yáñez é membra cofundadora da Acción Ecológica, com sede no Equador. Também cofundou a OilWatch em 1996, uma rede de resistência às atividades petrolíferas. Trabalha com energia, mudanças climáticas e, mais recentemente, serviços ambientais sob uma perspectiva crítica. É uma promotora ativa da campanha Keep the Oil in the Soil, tendo como caso emblemático o Parque Nacional Yasuní, na Amazônia equatoriana.

Camila Moreno é pesquisadora ambiental, ativista e escritora brasileira. Seu principal interesse de pesquisa é a interface entre o regime global de governança ambiental e a ecologização do capitalismo, com uma crítica às métricas de carbono e à descarbonização. Participa das negociações sobre mudanças climáticas da UNFCCC desde 2008 e é membra fundadora do Grupo Carta de Belém, uma rede da sociedade civil brasileira contrária à financeirização da natureza. Seu trabalho se concentra nos impactos territoriais das políticas de desenvolvimento, nas relações Brasil-China e na convergência entre política climática e digitalização.

5 Acumulação e expropriação por descarbonização

Ivonne Yáñez

Camila Moreno

Nas últimas décadas, o capitalismo tem se reinventado. Por um lado, isso se dá através do discurso do *desenvolvimento sustentável* e suas ramificações institucionais, que incluem a Convenção-Quadro das Nações Unidas sobre as Mudanças Climáticas (UNFCCC) e seus protocolos, acordos e marcos legais, e a Convenção sobre Diversidade Biológica e sua obsessão por colocar um terço do planeta sob regimes de conservação. Por outro, valendo-se de várias formas de expansão do capital a novas fronteiras, com mercadorias e mercados antes inimagináveis, para os quais são necessárias novas formas de controle territorial e álibis verdes. Esse processo é necessariamente acompanhado por uma linguagem publicitária confusa, mas bem-sucedida em vender e enganar.

O horizonte atual da descarbonização articula várias áreas do novo capitalismo verde, que incluem transição energética, conservação, mecanismos de restauração através dos mercados e novos ativos digitais. Embora esses três espaços possam se inter-relacionar, não implicam uma provincialização da economia. Na verdade, levam à apropriação de terras e, em muitos casos, à violação de direitos e à expansão do neocolonialismo. O objetivo deste capítulo é analisar as novas facetas do capitalismo verde, enquadradas sob o guarda-chuva da descarbonização, que permitem que os principais poluidores se reinventem por meio de uma retórica supostamente ecológica. Para começar, vamos descrever as propostas de descarbonização da economia e de transição energética que são essencialmente capitalistas e coloniais, além de implicarem imposições imperialistas.

A descarbonização capitalista e colonial

Num cenário de desastres climáticos extremos, a narrativa e a agenda impostas pelo Norte — que já tem muitos seguidores entre os atores hegemônicos do Sul Global — asseguram que, para evitar essas catástrofes, devemos avançar para a "transição energética" e "descarbonizar" nossas economias. Na prática, estamos diante de um novo tipo de *greenwashing* do capitalismo, com consequências negativas para os povos e a natureza.

A proposta de "descarbonização" tem origem no capitalismo verde associado à crise climática. Em 2007, o Painel Intergovernamental sobre Mudanças Climáticas (IPCC) já incluía esse termo em seus relatórios sobre mitigação das mudanças climáticas, definindo-o como o "caminho para uma economia de baixa intensidade de carbono" (IPCC, 2007, p. 219). O IPCC também afirma que a descarbonização pode ser alcançada por meio de projetos de geoengenharia, como bioenergia com captura e armazenamento de carbono (Beccs). Essas propostas não são surpreendentes, pois o IPCC geralmente subscreve falsas soluções para as mudanças climáticas. Mesmo o conceito de "mitigação" integra um conjunto de propostas enquadradas na economia do mercado de carbono, como parte da UNFCCC.

As propostas hegemônicas que *estimulam a descarbonização enquanto criam novas dinâmicas de acumulação* abrangem desde o mercado de certificados de compensação de carbono até o investimento em ativos financeiros especulativos, como os títulos verdes e azuis. Elas incluem a produção maciça e perigosa de milhões de dispositivos com tecnologias baseadas em energias renováveis, a rápida eletrificação dos transportes e a extração dos chamados minerais estratégicos para a transição energético-digital, que incluem terras-raras e lítio.

Essas propostas de "descarbonização" (que não se concentram no carbono fóssil, mas no carbono das moléculas de CO_2) permitem a continuidade do modelo de acumulação de capital e crescimento econômico baseado em combustíveis fósseis. Na realidade, não representam formas reais de descarbonização (que consistiriam em deixar no subsolo milhões de toneladas de petróleo, gás natural e carvão), pois significam mais carbono e CO_2 na atmosfera. Trata-se de uma transição em que a indústria, aliada às regulações estatais, estabelece novas fontes de energia como o hidrogênio, utiliza poços de petróleo esgotados como oportunidades de captura e armazenamento de CO_2, expande a monocultura de árvores para produzir biomassa e destina culturas inteiras à produção de biocombustíveis. A narrativa se amplia para relançar a energia nuclear para uso local e descentralizado através de pequenos reatores modulares.

Nessa lógica de "descarbonização da economia", nada é realmente descarbonizado. Na busca por um resultado *net zero* [zero emissões líquidas de carbono], validam-se falsas equivalências entre as moléculas biológicas de carbono — que integram o ciclo da vida — e as que fluem para a atmosfera a partir da extração de matéria geológica fóssil (óleo, gás e carvão).[1] Vistas em conjunto, as ações de descarbonização sob o discurso *net zero* mantêm o padrão civilizacional ancorado em lógicas e mecanismos histó-

1 "Glosario de la justicia climática", Acción Ecológica, 16 jun. 2022.

ricos que aprofundam as desigualdades. Como consequência, essa "descarbonização" hegemônica ao mesmo tempo agrava a situação climática e viola os direitos humanos e da natureza.

Além disso, as concepções capitalistas e neoliberais de "descarbonização" andam de mãos dadas com ideias mais recentes como neutralidade de carbono, *net zero*, economia circular, agricultura 4.0, mineração climaticamente inteligente, digitalização da economia, desacoplamento entre economia e natureza e carbono digital. Todos esses planos incentivam a expansão da fronteira petrolífera e implicam uma apropriação de milhões de hectares de terra como *sumidouros de carbono* para permitir a extração de mais minerais. Mais adiante, veremos que esse também é o caso da hiperdigitalização dos processos econômicos e da informação digitalizada, que tem se tornado o ativo mais importante da economia global, sob o novo conceito de "desenvolvimento digital".

Os rumos da nova governança climática

No contexto da nova governança climática, as ideias gêmeas de "descarbonização" e *net zero* são absolutamente cruciais para entender a reinvenção dos grandes poluidores. "Descarbonização" cada vez mais se refere e dá sentido a um futuro compartilhado e a um horizonte histórico comum. Após a Guerra Fria, verifica-se uma sobreposição entre o regime de governança climática global negociado desde 1992, na Cúpula da Terra do Rio de Janeiro, a ascensão do "clima" como questão central na agenda ambiental internacional e a aceleração da globalização pela ordem mundial neoliberal.

Desde que o Acordo de Paris foi ratificado, em 2015, houve uma convergência entre as agendas do clima e do desenvolvimento, assim como as do financiamento e do desenvolvimento climáticos, no quadro de referência da Agenda 2030 das Nações Unidas para o Desenvolvimento Sustentável (ODS). De fato, instituições, atores e o pensamento econômico dominante abraçaram com entusiasmo o paradigma verde estabelecido pelo Relatório Stern de 2006 sobre a economia das mudanças climáticas. Esse paradigma consiste em internalizar os custos da destruição ambiental e incorporar o capital natural (todo o espectro de "serviços ambientais") ao sistema de contas nacionais e, assim, tornar a natureza visível para o capital.

Nesse processo, a política climática internacional e seus mecanismos se converteram na principal chave para entender a incorporação desse metaprocesso aos contextos nacionais e locais e o estabelecimento de marcos legislativos (como códigos florestais, códigos de mineração, regulação hídrica etc.) para acomodar o paradigma da economia verde. Isso também fundamenta a base e a segurança jurídicas para novos contratos e transações relacionados ao capital natural e ao avanço da mercantilização até a fronteira dos intangíveis.

Como o paradigma da economia verde e seus mecanismos incidem nos territórios? Eles exigem novas formas de expropriação e reassentamento em territórios específicos (florestas, manguezais, pastagens etc.). Também implicam a ocupação de nossas estruturas mentais, a fim de reconfigurar a linguagem que empregamos para falar das mudanças climáticas e o modo como entendemos esse esforço compartilhado. Por exemplo, os conceitos de "descarbonização" e *net zero* já estão amplamente difundidos. Nós os utilizamos cada vez mais para definir objetivos compartilhados, transparência e responsabilidade.

O imperativo político de "descarbonizar" a economia e a sociedade — e agora digitalizá-las — consiste na espinha dorsal do regime global de governança climática e do horizonte de longo prazo até a neutralidade climática. As propostas hegemônicas de Novo Pacto Verde, bem como muitas das opções de *transição justa*, também funcionam sob essa lógica de "descarbonização". No entanto, levando em conta a evolução do regime multilateral sobre mudanças climáticas no âmbito da ONU nas últimas três décadas, não há definição unânime do significado de "descarbonização".

O que significa "descarbonizar?" O que significa *net zero*?

Entre a UNFCCC, em 1992, e o Acordo de Paris, em 2015, havia concordância sobre a realidade do aumento das temperaturas globais em relação aos níveis pré-industriais. No entanto, o Acordo de Paris incluiu os conceitos de "emissões baseadas em fontes e absorção por sumidouros" (UNFCC, 2015), abordando o funcionamento do ciclo de CO_2 como um campo de ação do clima e, como tal, das normas e mecanismos globais de governança climática. Nessa perspectiva, vemos como o conceito de *net zero*, inicialmente confuso, ganhou terreno rapidamente para atingir seu ápice no período que antecedeu a COP26 em Glasgow, em novembro de 2021. Em meio a uma agenda multilateral pós-covid e enquadrado na narrativa do Novo Pacto Verde, o slogan "*net zero*" ganhou destaque na UNFCCC, bem como na construção de alianças com empresas e o setor financeiro, inclusive seguradoras. Iniciativas características do capitalismo multissetorial (em que diversas são as partes sociais interessadas), como a Net Zero Banking Alliance, liderada pela indústria e conveniada com a ONU, assumiram o controle do guarda-chuva da ação climática.[2] Nesse cenário, o Net Zero by 2050 da coalizão We Mean Business também é um conceito-chave.[3]

De acordo com as regras da ONU, hoje é impossível abordar a ação climática separadamente do *net zero*. Argumentos científicos são empregados para justificar a economia da compensação das emissões de carbono, nos quais mecanismos e abordagens de mercado estão sempre presentes, ainda que não se fale explicitamente de "comércio", por exemplo, ao discutir a ideia de Resultados de Mitigação Transferíveis Internacionalmente (Itmo). Nessa contabilização global da mitigação de emissões, o capital se apropria da natureza e de seus ciclos ecológicos em territórios inseparáveis de seu contexto social e inseridos em contextos políticos como relações de poder.

A União Europeia desempenhou um papel crucial nessa mudança, passando do discurso de redução das emissões para o dos graus de temperatura. O programa europeu de adaptação e mitigação, que envolve centenas de cientistas, resultou na criação dos Caminhos de Concentração Representativos (RCP), faceta central do IPCC e das negociações climáticas desde então. Os RCPs substituíram o Relatório Especial de Cenários de Emissões, que se concentrava em mudanças sociais para enfrentar o aquecimento global, transferindo o foco das emissões para a temperatura. Os modelos que fundamentam os RCPs se constituem de complexas avaliações físicas e econômicas, esvaziadas de quaisquer tons sociais.

Portanto, a descarbonização por meio do *net zero* se insere num contexto no qual as mudanças climáticas são compreendidas como efeitos de moléculas e fórmulas científicas e, assim, não

2 "Nova aliança de bancos, financiadores e seguradoras para um futuro carbono zero", Pnuma, 21 abr. 2021.

3 "We are in a decisive decade", We Mean Business Coalition, [s.d.]. Disponível em: wemeanbusinesscoalition.org/.

exigem transformações profundas, nem mesmo políticas, para avançar num caminho pós-extrativista. Isso explica por que é crucial entender o que o *net zero* implicará em meados do século e o real significado desse jargão técnico.

Linguagem técnica e comercial

Oculta sob a linguagem altamente técnica do Livro de Regras para a operacionalização do Artigo Sexto do Acordo de Paris,[4] a força motriz desse acordo é emblemática da nova face verde do capitalismo, criticada nas últimas décadas como uma reformulação da dinâmica de expropriação que pretende extrair até a última gota de hidrocarbonetos e lucrar com o colapso ambiental.

Quase três décadas se passaram desde que o conceito de mercado de carbono foi incorporado ao regime de governança climática global. O Protocolo de Quioto (1997) incluiu os chamados mecanismos de flexibilidade para permitir que os países industrializados (listados no Anexo I do Protocolo) cumprissem suas obrigações. Uma das facilidades concedidas, o Mecanismo de Desenvolvimento Limpo (MDL), autoriza os países industrializados a implementar seus projetos de redução de emissões em

4 O Artigo Sexto do Acordo de Paris, celebrado em Glasgow, é o Livro de Regras dos mercados de carbono. Ele abre a porta para a negociação voluntária sobre reduções de emissões entre países, também conhecida como "resultados de mitigação", para atingir os objetivos propostos nos documentos nacionais (NDC) sob a supervisão da UNFCCC. Também reconhece abordagens "não comerciais" e introduz o financiamento e a transferência de tecnologia. As negociações sobre o roteiro de implementação desse artigo ainda estão em andamento.

países "hospedeiros" do Sul Global, a fim de criar oportunidades de cooperação climática entre as partes.

Inicialmente, tratava-se de consagrar na ordem multilateral uma concepção originária da política ambiental dos Estados Unidos, relacionada à comercialização de licenças de poluição por material particulado. Em outras palavras, consistia na concessão estatal de direitos ao setor privado para poluir até um limite determinado. Esses direitos eram então negociados entre empresas do setor, na expectativa de que as forças do mercado e a racionalidade do lucro estimulassem o cumprimento das regulamentações ambientais. As noções de "serviços ecossistêmicos" e "serviços ambientais" datam desse período. Sob tal lógica, as emissões *net zero* não significam emissões zero, mas a opção de continuar a poluir com a garantia de que outros agentes promoverão a absorção da mesma quantidade de toneladas de carbono num "sumidouro". Assim, a emissão de CO_2 em dado local seria contrabalançada por sua suposta absorção em outro lugar, desconsiderando as condições, os atores, os territórios e as relações de poder envolvidas.

Ao voltar o olhar para o longo caminho percorrido desde o surgimento do conceito de mercado de carbono, vemos o avanço avassalador do ambientalismo de mercado em todos os níveis das políticas públicas. Esse ambientalismo opera como a mentalidade culturalmente hegemônica por trás da ecologia ao encarar as ações em prol do planeta como grandes oportunidades de negócios.

Em sua contribuição a este livro, John Feffer e Edgardo Lander analisam os planos de descarbonização dos principais poluidores do planeta: Estados Unidos, União Europeia e China (ver o capítulo 4, "Os maiores poluidores podem salvar o planeta? Políticas de descarbonização nos Estados Unidos, na União Europeia e na China"). Os autores mostram como esses planos se baseiam em um novo colonialismo verde, expresso justamente na mentalidade de soma zero, que busca reduzir os impactos negativos do extrativismo no Norte através da exportação dos problemas para o Sul. No Equador, o caso da madeira de balsa é bem conhecido (Yáñez & Bravo, 2021). Trata-se de uma matéria-prima utilizada para construir hélices de turbinas eólicas e cuja demanda tem aumentado nos últimos anos, principalmente por parte da China. Mas, além dos impactos específicos sobre os territórios, também devemos abordar o reposicionamento dos governos dos países periféricos diante dessas disputas globais.

O governo equatoriano está formulando o Plano Nacional de Descarbonização por meio do Ministério da Água, Meio Ambiente e Transição Energética, que estabeleceu uma parceria público-privada com agentes financeiros como o Fundo de Investimento Ambiental Sustentável (Fias), cujo objetivo declarado é "apoiar o financiamento da gestão ambiental, por meio da implementação de estratégias e mecanismos financeiros para a proteção, conservação e melhoria dos recursos naturais". Os setores de petróleo e mineração, as grandes indústrias e as empresas agroexportadoras de banana, camarão e óleo de palma também clamam pela descarbonização.

Ao mesmo tempo, Quito anunciou planos de dobrar a produção de petróleo (Baquero, 2021), expandir a mineração em larga escala[5] e ampliar a fronteira agroindustrial. A descarbonização dos negócios também chegou às empresas de cimento, que já possuem o selo "carbono neutro" para certificar a reciclagem interna de lixo e a compensação de emissões. A Unacem, por exemplo, proprietária da cimenteira Selva Alegre, recebeu o Prêmio de Distinção de Quantificação da Pegada de Carbono do Programa Equador Zero Carbono (Pecc) por contribuir para a redução de

5 "Plan de Negócios, Expansión e Inversión 2020", Empresa Nacional Minera, 2020.

gases de efeito estufa. Para isso, tudo que precisou fazer foi quantificar e verificar seu inventário de gases com a entidade certificadora. Trata-se de um caso de *greenwashing*, isto é , de dar falsa aparência de sustentabilidade sem de fato praticá-la. Esse selo permitirá que a empresa declare seguir o caminho da descarbonização, embora a indústria do cimento seja responsável por ao menos 8% das emissões globais. "Se a indústria do cimento fosse um país, seria o terceiro maior emissor, depois dos Estados Unidos e da China."[6]

Outras formas de descarbonizar, outros tempos para a transição

A descarbonização real e efetiva requer abandonar o discurso hegemônico e o enquadramento do Acordo de Paris. Na realidade, trata-se de um acordo de comércio de carbono em cujo centro estão as compensações, que, como apontado, não reduzem as emissões e são, na prática, permissões para poluir.

No final da década de 1990 e no início do século XXI, as lutas sociais combatiam a globalização neoliberal, o livre-comércio e a subordinação dos Estados nacionais à Organização Mundial do Comércio (OMC). Duas décadas depois, o horizonte e a diversidade das lutas sociais reconfiguraram o sentido de toda a questão. O problema ambiental e a atenção aos territórios ganharam espaço e destaque, enquanto o capitalismo verde se estabelecia como uma nova agenda hegemônica, especialmente após a crise

6 "Concrete: The Most Destructive Material on Earth", *The Guardian*, 25 fev. 2019.

financeira de 2008. Novos bens e mercados surgiram em um processo cristalizado a partir de 2012, com a Conferência Rio+20 e os ODS. O Acordo de Paris é parte dessa nova fase do regime global de governança ambiental. Adotar a perspectiva de suas metas significa apoiar uma agenda de falsas soluções e o agravamento da carbonização do planeta pelos combustíveis fósseis.

Precisamos descarbonizar nossa linguagem e eliminar o CO_2 como principal ponto de referência discursivo. Essas pré-condições são necessárias para enfrentar as mudanças climáticas e caminhar em direção à justiça global, tanto no que concerne às pessoas quanto à natureza, atualmente sacrificadas pela transição energética hegemônica. Devemos repensar o quê, como, entre quem, quando e onde queremos mudar.

Os Quíchua dos Andes equatorianos chamam essa transição alternativa de *tukuna*, que significa transformar-se, mas também se tornar e, sobretudo, ser qualificado e capaz de fazer algo. A palavra exige que repensemos nossa concepção de temporalidade; não significa avançar para algo melhor *no futuro*, mas sim, como propõem vários grupos indígenas de Abya Yala [o continente americano, em língua guna], caminhar com o passado à frente. Sabemos que o tempo não é unívoco, linear ou homogêneo. A chave para estabelecer os tempos da transição é refletir sobre as múltiplas noções de tempo sobrepostas e em conflito.

O tempo dos povos Waorani, Quíchua[7] e Shuar contradiz os tempos modernos e sua perene busca por possuir, comprar, vender e se apropriar do tempo dos trabalhadores, do corpo das mulheres e dos ciclos e funções da natureza. A constante acele-

7 Os Quíchua amazônicos têm um "modo de viver o presente sem falar do futuro", que constitui uma crítica sutil aos tempos modernos e à imposição de políticas de planejamento focadas no progresso, nas quais o passado desaparece. Os Waorani, por sua vez, entendem "antes" e "depois" de maneira diferente.

ração do tempo, dos transportes e dos computadores participa da destruição do planeta. Em contraste, uma *transição em Pacha* necessariamente considera o tempo e o espaço do cosmos onde a vida se reproduz através de correspondências, complementaridades e reciprocidades; onde as pessoas humanas não são o centro, mas uma parte da Grande Casa.

No entanto, uma transição energética que resulte em descarbonização real também precisa levar em conta o espaço, sobretudo o espaço ocupado pelos combustíveis fósseis. Quando o petróleo é extraído, ele sai de um lugar e é levado para outros e, ao mesmo tempo, passa a ocupar outra temporalidade. Isso ocorre porque o carbono fóssil não é o mesmo carbono presente nas árvores e no solo. Se não entendermos o elemento espaço-tempo, não seremos capazes de construir outras formas de mudança. O que a Iniciativa Yasuní-ITT buscava era justamente avançar para a efetiva descarbonização da economia equatoriana.

As quase três décadas de COPs, desde a primeira reunião em Berlim (1995), não apenas foram inúteis no combate às mudanças climáticas como também exacerbaram o problema. Essa é a estrada que levou ao fracasso da descarbonização. No entanto, nesse mesmo período, diversas comunidades conseguiram interromper parcialmente a extração de petróleo, nomeadamente os Ogoni, na Nigéria, e os Quíchua de Sarayaku, no Equador (ver o capítulo 12, "Resistir ao extrativismo e construir uma transição energética justa e popular na América Latina"). Essas experiências são muito mais inspiradoras para a transição ecológica do que os milhares de delegados oficiais nas cúpulas climáticas. No entanto, esses povos são cada vez mais vigiados e cercados pelas novas estratégias digitais da economia verde.

Controle digital: novas ameaças a territórios e direitos

No final de 2022, a mídia noticiou a assinatura de um acordo entre a Federação Interprovincial dos Centros Shuar (Ficsh), uma organização indígena da Amazônia equatoriana, e uma empresa chamada One Amazon.[8] Esse acordo disparou os alertas sobre um novo tipo de negócio baseado na digitalização das informações obtidas de terras e territórios indígenas. O caso ilustra a direção tomada pelo capital no contexto de uma economia verde cada vez mais diversificada.

Contratos desse tipo geralmente são apresentados como propostas para o desenvolvimento de atividades relacionadas à proteção, defesa e conservação das florestas. No entanto, eles costumam implantar sistemas de coletas de dados para reunir todas as informações possíveis sobre os territórios, financeirizando assim a floresta e sua preservação. Os dados são coletados por meio de imagens de satélite e outras tecnologias (digital, documental, videográfica, auditorias etc.), que são associadas à emissão de "ativos digitais" chamados "valores" (tokens ou ativos de segurança digital) através da tecnologia de blockchain.

O termo "ativo digital" pode se referir a variadas mercadorias digitais, como tokens não fungíveis (conhecidos como NFT) e criptomoedas. É muito provável que os novos acordos e empresas surgidos na Amazônia estejam interessados em fazer negócios com as informações obtidas de territórios indígenas. Espalhados por todo o mundo, compradores de NFT ou tokens de imagens associadas a territórios indígenas digitalizados e inseridos na

8 "Amazonas del capitalismo digital: el caso de One Amazon", Acción Ecológica, jan. 2023.

blockchain não serão proprietários diretos de pedaços de terra, mas poderão facilmente acessar os arquivos de dados sobre o hectare específico do território ao qual seu NFT está associado. Em outras palavras, os donos de NFTs lastreados em territórios indígenas da Amazônia se tornam donos de ativos digitais "autenticamente" vinculados a todas as árvores ou insetos vivos em cada hectare da floresta.

Na Amazônia equatoriana, uma empresa chamada Bit-CO_2 opera[9] em comunidades do povo Achuar. A Bit-CO_2 emitiu um token para o suposto "patrocínio" de atividades de redução de carbono no território tradicional, mas, à diferença dos NFT, trata-se de uma criptomoeda. Em outros países, como o Brasil, a corporação Nemus emitiu NFTs[10] florestais, isto é, tokens lastreados na floresta ancestral do povo Apurinã. Para isso, a Nemus dividiu o território indígena em pequenos quadrados, cada um potencialmente representado por um NFT único que é negociado no mercado internacional. No site da Nemus, é possível visualizar o território apurinã relacionado à emissão de cada NFT.

Esses são exemplos da mentalidade das novas empresas que lucram com NFTs, criptomoedas e Web 3.0. Devido a suas características, as NFTs são ideais para insuflar bolhas especulativas e constituem um terreno fértil para a lavagem de capitais ilegais, especialmente do narcotráfico. Também é uma forma indireta de apropriação de terras nos países do Sul.

9 "Ecosistema Descentralizado de Compensación Ecológica", Bit-co2, [s.d.]. Disponível em: bit-co2.net/es_index-tokens; "Green CryptoCurrency Channel" [vídeo], 2020. Disponível em: youtube.com/@greencc9274/discussion.

10 O Nemus é um NFT colecionável projetado para proteger a floresta amazônica. O aplicativo Guardian está disponível em: app.nemus.earth/map.

Muitas empresas também estão interessadas na implantação de uma "internet das florestas" (inspirada na chamada "internet das coisas") na Amazônia. Isso significa empregar sistemas de tecnologia de coleta de imagens e outros dados das florestas, complementados pela instalação de sensores, radares e outros equipamentos. Depois da construção dessa infraestrutura e da instalação da internet das florestas, as empresas poderão facilmente monetizar os dados coletados — por exemplo, vendendo serviços ambientais. Os dados em si não equivalem a tokens desses serviços, mas as empresas que emitem certificados de compensação como tokens poderão usá-los para reivindicar algum tipo de direito de propriedade sobre capacidades, ciclos e funções biológicas da natureza amazônica. É importante lembrar que os tokens de serviços ambientais são rotineiramente vendidos para empresas e Estados como se fossem licenças para destruir a natureza, a biodiversidade e as fontes de água em certas partes do planeta. Também são negociados como direitos de poluir a atmosfera com dióxido de carbono e outros gases de efeito estufa.

Numa economia cada vez mais dominada pela digitalização, a floresta amazônica está se transformando num banco de *big data* e em lastro para a venda de serviços ambientais "tokenizados". Isto é, tokens de serviços ambientais serão equivalentes aos direitos de destruição adquiridos por instituições públicas ou privadas, com potencial de prejudicar vidas e territórios. Também é grande o risco de que as informações compiladas pela infraestrutura corporativa de coleta de dados em territórios indígenas sejam vendidas para Estados ou empresas privadas para utilização em processos de biologia sintética, ou mesmo para a rolagem de dívidas. Na prática, a coleta e a venda de dados relevantes sobre territórios indígenas podem reduzir indiretamente o acesso, o controle e a capacidade de autogoverno dos povos indígenas sobre seu território.

Todos esses exemplos são expressões desastrosas — e, no caso, digitais — da descarbonização hegemônica, que alia grandes corporações e capital financeiro com o apoio de muitos Estados. Ao mesmo tempo que viola direitos, ela também promove um programa estrutural de ajuste climático, tecnológico e financeiro que legitima toda uma arquitetura de dados destinada à produção de falsas equivalências, "compensações" violentas e novas subalternidades.

parte II

Interdependências e implicações globais do colonialismo verde

Christian Dorninger trabalha como pesquisador interdisciplinar no Instituto de Ecologia Social da Universidade de Recursos Naturais e Ciências da Vida (Boku), em Viena, Áustria. Sua pesquisa enfoca a distribuição global de bens ambientais, o comércio internacional, a análise de fluxo material e a transformação socioecológica. Seus artigos recentes, publicados em revistas como *Global Environmental Change*, *Science of the Total Environment*, *Ecological Economics*, *Sustainability Science*, entre outras, exploram os efeitos da troca ecologicamente desigual sobre as aspirações de desenvolvimento.

Continuidades e intensificação da apropriação imperialista na economia global

6

Christian Dorninger

Introdução

Os historiadores ambientais demonstram que a ascensão da Europa Ocidental esteve intimamente relacionada à apropriação coercitiva dos recursos naturais e do trabalho durante o período colonial. Mais tarde, assentamentos de colonos europeus na América do Norte e na Austrália desenvolveram uma orientação imperialista semelhante em relação ao Sul Global. A narrativa dominante de que as formas imperialistas de apropriação terminaram com o fim do domínio colonial tem sido criticada pelo menos desde a década de 1950 (Prebisch, 1950; Rodney, 1972 [2022]; Wallerstein, 1974). No entanto, a apropriação imperialista é hoje muito mais sutil, camuflada como livre-comércio, assim como os preços de mercado são baseados no entendimento de que são economicamente benéficos para todas as partes envolvidas (Feenstra, 2015). Deve-se notar que o intercâmbio desigual entre os Estados-nação é precedido pelo colonialismo interno, uma apropriação desigual entre suas regiões interiores (Martinez-Alier, Temper & Demaria, 2016) que não pode ser apreendida por uma análise de âmbito internacional como o presente estudo.

Em contraste com a economia convencional, a teoria do intercâmbio ecologicamente desigual postula que a *materialidade* do comércio, da produção econômica e do consumo é essencial para compreender as históricas desigualdades e interdependências entre as regiões ricas e pobres. Transferências assimétricas de recursos — incluindo materiais, energia, terra e mão de obra incorporados nos bens e serviços comercializados[1] — das regiões mais pobres para as mais ricas subjazem ao atual regime de comércio internacional. A teoria do intercâmbio ecologicamente desigual demonstra que os países hegemônicos exercem um papel de autofortalecimento, enquanto nações que controlam a rede são capazes de gerar cada vez mais bens e serviços de alto valor agregado. Isso permite que atuem em longo prazo como apropriadores líquidos dos recursos, sem sofrer os impactos socioambientais acarretados pela extração (Hornborg, 2014; 2019). Em meio aos esforços para a transformação da sustentabilidade, a adoção de uma perspectiva biofísica na avaliação das atividades econômicas tem o potencial de lançar luz sobre questões prementes de justiça global, como a distribuição dos bens e encargos ambientais.

1 O termo "incorporado" se refere a recursos não necessariamente negociados através das fronteiras, mas que são essenciais à cadeia de produção, ao longo da qual são movimentados ou consumidos para produzir determinado bem ou serviço depois exportado. Por exemplo, as terras, a energia e a mão de obra necessárias à produção de um bem agrícola não são comercializadas como tal, porém, conforme o método adotado neste capítulo, esses fluxos "precedentes" ou "ocultos", que são terceirizados, podem ser rastreados do país de extração/utilização até o país final.

O Norte Global depende de tecnologias e infraestruturas industriais com uso intensivo de recursos, cujo funcionamento contínuo depende de fluxos líquidos de materiais e trabalho explorados em áreas distantes e empobrecidas do Sul Global (Scott, Gellert & Dahms, 2018; Jorgenson & Clark, 2009). Além disso, os países do Norte Global auferem uma compensação monetária por recursos e mão de obra incorporados nos bens que exportam significativamente maior do que a obtida pelas nações pobres, o que corrobora as respectivas posições nas cadeias globais de suprimentos (Piñero *et al.*, 2019; Prell *et al.*, 2014). Medida em transferências assimétricas de recursos e dinheiro, essa desigualdade é crucial para que as nações ricas gerem crescimento econômico e acumulem capital e infraestrutura tecnológica (Grossman & Helpman, 1991).

Este capítulo se ampara em publicações recentes sobre os padrões globais de intercâmbio ecologicamente desigual (Dorninger *et al.*, 2021) e a drenagem de recursos do Sul Global através da apropriação imperialista (Hickel *et al.*, 2022). Esses textos demonstram que os padrões imperialistas de troca e apropriação ecologicamente desiguais não terminaram com o fim do domínio colonial e continuam vigentes na atualidade. Aqui faço uma breve revisão dessas conclusões a partir de uma base de dados recentes.

Métodos e dados

Este capítulo adota a versão 055 da base de dados Global Resource Input-Output Assessment (Gloria), que computa, em nível ambientalmente estendido, a entrada/saída por multirregião (MRIO) (Lenzen *et al.*, 2022), compilada pelo Global MRIO Lab

(Lenzen *et al.*, 2017). As análises de entrada/saída ambientalmente estendidas permitem calcular variáveis baseadas no consumo, as quais são frequentemente referidas como indicadores de pegada. O indicador de pegada de dado país em cada quesito socioambiental é calculado como a soma da extração/utilização doméstica de recursos, mais o consumo de recursos a montante incorporado nas importações do país, menos os requisitos diretos e indiretos de recursos para a produção exportadora de bens e serviços. Utilizo as seguintes variáveis ambientais: extração de matérias-primas (medida em toneladas métricas), uso do solo (hectares), consumo energético (joules) e emprego de mão de obra (em pessoas/ano).[2]

Padrões de trocas ecologicamente desiguais

Primeiramente, avalio na figura 6.1 as trocas de recursos naturais e de mão de obra necessária à produção econômica de bens e serviços — ou seja, as quantidades de matérias-primas, energia, solo e trabalho incorporadas nas exportações de um país —, para mensurar o intercâmbio ecologicamente desigual entre o Norte e o Sul Global nas últimas três décadas (Dorninger & Hornborg, 2015). O Norte Global é representado pelas "economias avançadas" do FMI e envolve os atuais países da União Europeia (exceto Bulgária, Croácia, Hungria, Polônia e Romênia), Austrália, Canadá, Hong Kong, Islândia, Israel, Japão, Nova Zelândia, Noruega, Singapura, Coreia do Sul, Suíça, Reino Unido e Estados Unidos. O demais países pertencem ao grupo das "economias

2 Para mais informações sobre o método e os dados, ver Dorninger *et al.* (2021).

emergentes e em desenvolvimento" do FMI e representam o "Sul Global". Deve-se notar que esse agrupamento situa a China no Sul Global, o que é discutível, sobretudo se considerarmos o peso significativo que o país tem ganhado nas últimas três décadas, tanto do ponto de vista biofísico quanto geopolítico. Contudo, essa situação não é considerada relevante neste capítulo. Mais adiante, a figura 6.4 exibe uma análise da *drenagem monetária* do Sul Global em relação a seu PIB — com e sem a China.

A figura 6.1 mostra a relativa estabilidade da apropriação líquida do Sul Global por parte do Norte no período observado, em todos os quatro fluxos avaliados. A apropriação líquida pelo Norte é definida pela subtração entre as exportações do Sul para o Norte e as importações do Sul provenientes do Norte. A maior parte dos indicadores apresenta algum tipo de estabilidade nas relações de troca ecologicamente desigual após a crise financeira global de 2008. Os resultados apontam que, no caso das matérias-primas, a rede global do Sul forneceu ao Norte cerca de sete gigatoneladas líquidas (exportações menos importações) por ano entre 1990 e 2020. Em relação à energia primária incorporada a bens e serviços comercializados internacionalmente, a rede global do Norte se apropriou de cerca de 107 exajoules por ano e quase 240 milhões de pessoas/ano equivalentes no mesmo período. O Sul também atuou como constante fornecedor líquido de terras incorporadas para o consumo final no Norte, oferecendo cerca de 430 milhões de hectares por ano — mas, na última década, entre 2011 e 2020, essa provisão líquida diminuiu para cerca de 160 milhões de hectares anuais, resultado de menos exportações de terras incorporadas de 2007 a 2015 e do crescimento consistente das importações até 2018. Em suma, as economias do Norte Global dependem de um fluxo líquido estável de recursos naturais e mão de obra do Sul, o que permite seu crescimento econômico ao mesmo tempo que preserva seus recursos domésticos.

Figura 6.1. Exportações e importações de matérias-primas (medidas em gigatoneladas), terras incorporadas (em milhões de hectares), energia incorporada (em exajoules) e trabalho incorporado (em milhões de pessoas/ano) entre o Norte Global e o Sul Global

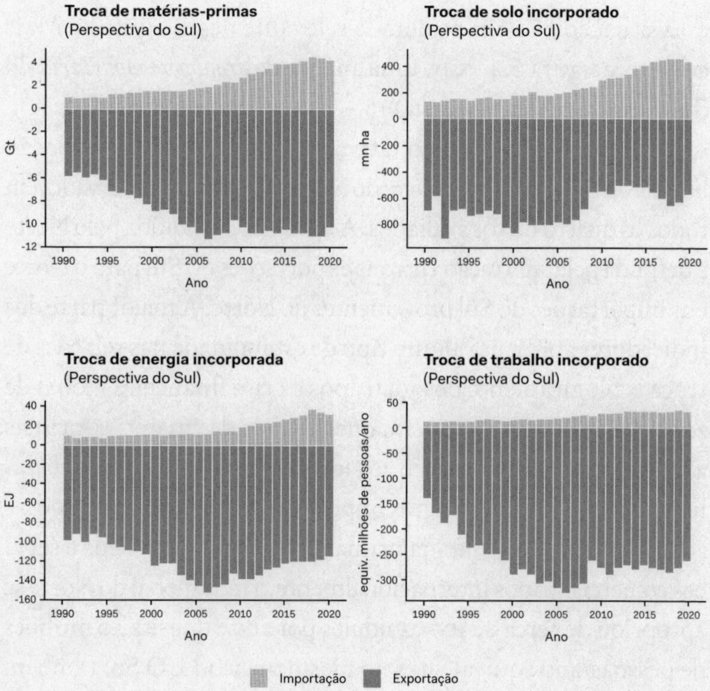

As barras com valores abaixo de zero indicam as exportações diretas e indiretas de recursos e mão de obra; as barras acima de zero expressam as importações. As exportações líquidas do Sul para o Norte são calculadas pela subtração entre exportações e importações.

Representação monetária da troca desigual

A seguir, pretendo representar esse intercâmbio desigual em termos de valor usando o indicador TiVA (sigla em inglês de trade in value added [comércio em valor agregado]), baseado na cotação do dólar em 2015.[3] No entanto, é extremamente importante entender o que pode e o que não pode ser expresso em valores de intercâmbio monetário. Em primeiro lugar, não existe um "preço correto ou justo" capaz de compensar o intercâmbio ecologicamente desigual de bens e serviços aqui analisado. Em segundo lugar, o valor monetário também não pode ser usado para calcular o que o Sul Global *ganharia* em condições mais justas, porque o esquema do comércio mundial seria radicalmente diferente sem a vigência desses gradientes de preços. Portanto, este exercício não consiste em determinar o preço que tornaria justo o comércio internacional entre o Norte e o Sul Global, mas simplesmente em representar o comércio do Sul em preços de mercado praticados e, assim, desnudar a vantagem do Norte advinda dessa estrutura de trocas desiguais, incluindo os gradientes de preços.

Drenagem representada em preços do Norte

Para começar, expresso a drenagem monetária do Sul em preços do Norte, ou seja, a remuneração monetária que os países do Norte Global recebem por unidade de fluxo de recursos incorporados,

3 Todos os valores monetários são expressos em dólares estadunidenses e deflacionados para o ano de 2015.

conforme sugerem Amin (1978) e Köhler (1998). Para avaliar em termos monetários a drenagem do Sul como a transferência de valor por meio de troca desigual, multiplico a drenagem líquida de recursos do Sul (como mostrado anteriormente) pela compensação que os países do Norte recebem pela mesma unidade de exportações ("preços do Norte") e subtraio a transferência monetária líquida do Norte para o Sul. Para maximizar a comparabilidade entre os recursos e o TiVA, usei apenas fluxos de troca internacionais e excluí fluxos exclusivamente domésticos. A seguinte equação pode ser usada para representar a drenagem do Sul em preços do Norte: $T = R_{net} \times P_N - M_{net}$. Nela, T = transferências de valor através de troca desigual; R_{net} = drenagem líquida de recursos do Sul para o Norte; P_N = preço de exportação do Norte por unidade de recurso; e M_{net} = transferências monetárias líquidas do Norte para o Sul.

O gráfico superior da figura 6.2 mostra os resultados dessa equação quando aplicada aos quatro indicadores avaliados. Ele revela que o uso da terra, seguido pelo dos materiais, é o fluxo de recursos incorporados mais adequadamente compensado. Os dois fluxos menos compensados são os da energia e do trabalho incorporados. Considerados esses quatro fluxos (gráfico inferior), vemos que a drenagem média em preços do Norte aumentou de cerca de seis trilhões de dólares em 1990 para mais de dezessete trilhões em 2008, diminuindo para a faixa de oito trilhões em 2020. Durante o período 1990-2020, a drenagem total foi de 343 trilhões de dólares, o que representa um lucro significativo para as economias do Norte.

Figura 6.2. Drenagem do Sul representada em preços do Norte, em trilhões de dólares na cotação de 2015, no período 1990-2020

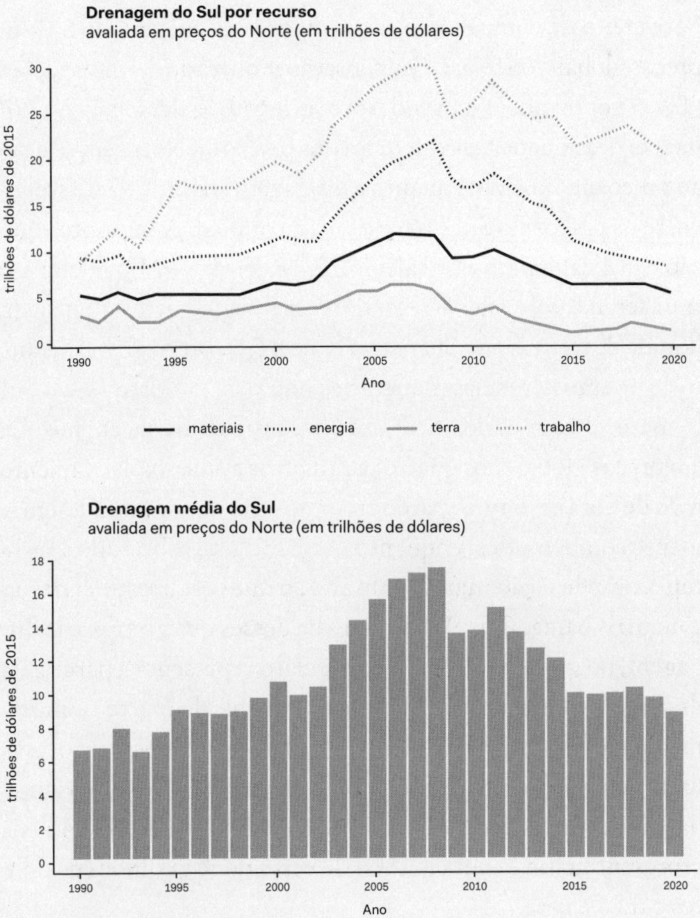

O gráfico superior mostra a drenagem de cada um dos quatro indicadores avaliados, e o gráfico inferior, a média desses quatro fluxos.

Drenagem em preços globais

Para efeito de comparação, avalio agora a drenagem do Sul em preços globais, ou seja, a compensação monetária de exportações (TiVA) por qualquer país (do Norte e do Sul). Calculo tanto a drenagem ocasionada pela diferença dos preços do Norte em relação ao preço médio global quanto a drenagem advinda da diferença entre os preços do Sul e o preço médio global. A seguinte equação é utilizada para esse cálculo: $T = R_{net} \times P_G - M_{net}$. Nela, T = transferências de valor através de troca desigual; R_{net} = drenagem líquida de recursos do Sul para o Norte; P_G = preço global médio; e M_{net} = transferências monetárias líquidas do Norte para o Sul.

No gráfico superior da figura 6.3, é nítida a drenagem medida em preços globais nos quatro parâmetros avaliados. Novamente, mão de obra e energia aparecem como os insumos mais desigualmente compensados, enquanto os materiais e sobretudo a terra têm compensação mais igualitária, o que resulta numa drenagem mais baixa. Calculando a média desses quatro tipos de drenagem, no gráfico inferior o cinza-claro representa a parcela da drenagem que se deve à diferença de preços do Norte acima da média global, enquanto o cinza-escuro mostra a parcela ocasionada pelos preços do Sul abaixo dessa mesma média. Ao longo das três últimas décadas, a drenagem anual em preços globais representou um benefício total de cerca de 101 trilhões de dólares para o Norte.

Figura 6.3. Drenagem do Sul representada em preços globais, em trilhões de dólares na cotação de 2015, no período 1990-2020

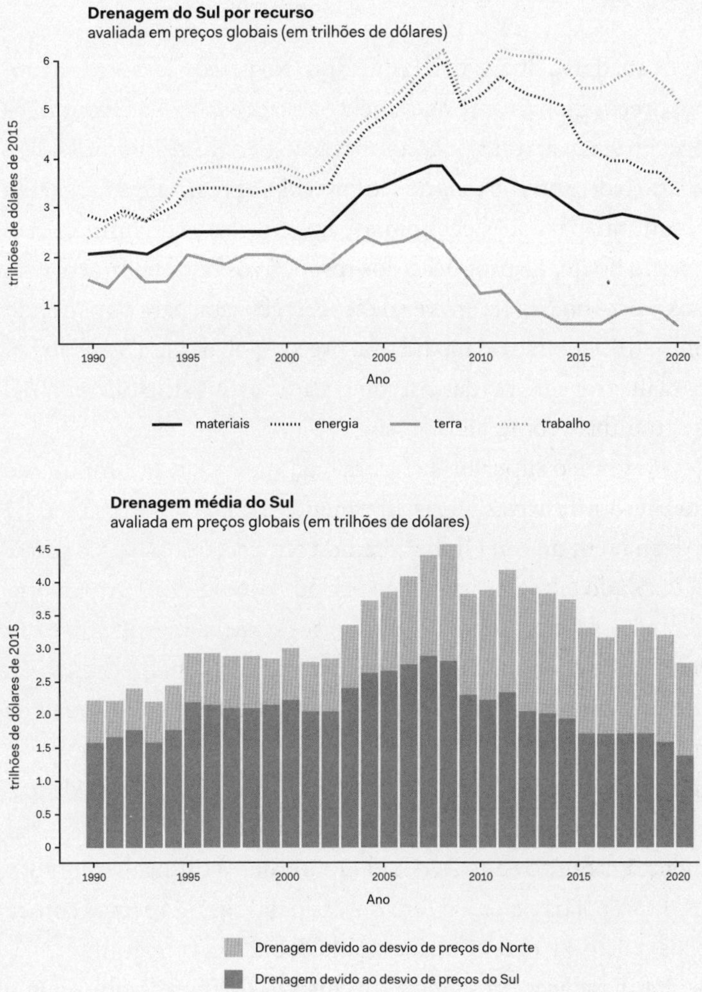

O gráfico superior mostra a drenagem de cada um dos quatro indicadores avaliados, e o gráfico inferior mostra a média desses quatro fluxos diferenciados por drenagem devido ao desvio de preços do Norte e drenagem devido ao desvio de preços do Sul.

Drenagem em relação ao produto interno bruto (PIB)

Após analisar a drenagem do Sul tanto em preços do Norte quanto em preços globais, sua relevância para as respectivas economias podem ser avaliadas pela comparação de seus resultados (i) ao PIB do Norte nos termos de seus preços para estimar a vantagem resultante para suas economias, em contraste com um cenário fictício no qual a produção dos respectivos bens teria ocorrido nos países do Norte, em vez de ser terceirizada para os países do Sul; e (ii) à drenagem medida em preços globais para o PIB do Sul, para ilustrar suas perdas em comparação a uma situação mundial de equilíbrio comercial.

No gráfico superior da figura 6.4, vemos que as proporções foram significativas, particularmente para o Norte. Em média, a drenagem do Sul Global medida em preços do Norte totalizou 26% do PIB setentrional no período 1990-2020. Para o Norte Global, isso representa um ganho substancial inesperado e um modelo de economia de custos. Para o Sul Global, a drenagem medida em preços globais totalizou 23% do PIB meridional, na média anual das três últimas décadas. No entanto, a proporção diminuiu de mais de 30% na virada do século para menos de 10% em 2020, resultado do aumento acentuado do PIB do Sul, especialmente entre 2003 e 2013, devido sobretudo à China. No entanto, os diferenciais de preço (em outras palavras, os termos comerciais) entre o Norte Global e o Sul Global não convergiram.

Para esclarecer os efeitos exclusivos do intercâmbio com a China e do crescimento de seu PIB, o gráfico inferior da figura 6.4 mostra a drenagem como porcentagem do PIB do Norte e do Sul, excetuadas todas as trocas com o país asiático e subtraindo o PIB chinês do "PIB do Sul". Os ganhos do Norte como porcenta-

Figura 6.4. Drenagem do Sul, medida em preços do Norte como porcentagem do PIB do Norte e em preços globais (superior), e a mesma medida de drenagem excluindo a China do Sul Global (inferior)

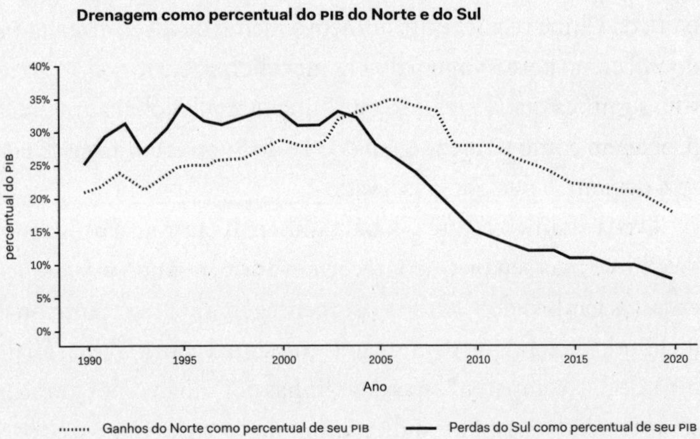

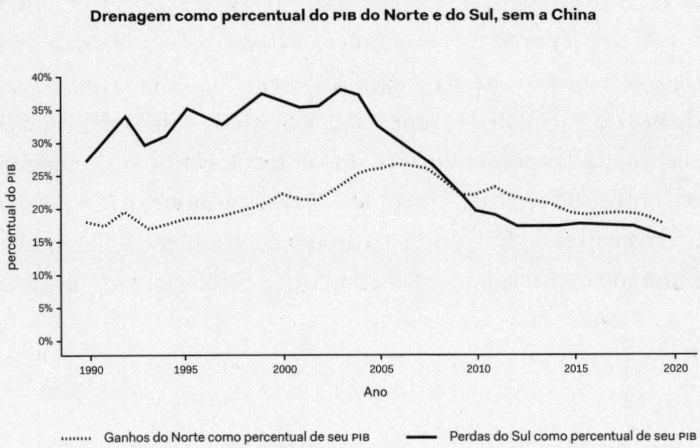

gem do PIB setentrional mostram que a drenagem do Sul diminui uma média de 5% ao longo do período observado, com a exclusão do intercâmbio desigual com a China (na comparação com o gráfico superior). No entanto, excluir o intercâmbio desigual e o PIB da China resulta num aumento médio de 4% da drenagem do Sul como percentagem do PIB meridional, entre 1990 e 2020. Isso significa que a exclusão da China do Sul Global aumenta a drenagem como porcentagem do PIB do Sul para uma média de 27% durante o período observado.

Ainda assim, o Norte Global também lucra com a drenagem da China, mas seu pico aconteceu em 2006, quando a diferença entre os ganhos do Norte em porcentagem do PIB setentrional, incluindo e excluindo o intercâmbio desigual com a China, foi de mais de 8% (comparem-se as duas linhas pontilhadas nos gráficos superior e inferior). Esse índice diminuiu para 1% em 2019 e 2020.

O PIB da China cresceu mais de dezoito vezes entre 1990 e 2020. O país representava apenas 9% do PIB total do Sul em 1990, e quase 44% em 2020. No entanto, se desconsideramos o dramático crescimento da participação da economia chinesa no cálculo do PIB do Sul Global (gráfico inferior), ainda vemos uma queda acentuada das perdas do Sul como porcentagem do PIB meridional entre 2003 e 2013. Essa queda se deve ao aumento do PIB em outros países do Sul, porque a drenagem em preços globais não diminuiu muito (compare-se com o gráfico inferior na figura 6.3).

Drenagem em relação à ajuda oficial ao desenvolvimento (AOD)

Para colocar a escala da drenagem do Sul em outra perspectiva, desafiando ainda mais a narrativa do Norte Global sobre sua ajuda ao "desenvolvimento" do Sul, comparo aqui a drenagem resultante do intercâmbio desigual de fluxos de ajuda oficial ao desenvolvimento (AOD). Para essa análise, distingo os países "doadores" — ou seja, o Comitê de Ajuda ao Desenvolvimento (CAD) — dos "receptores" de AOD.

Os resultados indicam que o fluxo de AOD é muito menor que a drenagem resultante do intercâmbio desigual. Enquanto a drenagem medida em preços do Norte alcançou a média de 9,5 trilhões de dólares anuais em 1990-2020, e de três trilhões em preços globais, a AOD foi de apenas 110 bilhões de dólares. Ou seja, a drenagem em preços do Norte é 86 vezes maior que a AOD, e em preços globais a excede em 27 vezes. Portanto, reduzir o intercâmbio desigual proporcionaria um campo de jogo mais justo do que aumentar a AOD.

Discussão e conclusão

Comecei a análise empírica deste capítulo com avaliações do intercâmbio ecologicamente desigual em escala global na atualidade. Os números revelam como o alto consumo de massa e o crescimento econômico dos países do Norte Global são alimentados pela manutenção do intercâmbio assimétrico de recursos e trabalho com o Sul Global. Essa apropriação líquida acontece

Figura 6.5. Drenagem do Sul resultante do intercâmbio desigual, expressa em preços do Norte e preços globais, comparada com a ajuda oficial ao desenvolvimento (AOD), no período 1990-2020, em trilhões de dólares na cotação de 2015

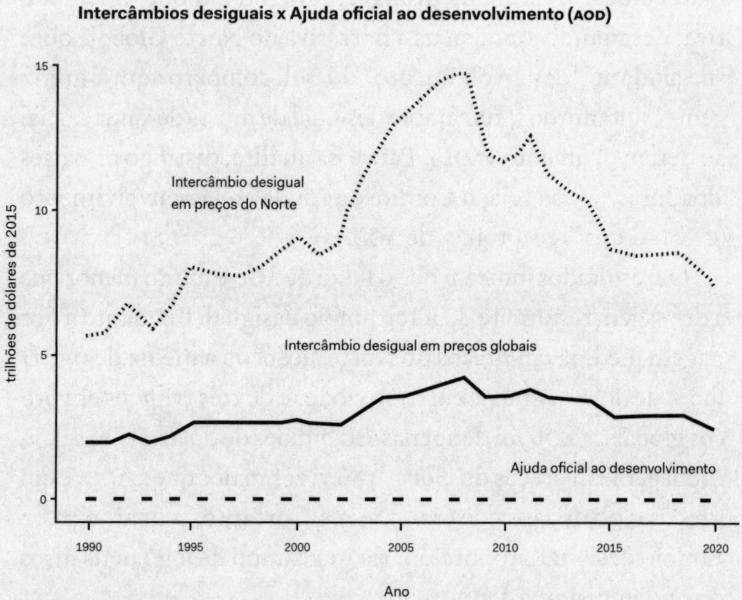

nos quatro indicadores de recursos e mão de obra avaliados e se aplica a todo o período avaliado. A contínua realocação de bens e encargos ambientais na divisão internacional do trabalho e da natureza ressalta a grande dependência das economias de alta renda em relação aos recursos fornecidos pelas mais pobres. Mas o intercâmbio ecologicamente desigual também significa que as pessoas e a natureza do Sul Global sofrem desproporcionalmente mais com os danos ambientais infligidos pela exploração de recursos que servem direta e indiretamente aos países mais ricos. De acordo com Hickel *et al.* (2022, p. 5), essa "quantidade de matérias-primas, terra, energia e mão de obra do Sul *poderia* ser usada para suprir as necessidades humanas e desenvolver a capacidade industrial soberana do Sul, mas, em vez disso, é mobilizada para atender o consumo de serviços do Norte Global".

O quinto indicador avaliado, o TiVA, que representa a compensação monetária em preços de mercado, mostra que os recursos e a mão de obra incorporados nas exportações do Sul Global são compensados em níveis significativamente mais baixos do que as exportações do Norte. Ele indica também que o acesso desigual aos recursos produtivos permite um TiVA total mais alto nos países setentrionais, o que significa taxas de crescimento mais altas. Portanto, o crescimento consiste essencialmente em apropriação, e o avanço aparentemente neutro da inovação tecnológica no Norte depende da iniquidade na compensação dos recursos naturais e do tempo de trabalho humano entre as diferentes partes do mundo (Hornborg, 2016).

O indicador TiVA foi usado para representar esses diferenciais de preços, bem como a drenagem monetária dos países do Sul e o benefício monetário embolsado pelo Norte Global. Embora a replicação das análises de Hickel *et al.* (2022) a partir do novo banco de dados Gloria resulte em discrepâncias parciais devido a diferenças no agrupamento dos países e a atualizações nas variáveis ambientais, os padrões gerais de intercâmbio ecologicamente desigual e a drenagem monetária permanecem idênticos.

O intercâmbio desigual em termos de preços do Norte, supondo que os países do Sul Global fossem compensados com o mesmo valor que as exportações do Norte por unidade de recurso ou de mão de obra incorporada, é extremamente alto, totalizando mais de 340 trilhões de dólares ao longo de 31 anos (1990-2020), na média dos quatro indicadores avaliados. Isso corresponde a cerca de 26% do PIB do Norte Global durante o mesmo período. Assim, a drenagem do Sul se traduz para o Norte em benefícios ecológicos e econômicos diretos.

Em preços globais, presumindo que as exportações dos países do Norte e do Sul fossem compensadas com o preço de mercado médio (por unidade de recurso ou mão de obra incorporada), a drenagem no Sul seria menor, uma vez que os preços globais são muito mais baixos do que os do Norte. No entanto, a hipótese do preço médio global também implica a redução da compensação das exportações do Norte. A drenagem medida em preços globais equivale a 101 trilhões de dólares de 1990 a 2020, o que corresponde, em média, a 23% do PIB do Sul durante o mesmo período (sem a China, esse percentual aumenta para 27%).

A análise também evidencia que os quatro indicadores avaliados — materiais, energia, terra e mão de obra incorporados — são compensados de maneira muito desigual. Os insumos de energia e mão de obra ostentam as maiores desigualdades de compensação. Por exemplo, em 2020, o trabalho incorporado nas exportações de países do Norte Global foi cerca de oito vezes mais compensado monetariamente do que a mesma unidade de trabalho nas exportações do Sul Global. De fato, o argumento de que as diferenças na compensação pela entrada de mão de obra se devem à maior produtividade dos países do Norte Global é capcioso. Ao contrário, a própria produtividade do trabalho é uma função da apropriação prévia de recursos, que permite a industrialização, o acúmulo de infraestrutura industrial-tecnológica e o surgimento de setores de serviços. Além disso, "as desigualdades salariais existem não porque os trabalhadores do Sul sejam menos produtivos, mas porque são mais intensamente explorados" (Hickel *et al.*, 2022, p. 9).[4]

No entanto, segundo a maioria das avaliações deste capítulo, houve queda na intensidade do intercâmbio desigual de alguns indicadores a partir de 2008 (comparem-se as figuras 6.2 e 6.3). Isso provavelmente se deve às consequências da crise financeira que começou naquele ano, mas também ao crescimento do comércio Sul-Sul e das economias do Sul em geral. Por outro lado, deve-se registrar que o Sul Global, conforme definido neste capítulo, é altamente heterogêneo: inclui países como a China, mas também nações menos desenvolvidas (a China foi excluída de um dos gráficos da figura 6.4 justamente para abordar essa questão).

Este capítulo também desafia, no nível geral, as principais visões do desenvolvimento sustentável e da ajuda ao desenvolvimento, e em particular do comércio internacional. A ajuda oficial ao desenvolvimento não equivale a mais do que uma gota no oceano quando comparada à drenagem estrutural experimentada anualmente pelo Sul Global. Os aspectos biofísicos do comércio internacional e da atividade econômica também sugerem que um desenvolvimento capaz de equiparar o Sul ao Norte é estruturalmente impossível na maior parte do mundo, pois o alto consumo de massa nos países setentrionais depende da terceirização e da apropriação líquida de recursos dos mercados globais, isto é, do fluxo líquido e contínuo de recursos e mão de obra das regiões mais pobres.

4 Ver também Suwandi, Jonna & Bellamy Foster (2019) para uma análise mais aprofundada desse assunto.

A fim de avançar em direção à justiça global e proporcionar uma vida digna para todos, os caminhos da transformação sustentável devem levar em conta, portanto, não somente os limites naturais do planeta onde nossas economias operam mas também as estruturas e a magnitude das trocas desiguais.

Miriam Lang é professora na Universidade Andina Simón Bolívar, no Equador, onde coordena o mestrado em Ecologia Política e Alternativas ao Desenvolvimento desde 2020. Colabora com o Grupo de Trabalho Permanente Latino-Americano sobre Alternativas ao Desenvolvimento e com movimentos sociais internacionalistas, feministas, ambientalistas e antirracistas. Desde 2016, é cocoordenadora do Grupo de Trabalho Global sobre Alternativas ao Desenvolvimento. Sua pesquisa atualmente se concentra na crítica ao desenvolvimento, nas alternativas sistêmicas e na implementação territorial do Bem Viver. É integrante do Pacto Ecossocial e Intercultural do Sul.

Alberto Acosta é economista equatoriano e companheiro de lutas dos movimentos sociais. É professor emérito e pesquisador da Faculdade Latino-Americana de Ciências Sociais (Flacso) no Equador. Foi ministro de Energia e Minas do Equador (2007) e presidente da Assembleia Constituinte responsável pela elaboração da Constituição Montecristi, que entrou em vigor em 2008 e estabeleceu os direitos da natureza. É integrante do Pacto Ecossocial e Intercultural do Sul. Pela Elefante publicou os livros *O Bem Viver: uma oportunidade para imaginar outros mundos* (2016), *Pós-extrativismo e descrescimento* (2018, com Ulrich Brand) e *Pluriverso: um dicionário do pós-desenvolvimento* (2021, com vários autores).

Esperanza Martínez é ambientalista, advogada e bióloga equatoriana comprometida com a defesa da Terra. Foi cofundadora da organização ambientalista Acción Ecológica, em 1986, e assessora da Presidência da Assembleia Constituinte do Equador em 2007-2008. Foi também coordenadora da rede internacional OilWatch. Reconhecida defensora dos direitos humanos e da natureza, integrou desde o início o processo cidadão contra a exploração do petróleo e em defesa do Parque Nacional Yasuní, no Equador. Integra o Pacto Ecossocial e Intercultural do Sul.

7 Enfrentando as dívidas eternas do Sul

Miriam Lang

Alberto Acosta

Esperanza Martínez

Resistência dos povos que clamam pela liberdade!
Dívidas que sangram nossa terra, nossa paz
É hora das reparações, isto tem que terminar [...]
Enchentes e erosão custam a vida das pessoas
Não devemos nada [...]
As regras são simples: dívidas ou exílio
Chega de dívidas eternas![1]

Ao longo da história, a dívida tem sido uma ferramenta para construir e reafirmar todos os tipos de hierarquias e desigualdades. Trata-se de um poderoso meio de exploração, subjugação e escravização, que assumiu diferentes disfarces ao longo do tempo.

O endividamento para com o conquistador e a servidão por contrato foram os pilares do sistema colonial nas Américas, baseado na cobrança de altos impostos e em empréstimos a juros que só podiam ser pagos por meio do trabalho (Graeber, 2014 [2016]). Na mesma linha, pesquisas recentes revelam que aproximadamente um quarto das pessoas escravizadas

1 "Dívidas eternas ¡Basta!" [vídeo], 2020. Disponível em: youtube.com/watch?v=OnPQX6tv3cM.

entre 1600 e 1800 foram reduzidas ao cativeiro por estarem endividadas. Mais tarde, após a abolição da escravatura nos Estados Unidos, práticas de empréstimo racialmente discriminatórias foram instrumentais para impedir que a população negra participasse equitativamente da sociedade e da economia (Táíwò, 2022).

Assim, a noção de "raça" serviu para justificar "cientificamente" a exploração da força de trabalho de pessoas negras, indígenas e "de cor", de modo a expandir o poder imperial em todo o mundo e estabelecer formas de controle de corpos e subjetividades específicas para cada gênero e grupo humano. A dívida também teve papel na subordinação de trabalhadores e camponeses e na separação entre trabalho "produtivo" e "reprodutivo", que normalmente não é remunerado, forjando uma violenta divisão entre as esferas do feminino e do masculino. Além disso, contribuiu para a dissociação entre as sociedades humanas e os ambientes naturais onde vivem. De um modo ou de outro, todas essas dívidas começaram nos primórdios dos Estados modernos.

A dívida reforça as assimetrias entre diferentes atores e em diferentes escalas. Ela reflete padrões de dominação e suas intersecções de classe, raça, gênero e colonialidade, bem como as relações sociedade/natureza. Como nos ensinam as análises feministas, apesar da aura de neutralidade e abstração que caracteriza o mundo das finanças, a dívida explora as diferenças sociais de forma muito concreta e específica (Cavallero & Gago, 2019 [2022]).

Existem vários tipos de dívida: pública, privada, interna, externa, comercial, monetária e não monetária, pessoal, coletiva, familiar, colonial, racial, patriarcal, ecológica, climática. O conceito em si denota a obrigação, moral ou legal, de pagar ou devolver algo. Ao longo da história, muitas disputas giraram em torno de uma única pergunta: quem deve a quem? E quem tem o poder de definir isso?

Este capítulo visa discutir os efeitos e as intersecções das várias formas de dívida, priorizando os contextos globais e as condições estruturais que geram interdependências na esfera geopolítica da transição ecossocial. Esta é nossa principal contribuição para o debate levantado neste livro: a dívida moldou a divisão internacional do trabalho que hoje estrutura as relações entre o Norte e o Sul Global, entendidas em suas dimensões geopolíticas, geoepistêmicas e geoeconômicas e em sua heterogeneidade geográfica. Assim, ela deve ser compreendida como uma poderosa ferramenta de dominação, causadora de injustiças estruturais em nível planetário.

A economia mundial: um jogo claramente desonesto

Profundamente enraizada em nossas subjetividades, a narrativa dominante sobre a dívida culpabiliza as classes populares, os grupos sociais racializados e os países do Sul Global, qualificados como "em desenvolvimento", pelo endividamento e suas diversas consequências. Este é o enredo: por causa de sua incapacidade, sua irresponsabilidade, suas deficiências e sua inferioridade intrínseca, eles acabam se endividando e são incapazes de pagar os compromissos assumidos de livre e espontânea vontade; os credores generosamente os "ajudam", o que legitimaria suas dívidas. Tal narrativa é embasada nos inverossímeis pressupostos de que a economia mundial é um jogo justo, no qual o sucesso depende exclusivamente do esforço de cada pessoa ou país, e de que os preços do mercado global dependem simplesmente da razão entre oferta e demanda.

No entanto, na prática, algumas dívidas acabam se tornando eternas. A dívida da independência da América Latina levou muito tempo para ser quitada — no caso de alguns países, mais de um século e meio. Transformou-se em uma dívida da dependência, talvez devido aos efeitos hereditários de uma maldição de mais de cinco séculos: o resgate do Inka Atahualpa. A fim de obter sua liberdade, e ciente da ganância dos espanhóis, o monarca aceitou pagar um resgate imposto por seus captores, o que não o poupou de ser executado. Somente entre 1503 e 1660, chegaram à Europa 185 toneladas de ouro e 16 mil toneladas de prata saqueadas da América Latina, segundo os registros do Arquivo Geral das Índias, em Sevilha. Esses recursos hoje representariam uma quantia muito superior à dívida externa de toda a América Latina (Acosta, 2002). Mais tarde, sob o peso da enorme dívida da independência, os países da região foram tragados pelo vórtex da dívida externa, em graus variados de intensidade e ao longo de uma interminável e complexa história de imposições e violências.

Existem muitas dívidas ilegítimas e até mesmo odiosas. Com frequência, os credores assumem conscientemente o risco de não serem reembolsados por um empréstimo. Foi o caso da crise da dívida dos países latino-americanos nos anos 1970, que tanto os prejudicou nas duas décadas seguintes. A elevada liquidez internacional que ocasionou essa crise não decorreu apenas do aumento dos preços do petróleo; seu verdadeiro ponto de partida foi o impacto econômico da Guerra do Vietnã, bem como a disputa comercial entre as grandes potências. Segundo Aldo Ferrer, os Estados Unidos foram pioneiros de uma nova fase do processo de endividamento: aproveitando-se de sua posição monetária dominante, financiaram seus desequilíbrios econômicos através da "exportação" de dólares. A liquidez acumulada nos bancos centrais foi progressivamente transferida para os bancos privados, aumentando sua capacidade de concessão de crédito (Ferrer, 1984). Os recursos financeiros cresceram através de petrodólares que, sem encontrar uso produtivo no Norte, foram canalizados para o Sul, zona tradicionalmente marginalizada pelos mercados internacionais. Os credores não avaliaram a capacidade de pagamento dos devedores, uma vez que a essência do mercado financeiro reside em emprestar, e não em recuperar esses dólares. As baixas taxas de juros, inferiores à inflação, eram um convite para tomar empréstimos. Como relata David Graeber (2014 [2016]), esses empréstimos "começaram com taxas de juros extremamente baixas que quase imediatamente dispararam para 20% ou mais devido às rígidas políticas monetárias dos Estados Unidos no início dos anos 1980".

Ao lado dos bancos, uma infinidade de empresas estrangeiras, muitas delas transnacionais, participou ativamente da dança dos milhões, inclusive vendendo tecnologias obsoletas ou construindo obras cujos erros de projeto as converteram em verdadeiros monumentos à ineficiência: uma usina nuclear de 2,5 bilhões de dólares foi erguida numa área sujeita a terremotos nas Filipinas e nunca entrou em operação; uma fábrica de papel em Santiago de Cao, no Peru, não chegou a funcionar por insuficiência no fornecimento de água; uma usina de estanho em Karachipampa, na Bolívia, foi construída quatro mil metros acima do nível do mar, onde não há oxigênio suficiente para sua atividade (Acosta, 2002). Esses e muitos outros projetos hoje são passivos que continuam a ser amortizados pelos países pobres. Seu custo final foi amiúde muito maior do que o inicialmente orçado. Além disso, a aquisição de armamentos costuma ser financiada por empréstimos externos. É enorme a lista de casos de corrupção relacionados à dívida externa, cuja responsabilidade é compartilhada por credores e devedores.

Assim foram criadas as dívidas impagáveis que, mais tarde, abriram caminho para que o FMI impusesse seus programas de ajuste estrutural, forçando os países do Sul a cortar investimentos nos sistemas públicos de saúde e educação, retirar subsídios a alimentos básicos e privatizar sua infraestrutura, entregando grande parte de sua soberania e se tornando dependentes de novos empréstimos, num círculo vicioso. Enquanto isso, o regime de juros flutuantes garantiu que a dívida não se reduzisse, embora esses países já tivessem pago várias vezes o valor nominal devido.

Como vimos em várias ocasiões nas últimas décadas, enquanto os lucros são privatizados e concentrados, o custo do serviço da dívida é frequentemente compartilhado pela maioria. Trata-se de uma ferramenta para redistribuição "de baixo para cima", uma máquina de aumentar desigualdades. Foi o que aconteceu em numerosos resgates bancários, como no México e no Equador, nos anos 1990, e nos Estados Unidos e na Europa, durante a crise financeira de 2007-2008. As decisões irresponsáveis de alguns gestores foram premiadas com enormes somas de dinheiro público, que já não podiam ser utilizadas para satisfazer as necessidades básicas dos cidadãos.

Em suma, a economia mundial é dominada por instituições cujas estruturas internas são altamente injustas — na prática, por clubes exclusivos como a Organização para a Cooperação e Desenvolvimento Econômico (OCDE), o G7 e o Clube de Paris. Os desequilíbrios são especialmente notáveis em instituições financeiras multilaterais como o FMI e o Banco Mundial. Em ambos os órgãos, os Estados Unidos têm poder de veto *de facto* sobre todas as principais decisões e, somados ao resto do G7 e da União Europeia, controlam mais da metade dos votos. Embora os países de renda baixa e média abriguem 85% da população mundial, eles possuem uma parcela minoritária dos votos. O antropólogo da economia Jason Hickel (2021a) também denuncia o forte desequilíbrio racial da governança financeira mundial: em média, os votos de pessoas não brancas têm peso muito menor que os de seus colegas brancos. Diante dessa realidade, o filósofo afro-americano Olúfémi Táíwò (2022, p. 4) caracteriza o sistema do capitalismo mundial como um "império racial global".

Ajuste estrutural e endividamento popular

No contexto da imposição da razão neoliberal e da progressiva globalização econômica, tem-se consolidado uma verdadeira economia da dívida, que altera não somente as formas de acumulação de capital mas também as relações de classe e as possibilidades de ação política. Falar da feição contemporânea do endividamento requer tratar da dívida pública ou soberana assumida pelos Estados e também dos débitos das pessoas comuns. A dívida se tornou onipresente. Atualmente afeta bilhões de pessoas de forma muito desigual (Federici, 2014 [2022]). Há um amplo consenso de que a criação da economia da dívida foi uma estratégia para combater a ascensão das lutas sociais que ameaçavam as taxas de acumulação nas décadas de 1960 e 1970, uma espécie de contrarrevolução do capital que impôs a razão neoliberal à economia e a todas as outras esferas da sociedade (Lander, 2002).

O desmantelamento do Estado de bem-estar social no Norte e a aplicação de medidas de ajuste estrutural no Sul levaram a uma privatização maciça da esfera da reprodução. O ajuste transferiu o custo do serviço da dívida para os setores mais empobrecidos da população, forçados a assumir dívidas para financiar suas necessidades diárias, uma vez que a educação e até mesmo os serviços de saúde só podem ser pagos através de empréstimos (Federici, 2014 [2022]).

Essa privatização da esfera reprodutiva coincidiu com o momento histórico em que uma proporção significativa de mulheres, antes confinadas ao mundo "privado", invisível e não reconhecido do trabalho reprodutivo e de cuidado, finalmente obteve acesso ao trabalho remunerado. Sua inserção no mercado de trabalho assalariado foi paralela ao grande retrocesso de direitos e garantias trabalhistas sob o neoliberalismo, lançando-as em condições precárias. Ao longo do tempo, multiplicaram-se as chamadas dívidas "não bancárias", referentes a medicamentos, rendas, eletricidade, água, gás etc., enquanto cresceu a proporção de mulheres pobres. Silvia Federici, Verónica Gago e Luci Cavallero (2021 [2023]) atestam que também ocorreu uma espécie de contrarrevolução para reprimir as lutas feministas: "O avanço das finanças sobre a reprodução social, especialmente sobre as economias feminizadas, é uma resposta às demandas feministas pelo reconhecimento de tarefas historicamente desvalorizadas, mal pagas e invisibilizadas, e a um desejo de autonomia econômica". A "inclusão" ou a "alfabetização financeira" das classes médias e baixas as deixaram à mercê dos bancos e de suas exigências, além de privá-las de um mecanismo comum: entre o século XIX e o segundo pós-guerra, como aponta Federici, a cultura operária praticava o crédito informal na loja da esquina e os empréstimos mútuos até o dia do pagamento, que eram formas solidárias de circulação de seus escassos recursos. Mas essa prática chegou ao fim com a bancarização da dívida e a correspondente exigência de garantias, que se traduz numa estratégia de espoliação e expropriação (Federici, 2014, p. 234 [2022, p. 119]).

O fato de não haver outra opção a não ser se endividar para viver, realidade agravada pela pandemia de covid-19, funciona como uma ferramenta produtiva, uma vez que nos obriga a trabalhar cada vez mais, enquanto suga as energias das lutas sociais ao individualizar o sentimento de culpa (Federici, Gago & Cavallero, 2021 [2023]). Como resultado, o endividamento tem poderosas implicações de gênero. Além de se relacionar especificamente às tarefas reprodutivas, também afeta de maneira desproporcional mulheres e corpos feminizados, sobretudo mães solteiras e chefes de família, em articulação com a violência patriarcal.

Cobrar a dívida ecológica

No final do século XX, muitas vozes se levantaram na América Latina para desafiar o discurso dominante da dívida e da injustiça global. Alguns grupos do Norte Global também apoiaram suas reivindicações em vários países europeus e até nos Estados Unidos. A estrutura de dominação passou a ser questionada, suscitando inclusive a questão da dívida ecológica (Acosta, 1997, p. 14). "Não somos devedores, somos credores!" foi o lema da Conferência Regional de Mulheres da América Latina e do Caribe, realizada no Equador em 2007, que comparou a dívida externa, já paga várias vezes, com a imensa dívida ecológica, histórica e colonial contraída pelos países industrializados junto aos povos do Sul (Yáñez & Donoso, 2008).

Nos últimos anos, novas metodologias permitiram quantificar essa dívida do Norte, ao menos para fins políticos e simbólicos, no contexto do intercâmbio comercial e ecológico desigual. O capítulo 6 deste livro é um bom exemplo. Numa perspectiva histórica, outros autores mostram que o progresso tecnológico do Norte na esteira da Revolução Industrial não resultou da genialidade de alguns homens brancos. Segundo esses pesquisadores, algumas invenções foram bem-sucedidas porque geraram muitos lucros graças ao sistema escravista, que fornecia mão de obra gratuita e matérias-primas baratas (Hornborg, 2016). Alguns autores, por sua vez, refutam certos mitos sobre as desigualdades entre Norte e Sul: por exemplo, as exportações do Norte possuiriam "valor agregado" mais alto porque incorporam trabalho mais produtivo. Na realidade, os dados empíricos indicam que as diferenças reais de produtividade entre os trabalhadores do Norte e do Sul são mínimas, insuficientes para explicar as desigualdades salariais. A verdadeira causa da desigualdade seria o poder de barganha quase monopolístico de empresas e governos do Norte para fixar os preços de suas exportações (Hickel *et al.*, 2022).

Considerando tudo isso, não haverá justiça social sem justiça global e não basta exigir justiça social no nível dos países, individualmente, pois os Estados-nação jamais foram e não são circuitos fechados: sua prosperidade ou seu malogro são historicamente dependentes de outros atores. A riqueza de uns, como já alertaram os teóricos da dependência, foi construída por meio do saque e da subordinação de outros.

Essa interdependência — e não as capacidades nem o grau de institucionalidade de um país ou de sua população — é fortemente determinante das possibilidades de uma transformação ecossocial justa em múltiplas dimensões. Nas palavras de Táíwò (2022, p. 83), "uma nação colonizada é literalmente controlada por uma entidade externa, e não por seu governo interno, e o que uma nação colonizadora oferece a seus cidadãos depende diretamente do que é extraído das colônias". Uma nação altamente endividada se encontra numa situação muito semelhante à colonial.

Embora as noções de dívida ecológica e dívida climática tenham ampla circulação, e a despeito dos protestos por justiça ambiental e climática de muitas organizações e movimentos sociais, nenhum progresso significativo aconteceu na direção de sua resolução política. Isso pressupõe, como primeiro passo, como propôs recentemente o Pacto Ecossocial e Intercultural do Sul, a anulação das dívidas externas do Sul com base no reconhecimento de séculos de apropriação colonial e trocas ecologicamente desiguais, que perduram até hoje.

Em vez de reconhecer, em termos sociais e civilizacionais, as enormes contribuições da natureza e do trabalho de cuidado feminizado para os ciclos produtivos e para a sustentação da vida, o pensamento econômico dominante faz o contrário: sob o pretexto de "valorizar" essas contribuições, transforma-as em novas mercadorias, das quais extrai valor monetário para gerar, assim, novas oportunidades de acumulação. Logo após a Cúpula da Terra no Rio de Janeiro, em 1992, inventou-se o mecanismo de "troca de dívida por conservação" (Salvador *et al.*, 1990; Moncada & Cuéllar, 2004), que conecta a suposta obrigação dos países do Sul de pagar sua dívida externa a um encargo adicional: a exigência de proteger as florestas e a biodiversidade para o usufruto de interesses estrangeiros, por exemplo, no contexto da compensação de emissões (Salleh, 2009). A dívida externa é nominalmente reduzida, mas, em troca, a plutocracia ambiental dos países devedores adquire, em cumplicidade com os credores, o direito de interferir nas políticas ambientais, na relação dos povos com seus territórios e também nas modalidades específicas de conservação. Esse mecanismo se converte numa estratégia de apropriação neocolonial que reforça as relações de poder dos credores sobre os devedores e muitas vezes é disfarçada como uma solução "ganha-ganha".

Durante quase três décadas, as negociações multilaterais sobre o clima não conseguiram reduzir as emissões de gases de efeito estufa, que crescem ano após ano. O reconhecimento de "responsabilidades comuns, mas diferenciadas" entre os países industrializados e do Sul Global — consignado no Protocolo de Quioto, mas sem muito significado prático — desapareceu no Acordo de Paris. As nações avançadas se recusam a admitir sua responsabilidade histórica pelo aquecimento global e assumir as decorrentes implicações redistributivas, e têm o poder de barganha necessário para impor seus pontos de vista. Na COP27, no Egito, em 2022, criou-se um mecanismo para o pagamento de perdas e danos aos países mais afetados por desastres climáticos, mas não ficou claro se haverá recursos suficientes nem sob quais regras e critérios eles serão desembolsados. Atualmente, grande parte do financiamento climático é canalizada em estreita cooperação com o Banco Mundial e resulta em mais endividamento para os países beneficiários (Schumacher, 2021). Isso perpetua um círculo vicioso que começa com a acumulação originária (ou primitiva) de capital, continua com a acumulação por espoliação e aumenta com a acumulação por conservação.

Também não são muito encorajadoras as perspectivas de que a anulação da dívida externa e o pagamento da dívida climática sejam operacionalizados por meio das instituições internacionais existentes. No início de 2020, sob o impacto inicial da pandemia, figuras proeminentes como o papa Francisco e o presidente francês Emmanuel Macron propuseram a redução e até a anulação da dívida dos países mais pobres.[2] No entanto, em última instância, a disputa geopolítica entre as grandes potências mundiais as estimula a atuar sempre em benefício próprio.

No imaginário das populações do Norte geopolítico, há uma convicção profundamente arraigada de que, de alguma forma, elas merecem viver melhor e com mais segurança diante de todos os tipos de ameaças, desfrutando de benefícios sociais e instituições mais eficientes do que os das populações racializadas do Sul. Esse sentimento de superioridade intrínseca, baseado na introjeção do modo de vida imperialista, opera como uma espécie de

2 "Dette des pays pauvres: Macron échange avec le pape François", *La Nouvelle Tribune*, abr. 2020.

gramática cultural, um substrato invisível formado ao longo de séculos. Movimentos e partidos contrários à imigração são apenas a expressão mais radical desse sentimento, que se baseia no que Aníbal Quijano denomina "padrão colonial de poder". Sua justificativa é cruelmente tautológica: porque se vive melhor e sempre foi assim, "naturalmente" se tem o direito de viver melhor. Isso complica a viabilidade política da aplicação da justiça global a partir do Norte.

Questionar a (i)lógica das dívidas "eternas": possíveis estratégias de reparação

O primeiro passo em direção à justiça global é, sem dúvida, desobedecer às obrigações da dívida: organizar-se para não pagar, seja no nível do bairro, do país ou do continente.

Para avançar na cobrança das dívidas climática e ambiental, intimamente entrelaçadas com a dívida colonial, talvez seja necessário abordar a questão a partir de baixo, por meio de múltiplos atores, em vez de esperar uma solução no nível multilateral oficial, cada vez mais dominado pelas corporações (ver o capítulo 11, "'Soluções baseadas na natureza' e a mercantilização da governança ambiental mundial"). É preciso repensar a solidariedade aos povos do Sul e lutar contra a lógica da compensação, que só "ajuda" quando o resultado é benéfico para o próprio doador — por exemplo, quando ele adquire o direito de continuar emitindo gases de efeito estufa.

O novo mundo a ser construído deverá se abster do individualismo possessivo e adotar como princípios norteadores a reciprocidade e o senso de justiça. A redução das emissões de gases de efeito estufa em termos absolutos é imperativa e só poderá ser alcançada se a dinâmica da compensação for rejeitada. A prioridade é a construção de relações horizontais entre cidades, municípios e organizações, do Norte e do Sul, que estejam dispostas a assumir a perspectiva da dívida ecológica, a começar pela retribuição incondicional por séculos de saques. Isso não implica, de forma alguma, uma abertura à chamada "responsabilidade social empresarial". Com base em seu regime jurídico, as empresas são entidades estritamente orientadas para rentabilidade — justamente a variável que nos levou à beira do abismo.

Outro aspecto importante é afastar o dinheiro de sua centralidade na civilização capitalista. Embora se trate de dívida, seja colonial, ambiental ou climática, a tarefa não consiste apenas em direcionar grandes fluxos de dinheiro do Norte para o Sul, ou de país para país, ou para comunidades e indivíduos. O dinheiro é a linguagem do capitalismo e serve em primeiro lugar para reforçar as relações capitalistas, exatamente o mecanismo que precisamos desmontar. Em vez de restringir nossa visão ao "pagamento" da dívida, é importante introduzir no debate as noções de restituição e reparação. Olúfémi Táíwò propõe uma perspectiva construtiva para as reparações. Apesar de serem motivadas por injustiças passadas, em sua operacionalização elas não visam à reconciliação ou ao resgate; em vez disso, pretendem refazer o mundo em outros termos, com outras regras e outras estruturas, para "criar uma ordem política completamente nova, caracterizada por autodeterminação, não dominação e solidariedade" (Táíwò, 2022, p. 72). Isso inclui, é claro, a construção de um novo tipo de economia (Acosta & Guijarro, 2018), com estruturas internacionais radicalmente diferentes (Acosta & Guijarro, 2020).

Trata-se, então, na medida do possível, de restituir o que foi subtraído ou destruído, em todas as dimensões materiais, ambientais e simbólicas. Por exemplo, restaurar a soberania para tomar decisões coletivas e democráticas sobre o futuro, de maneira apropriada para cada contexto em territórios culturalmente diversos; restaurar a soberania sobre o território, a alimentação e a política econômica, fora do jugo da dívida externa; restaurar e reconhecer modos de vida baseados na qualidade das relações e no equilíbrio entre os seres humanos e a natureza, em vez de privilegiar a acumulação de dinheiro e a concentração de poder. Assim como o colonialismo e a colonialidade do poder, a economia global e a financeirização geraram um certo tipo de mundo (Getachew, 2018); devemos construir uma resistência que seja, ao mesmo tempo, constitutiva de outro mundo.

Ulrich Brand é professor e pesquisador na Universidade de Viena, Áustria. Seu trabalho é centrado na política internacional, na economia política internacional, na transformação do Estado e em sua internacionalização, no modo de vida imperial, na transformação socioecológica e na política internacional ambiental. Em 2018, foi cofundador da Diskurs: The Science Network, na Áustria, que pretende difundir a pesquisa baseada em evidências para um público mais amplo. É membro do Grupo de Trabalho Permanente sobre Alternativas ao Desenvolvimento na América Latina. Pela Elefante, publicou, em parceria com Alberto Acosta, *Pós-extrativismo e decrescimento: saídas do labirinto capitalista* (2018) e, com Markus Wissen, *Modo de vida imperial* (2021).

Miriam Lang é professora na Universidade Andina Simón Bolívar, no Equador, onde coordena o mestrado em Ecologia Política e Alternativas ao Desenvolvimento desde 2020. Colabora com o Grupo de Trabalho Permanente Latino-Americano sobre Alternativas ao Desenvolvimento e com movimentos sociais internacionalistas, feministas, ambientalistas e antirracistas. Desde 2016, é cocoordenadora do Grupo de Trabalho Global sobre Alternativas ao Desenvolvimento. Sua pesquisa atualmente se concentra na crítica ao desenvolvimento, nas alternativas sistêmicas e na implementação territorial do Bem Viver. É integrante do Pacto Ecossocial e Intercultural do Sul.

O que esperar do Estado nas transformações socioecológicas? 8

Ulrich Brand
Miriam Lang

A maneira mais fácil de projetar transições ecossociais justas é compilar uma extensa lista das políticas públicas a serem implementadas pelos Estados nacionais. Mas isso seria realista? Consideraria a experiência histórica e as relações concretas de poder social? Ao longo da história, as forças emancipatórias enfrentaram sérias dificuldades quando apostaram no Estado como principal ator das transformações. As experiências dos movimentos anticoloniais em seu processo de "tornar-se Estado" são um exemplo proeminente: ao se converterem em partidos estatais, as forças anticoloniais do Sul Global abandonaram a maior parte de seus antigos ideais revolucionários e anticapitalistas (Hobsbawm, 1994 [2003]). Outro exemplo são os limites enfrentados pela política socialista no Bloco Soviético, que, em retrospectiva, dificilmente pode ser enquadrada como emancipatória. Os partidos social-democratas e os Estados de bem-estar social do Norte Global também devem ser lembrados: eles contribuíram para a melhoria material das condições de vida das massas e sua integração política em um projeto de crescimento capitalista acelerado, à custa do Sul e dos ecossistemas globais (Bhambra & Holmwood, 2018; Steffen *et al.*, 2015). As experiências de governos progressistas na América Latina entre 1999 e 2014 — e também a dos atuais governos de esquerda ou centro-esquerda, como os do Chile e do Brasil — demonstram de maneira eloquente que a política ecossocial não depende apenas de ação estatal adequada (Gaudichaud, Webber & Modonesi, 2019). O que as forças emancipatórias se recusam a aceitar é que, nos momentos de crise, a intervenção estatal tem a clara tendência de atuar em favor dos interesses econômicos e políticos dominantes.

Hoje, nos países onde o capital e as tecnologias "verdes" são suficientemente desenvolvidos e competitivos no âmbito internacional, experimentamos uma transformação rumo a um "Estado ecocapitalista". Isso não significa de forma alguma que a crise ecológica em andamento e as injustiças a ela relacionadas serão resolvidas, mas sim que setores relevantes do capital, dos trabalhadores e suas organizações, da ciência hegemônica, do público, dos consumidores e do Estado pretendem lidar com certos aspectos dessa crise. E que a transformação tende a ocorrer sob as condições ditadas pelas forças dominantes, uma constelação que Gramsci chama de "revolução passiva" (Gramsci, 1971; Ryner, 2021).

Por outro lado, nas propostas relacionadas ao Green New Deal ou Novo Pacto Verde elaboradas por diferentes setores da esquerda no Norte Global, as ideias de governança política são frequentemente moldadas por perspectivas (eco)keynesianas. O Estado e as instituições da União Europeia são entendidos sobretudo como reguladores, formuladores de políticas e mecanismos de redistribuição dos processos de transformação socioecológica sob as adequadas condições políticas e governamentais de esquerda.[1] Os debates e as estratégias políticas atuais em torno de um Pacto Verde Europeu ou um Novo Pacto Verde mais à esquerda sugerem — apesar de diferenças muito signifi-

1 Também é surpreendente e politicamente muito problemático o fato de que quase todas essas abordagens liberais e de esquerda negligenciam a dimensão internacional para imaginar transições ecossociais em escala nacional ou na União Europeia.

cativas — que o Estado pode (re)assumir um papel muito mais proeminente através de investimentos maciços em infraestrutura e energia renovável e da tributação das emissões.[2]

O Estado é um interlocutor privilegiado quando se trata da expressão de inquietações socioecológicas, o que constitui um paradoxo que precisa ser compreendido. Em primeiro lugar, deve-se reconhecer que o Estado é um dos principais propulsores da escalada contínua do crescimento econômico e dos padrões insustentáveis de produção e consumo.

A recente reavaliação do aparato estatal se limita principalmente ao nível das propostas políticas — por vezes com reparos aos aspectos repressivos e pró-capital do Estado. Mas não se tem avançado na compreensão crítica do Estado (e de instituições supranacionais como a União Europeia). Seu caráter dominador, estruturalmente seletivo e multiescalar não é considerado, e raramente se questiona a economia política centrada no imperativo do crescimento capitalista. Esse é o foco deste capítulo, que também visa desenvolver argumentos e conceitos para melhor compreender essa entidade vaga e ambígua a que chamamos "Estado". Examinar os obstáculos à mudança, as contradições internas dos padrões dominantes que reproduzem as relações sociais capitalistas e as janelas de oportunidade para transformações socioecológicas confere força ao pensamento crítico que evita centrar sua visão no Estado (hábito que caracteriza a maioria das abordagens científicas e filosóficas da sociedade), permitindo-se olhar também para as próprias sociedades que suportam e empoderam o Estado e são, em parte, estruturadas por ele (Lang, 2022; Brand, 2016).

2 "The European Green Deal", Comissão Europeia, 2019. Para um panorama de diferentes propostas de Green New Deal, ver Schumacher (2021).

Entendendo o Estado

Evidentemente, é difícil refletir sobre "o Estado", porque suas manifestações historicamente concretas são muito diferentes entre si.[3] Os Estados boliviano, chinês, alemão, russo e tanzaniano, por exemplo, dificilmente são comparáveis entre si, sobretudo numa perspectiva crítica que não presuma que o Estado seja um regulador mais ou menos neutro e um criador de estruturas para a economia e a sociedade, mas entenda seu entrelaçamento com a sociedade, a cultura e a economia. Contudo, apesar dessas diferenças, que precisam ser reconhecidas e serão discutidas a seguir, as teorias histórico-materialistas nos ajudam a entender algumas características centrais do Estado capitalista e suas ambiguidades.

Para começar, o Estado é uma relação de dominação, separada mas intrinsecamente ligada à economia e à sociedade capitalistas. Sua "função geral" — como diz Nicos Poulantzas (1978 [2015]) — é garantir as condições de acumulação do modo de produção capitalista: disponibilidade de ganhos salariais, recursos naturais, infraestruturas e dinheiro, além de certa ordem e estabilidade. Ao mesmo tempo, no entanto, o Estado não constitui um mero "instrumento do capital" (porque o capital geralmente age em condições de concorrência com tendências monopolistas), mas mantém certa "autonomia relativa" para garantir o capitalismo como tal, e não para servir a frações distintas e concretas do capital.

3 Além disso, nas leituras centradas no Estado, ele é frequentemente confundido com o governo, assumindo o simples papel de formular políticas de cima para baixo, o que negligencia todas as complexidades, conflitos e contingências dos aparelhos de Estado.

Isso fica particularmente claro quando pensamos na base material dos Estados, que consiste, em grande parte, em impostos e tarifas incidentes sobre a produção de mercadorias capitalistas e tributações diretas e indiretas aos assalariados. Portanto, o Estado não é uma entidade autônoma "acima" do resto da sociedade, e sim parte integrante dela. Tampouco incorpora uma "vontade geral" preexistente, porque os interesses sociais são muito heterogêneos. Muitas lutas sociais desejam "generalizar" determinados interesses por meio do Estado (por exemplo, como parte da transição ao capitalismo e ao colonialismo verdes), ou seja, almejam sobrepô-los a outros interesses, além de promovê-los e protegê-los por meio de políticas estatais.

Ademais, o capital não é um ator homogêneo, mas eivado de tensões e conflitos. As estratégias de acumulação podem se contradizer, por exemplo, se orientadas para o mercado mundial ou para o mercado interno. Portanto, outra função central do Estado é organizar politicamente o capital — e, de certa forma, desorganizar as classes subalternas. No entanto, os interesses das pessoas que dependem de salários — os subalternos — são parcial e assimetricamente contemplados pelo Estado (como resultado de lutas anteriores).

O Estado depende do funcionamento da economia capitalista, isto é, da geração de excedente absoluto ou relativo, do aluguel ou da venda de concessões a mineradoras e petroleiras. Os Estados realmente existentes são partícipes do regime dominante de crescimento capitalista, que decreta formas globais de dominação e exploração baseadas em classe, gênero e raça.

Abordagens amparadas no materialismo histórico enfatizam o modo como os princípios estruturais do capitalismo global permeiam e moldam estruturas e processos estatais: por exemplo, a propriedade privada dos meios de produção, que implica interesses sociais concorrentes e antagônicos, e o impulso inerente do capital para a acumulação através da maximização do lucro, devido à pressão competitiva. Isso corresponde a um imperativo absoluto do crescimento, em princípio indiferente às consequências ecológicas. Nas condições da globalização neoliberal, as corporações transnacionais competem em escala planetária, o que torna a manutenção e o acirramento da competitividade internacional um dos principais objetivos políticos dos Estados-nação, muitas vezes à custa de uma regulamentação ambiental mais rigorosa.

O Estado não é um regulador neutro, mas altamente atrelado a diversas relações sociais. Por outro lado, também não é apenas mais um ator entre muitos outros, como sugerem os debates mais recentes sobre a "governança" (ver o capítulo 11, "'Soluções baseadas na natureza' e a mercantilização da governança ambiental mundial"). Trata-se do terreno focal das relações de poder social, no qual as forças dominantes se organizam para travar conflitos de maneira ordenada. Consequentemente, as relações de poder entre forças sociais e atores políticos específicos se inscrevem historicamente na estrutura política do Estado — as instituições estatais constituem, assim, uma "condensação material" dessas relações de poder (Poulantzas, 1978 [2015]).

Essa é também uma janela de oportunidades para movimentos e protestos emancipatórios, que precisa ser vista sem inocência. As demandas emancipatórias e os conflitos relacionados a políticas específicas ou gerais são disputados num terreno institucional assimétrico e predeterminado. Isso significa que algumas estratégias e interesses específicos desfrutam de acesso privilegiado às principais áreas de tomada de decisão; são as chamadas seletividades estruturais e estratégicas (Jessop, 2007).

No entanto, o Estado não pode ser entendido apenas como um campo assimétrico de lutas, pois é também um sistema capaz de bloquear interesses poderosos e conferir certa durabilidade a demandas e conquistas emancipatórias ou ecossociais (Lang &

Brand, 2015), como deixar o petróleo no subsolo, interromper a operação das usinas nucleares e o uso de organismos geneticamente modificados, possibilitar a expansão do transporte público sustentável e das transições energéticas democráticas, promulgar leis e agir contra as violências de gênero e raciais, criar um sistema educacional integrado às transformações de que tratamos, implantando um sistema tributário que financie essas demandas, e assim por diante. Tudo isso pode ser alcançado através da formulação de regras vinculantes para limitar as dinâmicas destrutivas das estruturas de poder existentes e dedicar recursos ao estabelecimento de sistemas e infraestruturas de provisionamento socioecológico desconectados da ambição pelo lucro.

A teoria crítica do Estado também destaca um aspecto que podemos observar na vida cotidiana, mas que é muitas vezes subestimado nas análises: os vários aparelhos estatais se relacionam uns com os outros de maneira tensa, e até mesmo se contradizem mutuamente. É, portanto, um desafio político comprometer os vários atores e organizações em torno da mesma diretriz, bem como desenhar e implementar um "projeto estatal" razoavelmente coerente e realizável (Jessop, 2007). O movimento neoliberal tem mostrado como esse projeto pode ser configurado e executado, e atualmente é uma questão em aberto se as forças capitalistas verdes também serão capazes de fazê-lo.

Diferenças entre os Estados no Norte e no Sul Global

Como já mencionado, ao mesmo tempo que todos os Estados historicamente concretos se conformam a uma certa lógica e forma abstrata, eles são bastante diversos entre si (Lang, 2022; Linera *et al.*, 2010; Boos & Brand, 2022).

A forma concreta da economia política na qual o Estado se incorpora tem consequências. No sistema mundial do capitalismo moderno, os Estados periféricos desempenham, por exemplo, os papéis de coordenar a exploração do trabalho, canalizar o fluxo de recursos naturais para os centros capitalistas, aceitar ou até mesmo impor certos acordos comerciais e estruturar moedas "fortes" por meio de créditos e dívidas. Além disso, os países do Sul Global são caracterizados pela forte presença de capital internacional, estabelecida por meio de investimentos estrangeiros diretos. A influência do capital externo — assim como de atores políticos estrangeiros — está fortemente imiscuída nos aparatos estatais, fenômeno que Cardoso e Faletto (1979 [1970]) chamam de "internalização de interesses externos". Em suma, os Estados (semi)periféricos enfrentam dificuldades para formular projetos transformadores e ambiciosos sem depender de interesses estrangeiros. O capital internacional só financia processos de industrialização sob condições muito particulares, como historicamente foi o caso dos grandes países latino-americanos, da Turquia e da China.

Se a base material dos Estados periféricos depende de rendas e concessões extrativistas, a burocracia estatal e os empregos públicos, que forjam apoiadores leais, se alicerçam na renda de aluguel e fortalecem a tendência ao clientelismo. Na periferia do mundo, o Estado geralmente desempenha um papel mais significativo na economia. O Estado periférico/colonial foi estruturado a partir da superexploração da terra e do trabalho de sujeitos racializados a quem até recentemente negava cidadania (Quijano, 2000). Dessa forma, ele funciona sob a aparência de liberdade de contrato entre proprietários formalmente iguais, ao menos para grande parte da população. Historicamente, o Estado de direito serviu como uma ferramenta estratégica para legitimar a apropriação e o saque (Mattei & Nader, 2008). Convertida em leis, a exclusão do trabalho remunerado, do uso de recursos naturais e da participação política afetou a maioria da população de acordo com critérios de etnia e, mais tarde, raça. Esse legado, sem dúvida, obstaculiza ainda mais as pautas políticas de transformações ecossociais no Sul Global. As formas periféricas do Estado são caracterizadas pela precariedade de suas estruturas institucionais, decorrentes de uma série de desequilíbrios de poder internos e globais e das relações de violência associadas (Lang, 2022).

Outra diferença importante entre os países do Norte e do Sul Global — e, portanto, entre seus Estados — é que no Sul há mais espaços ainda não totalmente permeados pelas lógicas capitalistas, como as economias de subsistência. Além do modo capitalista de (re)produção, outros modos permanecem importantes na periferia. A teoria da dependência chama a coexistência simultânea de formas capitalistas e não capitalistas de (re)produção de "heterogeneidade estrutural". Quando se trata do poder político, esses Estados capitalistas também podem coexistir com outras autoridades, muitas vezes indígenas. Esse é o princípio de "Estados plurinacionais" como o Equador e a Bolívia (Lang, 2019). Tais formas de (re)produção correspondem a modos de vida marginalizados, mas verdadeiramente sustentáveis, que podem e devem conformar estratégias de justiça ecossocial com base em suas próprias epistemologias e práticas (ver os capítulos 12, "Resistir ao extrativismo e construir uma transição energética justa e popular na América Latina" e 17, "Desenhando transições regionais sistêmicas: uma experiência de pesquisa-ação na Colômbia").

O Estado como relação social multiescalar: a internacionalização do Estado

Nosso argumento até agora é que o Estado nacional (e sua forma ideológica como Estado-nação) tem importância crucial para garantir relações sociais capitalistas, patriarcais, racializadas e internacionais — todas insustentáveis, desiguais e fortemente moldadas pela dominação. Também enxergamos no Estado um terreno de disputa cuja marcada assimetria dificulta as estratégias de transformação ecossocial centradas no aparato estatal e em suas políticas públicas.

No entanto, o Estado nacional desempenha uma função crucial na reprodução de estruturas e processos sociais, e é em si mesmo uma estrutura e um processo, ou seja, uma relação social. Seus enormes recursos materiais, suas atribuições jurídicas, burocráticas e coercitivas, seu poder de elaborar e sancionar normas e o fato de ser reconhecido pela grande maioria das pessoas — apesar de todas as suas disfunções e de seu caráter repressivo — contribuem para o notável papel do Estado em nossas sociedades. Ele tem grande poder discursivo (por exemplo, pontuando suas decisões com termos como "progresso", "crescimento", "imigrantes são um problema") e gera conhecimento sobre a sociedade e a economia para orientá-la e controlá-la de forma mais adequada, ou seja, dados demográficos, econômicos e ambientais coletados por meio de pesquisas, comitês de especialistas etc. Além disso, o Estado é ativo na economia e na prestação de serviços, assim como na criação e na manutenção de infraestruturas físicas e sociais, por meio de empresas estatais ou públicas. E recolhe tributos sobre a renda da extração de recursos naturais.

É por isso que muitas lutas políticas são disputadas pelos poderes estatal e governamental (que não são a mesma coisa) e que os partidos políticos e suas contendas internas desempenham um papel relevante. Em países com regime de partido único, como a China, as disputas intrapartidárias são decisivas (durante as ditaduras, os partidos geralmente não desempenham nenhum papel). É também por isso que a esquerda emancipatória — seja ela centrada no aparato estatal ou crítica a ele, por boas razões — necessita se engajar com o Estado. Mesmo as políticas emancipatórias apartadas do Estado precisam lidar com essa entidade realmente existente.

No entanto, seu caráter multiescalar precisa ser considerado. Vemos que isso é bastante óbvio e politicamente importante para os níveis subestatais, ou seja, regiões e províncias, municípios e distritos da zona rural. Certas estruturas e burocracias estatais detêm maior poder decisório e fiscal que outras. Nos últimos anos, muitas experiências progressistas e emancipatórias ocorreram em nível municipal ou em regiões (semi)rurais (M'barek *et al.*, 2019).

Também é possível reconhecer a existência de um Estado em nível internacional, porque determinados modos de definição de regras, resolução de conflitos e processamento burocrático têm se tornado cada vez mais internacionalizados, especialmente no que concerne à governança ambiental global. O mesmo se aplica a certas funções estatais, particularmente a garantia de condições para a reprodução política do capitalismo, por meio de direitos de investimento estrangeiro e direitos de propriedade intelectual.

Desde o início da década de 1990, o processo de globalização capitalista ocasionou o que as leituras críticas chamam de "internacionalização do Estado" (Brand, Görg & Wissen, 2011; Sauer & Wöhl, 2011).[4] A criação da Organização Mundial do

4 A "internacionalização do Estado" não se refere apenas à crescente importância dos aparelhos de Estado internacionais mas também à orientação cada vez mais internacional dos aparelhos nacionais, como a orientação estrita para a "competitividade internacional".

Comércio (OMC) e o fortalecimento do Banco Mundial e do FMI ilustram esse processo (Slobodian, 2018). Também surgiu uma extensiva legislação ambiental em nível internacional. Em novembro de 2020, o International Environmental Agreements Database Project (IEADP) listou 1,3 mil acordos multilaterais e 2,2 mil bilaterais.[5] Portanto, a globalização neoliberal não significou de nenhum modo um "afastamento do Estado"; em vez disso, foi legitimada por ele (Hirsch, 2016).

A globalização e a internacionalização não foram eventos que simplesmente aconteceram aos Estados-nação, mas processos ativamente controlados pelos Estados dominantes através de aparatos estatais internacionais como organizações, regimes e redes de governança. Baseados na noção de que o Estado consiste numa condensação do balanço de forças sociais, esses aparelhos internacionais podem ser interpretados como uma "condensação de segunda ordem", ou seja, são uma condensação do balanço de forças *entre* os Estados-nação, bem como *entre os Estados-nação e outros atores que operam em escala global* (ver, novamente, o capítulo 11) (Brand, Görg & Wissen, 2011). Um benefício crucial dessa abordagem é que ela abarca as assimetrias de poder e a competição entre os Estados-nação no âmbito da governança (ambiental) global, inclusive o duradouro legado colonial das disparidades entre o Norte e o Sul (Okereke, Fuchs & Hayden, 2021).

5 International Environmental Agreements Database Project (IEADP). Disponível em: iea.uoregon.edu/

Transformações emancipatórias e o papel do Estado

O imperativo capitalista do crescimento — um dos principais motores da policrise — não resulta apenas da multiplicação da produção, do consumo e da valorização do capital; também se inscreve profundamente nas estruturas do Estado e é por ele assegurado.

Desenvolver respostas políticas adequadas à policrise não é uma questão de simplesmente superar a lógica abstrata da dependência de trajetória, ou de encontrar soluções cooperativas e tecnocientíficas, mas sobretudo de confrontar interesses arraigados e altamente organizados, a fim de transformar relações sociais de produção, provisão e consumo profundamente consolidadas. O primeiro passo para os governos de esquerda que visam à mudança ecossocial seria estabelecer uma "autonomia relativa" em relação às oligarquias nacionais e às forças políticas e econômicas transnacionais. Mas isso implica capacidade de mudar as relações de poder, isto é, enfraquecer as oligarquias e o papel do capital transnacional de maneira a formular alternativas sociais e projetos estatais que podem requerer alianças no âmbito internacional.

Então, como lidar com o Estado nas transformações ecossociais? Primeiro, as lógicas e estruturas do Estado capitalista, imperialista, patriarcal, colonial e racista precisam ser inteiramente modificadas. E essa luta também precisa acontecer no nível intraestatal (Lang, 2022). Em segundo lugar, isso só será possível com a colaboração de movimentos sociais, pessoas conscientes, organizadas e engajadas, debates críticos das ciências (sociais) e empresas públicas e privadas progressistas.

Em terceiro lugar, é necessário acatar o *princípio de um Estado* em várias escalas — poderíamos igualmente chamá-lo de *entidades públicas institucionalizadas* (EPI) —, da local à global (Lang & Brand, 2015). Isso significa estabelecer estruturas e processos para lidar com conflitos, reconhecer diferenças e criar regras e mecanismos vinculativos sobre como viver junto (incluindo economicamente) com transparência e democracia; fundar instituições que confiram durabilidade às diversas formas de vida em conjunto e sejam capazes de defendê-las em situações nas quais o poder e os interesses arraigados atuem contra os princípios democráticos que garantem bem-estar para todos, inclusive a natureza.

Esse é o caso, particularmente, se consideramos a necessidade de algum tipo de mecanismo de coordenação transparente e democrático em escala global. As estruturas e os processos democráticos em escala local — encorajados por muitos ativistas em ascensão — são decisivos, mas insuficientes, porque têm dificuldade de confrontar os poderes externos. O vasto campo de sistemas tecnológicos e infraestruturas existentes — comunicações, energia, redes de água etc. — também deve ser tratado de forma democrática e ecologicamente sustentável. Engajar-se conscientemente na formação emancipatória de competências e poderes em diferentes níveis é parte dessa luta.

Nesse sentido, as relações entre Estado (esfera pública, instituições etc.), comunidade e autonomia não podem ser do tipo "ou um ou outro". Essas diferentes dimensões são, e continuarão a ser, parte do mundo, e precisamos lidar com as tensões e complexidades de suas relações.

Já destacamos que duas das funções cruciais do Estado são o poder de bloquear interesses poderosos e a capacidade de conferir relativa durabilidade às demandas e conquistas emancipatórias.

Para superar o capitalismo e o colonialismo verdes e desnudar o discurso (quase promessa) imperialista de uma transição "justa" em grande medida limitada ao Norte Global, as estratégias de transformação precisam repensar e refazer as divisões internas e internacionais do trabalho e da natureza. Planejados segundo rigorosos critérios ecossociais, a diversificação e o decrescimento econômicos são essenciais (ver os capítulos 14, "Um decrescimento feminista para perturbar a transição" e 15, "Decrescimento, emergência climática e transformação do trabalho"). Não se trata apenas de negócios, mas sobretudo dos modos de (re)produção muito materiais das sociedades, o que pressupõe uma reformulação das infraestruturas de transportes, fornecimento de energia e água etc. em direção aos paradigmas sociais e ecossociais que, em princípio, permitem uma boa vida para todos, mas não à custa dos outros, nem da natureza.

O que aprendemos com as experiências passadas e precisamos estrategicamente ter em mente é que a transformação específica e multiescalar dos aparelhos estatais (a *política*) e de suas estruturas, processos, lógicas, seletividades e burocracias tem extrema importância, assim como a transformação das *políticas*. Mas essa mudança só pode ser bem-sucedida se operada em toda a sociedade, abarcando as relações de poder existentes que constituem o Estado. Tal transformação cultural requer a participação de todos os atores sociopolíticos, bem como elevados níveis de organização e mobilização. Os movimentos climáticos liderados pelas gerações mais jovens, a partir de 2018, parecem ser o primeiro vislumbre dessa esperança.

Nnimmo Bassey é arquiteto, ativista ambiental, intelectual e poeta nigeriano. Presidiu a Friends of the Earth International de 2008 a 2012 e é diretor executivo da fundação Health of Mother Earth, um *think tank* ambientalista da Nigéria. Também integra o conselho diretivo da OilWatch International. Por sua trajetória ativista e contribuição à defesa da Mãe Terra, recebeu o Right Livelihood Award (2010). Seus livros incluem *To Cook a Continent: Destructive Extraction and the Climate Crisis in Africa* (2012), *Oil Politics: Echoes of Ecological War* (2016) e *I See the Invisible* (2023).

9 Colonialismo verde em estruturas coloniais: uma perspectiva pan-africana

Nnimmo Bassey

A visão da África como um único Estado, que ignora a fragmentação do continente em muitos países, oblitera a multiplicidade inerente às realidades e às subjetividades locais. A África talvez tenha sido um único país durante os primórdios da espécie humana, mas não depois disso. Uma vez que os territórios são muito mais do que expressões geográficas, devemos ter em mente as múltiplas realidades da África. A luta para forjar uma realidade pan-africana demonstra a natureza multilocalizada do continente, inclusive através da compreensão sobre quem são os africanos. Também é útil enxergar a configuração da África tanto em termos geográficos quanto muito além das fronteiras físicas. Esse enquadramento ajuda a compreender a enorme influência da diáspora nas lutas pela efetiva libertação do continente e aponta para uma reconstrução inclusiva, baseada em princípios de gênero e justiça ecológica, com claro fundamento ecossocialista.

Não devemos pintar uma imagem idílica da vida na África. Mas a história do continente de fato registra a existência de reinos e culturas avançados antes da disruptiva chegada de aventureiros e comerciantes europeus no século XV. Embora não desejemos reconstruir esse passado, é pertinente notar que os séculos seguintes geraram confrontos violentos e foram marcados pelo colonialismo, que dura até hoje. Os primeiros exploradores estrangeiros conheceram comunidades e reinos cujos alicerces eram arranjos sociais baseados em respeito, interdependência e cuidado.

A vida comunitária era governada pela concepção de enraizamento — o entendimento de que a agência humana é governada por nossas interconexões com o mundo ao nosso redor. De acordo com Omedi Ochieng, esse enraizamento envolve reconhecer o contexto ecológico e histórico que estrutura o que somos e molda os horizontes do que podemos vir a ser. Começa com a atenção ao ar que respiramos, à terra que pisamos, à água que bebemos, ao fogo que acendemos e ao formidável peso da história — da política, da economia e da cultura.[1] Tudo isso foi destroçado ou distorcido por séculos de conquista, colonialismo e expropriação imperialista.

A visão da África como uma vasta paisagem com recursos ilimitados a serem extraídos ficou rigidamente arraigada na mentalidade colonial, impulsionando conceitos de conservação que ignoraram a verdadeira causa da degradação, isto é, a exploração e o consumo irracionais. Tais conceitos foram entendidos por alguns como "fortaleza de conservação",[2] por ostensivamente exigirem a remoção de pessoas para "proteger a natureza" das paisagens africanas. Essa invenção da mentalidade colonial ocasionou graves injustiças sociais na tentativa de recriar míticos "édens africanos".[3]

Para o colonialista, os territórios conquistados eram áreas desprovidas de habitantes e comunidades humanas. Essa pos-

1 "What African Philosophy Can Teach You About the Good Life", *IAI News*, 10 set. 2018.

2 "Fortress Conservation: The Green Colonialism that Must End to Achieve Ecological Harmony in a Post-Covid World", Planetary Health Alliance, 13 mar. 2021.

3 "The Invention of Green Colonialism: The Roots of Africa's Wildlife NGOs Come under Withering Scrutiny", *Land Portal*, jun. 2022.

tura persiste na visão da África — e de qualquer território colonizado — como um espaço vazio a ser sacrificado, utilizável apenas nos termos estabelecidos pelo colonialista. Como afirmo em meu livro *To Cook a Continent* (2012), a questão que costuma ser vendida nos círculos políticos é: o que se pode fazer em relação à África? Mas, em momentos de generosidade, a pergunta passa a ser: o que se pode fazer pela África? (Bassey, 2012).

Colonialismo verde e colonialismo interno na África

No contexto do colonialismo verde, devemos também perguntar: o que fizeram com a África? O colonialismo verde é um prolongamento do colonialismo político, econômico e sociocultural e uma fusão desses aspectos. Foi construído e fundamentado sobre uma colonialidade profundamente arraigada, por meio da qual os líderes africanos foram programados para acreditar, por exemplo, no sistema internacional de conservação do patrimônio, utilizando padrões internacionais ou estrangeiros para promover seus próprios interesses.[4]

Além da "fortaleza de conservação", o colonialismo vendeu às elites africanas a ideia de receber dinheiro estrangeiro em troca de matérias-primas naturais e mão de obra. Os Estados neocoloniais perpetuaram esse padrão de buscar investimentos estrangeiros diretos (IEDs), que rendem divisas cujos valores são definidos em lugares distantes. Exemplos de como as ex-colônias

4 "The Invention of Green Colonialism: Putting an End to the Myth of the African Eden", *iD4D*, 7 jan. 2021.

ficaram presas nos becos sem saída das divisas podem ser vistos na agricultura de plantation, que transformou o cultivo de alimentos em cultivo de dinheiro. Na era colonial, a agricultura comercial explorava sistemas agrícolas alicerçados na escravidão. Atualmente, a agricultura de plantation continua a cultivar produtos de exportação através da apropriação de terras e da exclusão dos pequenos agricultores da produção de alimentos para suas comunidades. Para complicar a questão, as plantations e monoculturas, além de alimentar os mercados externos, hoje também fornecem biocombustíveis para máquinas e geração de bioenergia. Seja nos setores agrícola, de mineração ou de combustíveis fósseis, os líderes africanos continuam a olhar principalmente para o comércio exterior e para seus preços, de cuja fixação sequer participam.

As estruturas estabelecidas pelo colonialismo e reforçadas na era pós-colonial alteraram dramaticamente a dinâmica socioeconômica e política do continente africano. As sementes da ganância foram semeadas pelo colonialismo e cultivadas pelas manipulações de instituições financeiras internacionais como o Banco Mundial e o FMI. A dívida também tem sido uma ferramenta útil para entorpecer o imaginário do desenvolvimento e pressionar os países a se abrirem ainda mais à pilhagem (ver o capítulo 7, "Enfrentando as dívidas eternas do Sul"). Os governos são forçados a pagar débitos externos, aceitar requisitos de importação e proporcionar condições econômicas favoráveis às corporações transnacionais, incluindo incentivos fiscais, cotas de trabalho e a liberdade de repatriar 100% do lucro. Eles também se envolvem em parcerias exclusivas com essas empresas, o que impossibilita qualquer supervisão regulatória séria. A relutância e/ou a incapacidade governamental de controlar as ações corporativas é um estímulo para a exploração ecocida, que já transformou algumas áreas em zonas de sacrifício.

A consolidação da liberdade de exploração também foi auxiliada pela criação de zonas de livre-comércio (ZLC) ou zonas econômicas especiais, já caracterizadas como enclaves de exceção (Adunbi, 2022; ver também o capítulo 10, "Sob o jugo do comércio neoliberal 'verde'"). Um subtipo de ZLC são as zonas de processamento de exportação (ZPE), normalmente criadas pelos governos de países em desenvolvimento para promover exportações industriais e comerciais. De acordo com o Banco Mundial, essas zonas são "pequenas áreas cercadas, isentas de impostos, com instalações para armazenamento, distribuição comercial e operações de transbordo e reexportação" (Banco Mundial, 2008). Muitos países veem essas zonas como os principais estímulos para atrair IEDs. A Conferência das Nações Unidas sobre Comércio e Desenvolvimento (Unctad) informa que mais de duzentas ZPEs estão espalhadas por 38 países africanos. A mesma fonte registra que "pelo menos 56 zonas estão em construção e outras tantas em estágio inicial de desenvolvimento". Na África, cerca de 150 mil hectares de terra são dedicados a ZPEs. Mais de 2,6 bilhões de dólares foram mobilizados por investimentos em processamento, fabricação e serviços agrícolas.[5]

O regime de extração de divisas tem sido uma história interminável de subtração, agregando pouco valor às pessoas e ao planeta. Os superficiais princípios voluntários sobre direitos humanos e as iniciativas de transparência ajudam as empresas a fazer *greenwashing* em suas atividades e atribuir a sujeira aos "políticos corruptos". Essa desafortunada situação foi prevista por Frantz Fanon, que, em seu clássico livro *Os condenados da terra*, observa que o colonialismo se contenta em explorar os recursos naturais que extrai e exporta para atender às necessidades das indústrias

5 "AfCFTA: Africa Must Compete Favourably with Other Free Zones, Says Buhari", *The Cable*, 2 dez. 2022.

da pátria mãe, o que permite que certos setores da colônia se tornem relativamente ricos. "O resto da colônia continua, ou pelo menos aprofunda, seu subdesenvolvimento e sua miséria" (Fanon, 2004, p. 106 [1968, p. 132]). Fanon discute o modo como as estruturas coloniais fragmentam as nações e ampliam as subjetividades contrárias à construção da unidade africana:

> A unidade africana, fórmula vaga, mas à qual os homens e as mulheres da África estavam passionalmente ligados, e cujo valor operativo consistia em pressionar terrivelmente o colonialismo, desvenda sua verdadeira fisionomia e esmigalha-se em regionalismos no interior de uma mesma realidade nacional. A burguesia nacional, por estar crispada em seus interesses imediatos, por não enxergar além das pontas das unhas, revela-se incapaz de realizar a simples unidade nacional, incapaz de edificar a nação em bases sólidas e fecundas. A frente nacional que fizera recuar o colonialismo desmancha-se e consome-se sua derrota. (Fanon, 2004, p. 110 [1968, p. 132])

Essa interpretação esclarece que a elite política se vê como produtora de nichos de oportunidade para suas nações e encara a "troca de favores" como um motor do progresso. Isso explica por que os líderes atuais se aferram à posição de que a exploração de combustíveis fósseis e outros minerais para exportação é um direito inegociável. Disso também decorre a noção ilusória de que o ecocídio deve ser aceito, pois "as omeletes não podem ser feitas sem quebrar os ovos".

A exploração predatória exige que o desenvolvimento seja minuciosamente repensado. Por meio de seus infames programas de ajuste estrutural, o Banco Mundial e o FMI sucateiam serviços sociais como saúde e educação — manipulações coloniais que invertem o senso comum, revertem o progresso, institucionalizam a pobreza e consolidam o subdesenvolvimento. A influência perversa desses organismos financeiros internacionais ressalta a necessidade de atentar para as desigualdades de poder através de uma lente ecossocial e anticolonial.

Algumas lições sobre a dinâmica política decorrente das estruturas coloniais e pós-coloniais podem ser aprendidas com o que ocorreu em Moçambique, um dos últimos países africanos a conquistar a independência, em 1975. Seguiu-se uma sequência de etapas, como o desmantelamento da maioria das estruturas coloniais e a criação de um sistema comunista/socialista. A nação viveu dezesseis anos de guerra civil e realizou suas primeiras eleições em 1994, as quais prometiam inaugurar uma era de democracia. Mas, nas palavras de Anabela Lemos,

> essa nova democracia nada mais era do que a completa abertura ao livre mercado e a todo tipo de investimento estrangeiro em nome do desenvolvimento. Esse "investimento" começou a aparecer sob diferentes formas, como enormes usinas de alumínio, monocultura em grande escala de árvores exóticas e introdução maciça de culturas comerciais e de exportação, entre muitas outras. Foi implementada uma economia "mineradora", na qual tudo era retirado do país.[6]

A corrida por combustíveis fósseis

No caso da exploração de petróleo e gás na África, tudo que os líderes do continente conseguem enxergar são as oportunidades de benefícios oriundos de projetos acelerados (*fast-track*). O argumento é que a expansão da produção impulsionaria o acesso do

6 "Africa: The Oil New Frontier", *FightTheFire*, 2022.

povo à energia, uma alegação tola depois de décadas de extração que produziram apenas devastação ecológica e pobreza.[7]

A obsessão pelo comércio colonial construiu o que podemos chamar de "economia vodu". Nesse sistema, há entrada de dinheiro mesmo se houver pouca produção ou transformação de matérias-primas, o que ocasiona uma cultura de arrendamento ou dependência. Os países africanos dependem das multinacionais extrativistas para obter receitas. Não é surpresa que o petróleo represente 20% ou mais do PIB de países como Líbia, Argélia, Gabão, Chade, Angola e República Democrática do Congo; na Nigéria, embora o petróleo e o gás contribuam com modestos 6% do PIB, representam 95% da receita cambial e 80% da arrecadação do governo.[8] Em 2022, os países da União Africana usaram as negociações climáticas da COP27, em Sharm el-Sheikh, para advogar a expansão[9] da produção de combustíveis fósseis e assim se beneficiar de seus vastos recursos, como supostamente fizeram as nações mais ricas. Esse argumento é desprovido de uma visão crítica dos mecanismos de apropriação e externalização que beneficiam as nações mais ricas.

Na África, as raízes da apropriação de recursos não podem ser separadas do colonialismo, que fornece a base para a impunidade sem temor de responsabilização. O saque e a impunidade têm crescido ao longo dos anos, e a força bruta é empregada sempre que necessário. Por isso, os mapas de recursos naturais e de conflitos no continente se sobrepõem quase perfeitamente. A exploração é protegida por exércitos nacionais, mercenários e agen-

7 "The Colonial Exploitation of Africa's Fossil Fuels Must Stop", *Context News*, nov. 2022.

8 "Africa Must Oppose Measures at COP27 that Restricts Its Fossil Fuels", *Business Day*, 7 nov. 2022.

9 "African Nations Expected to Make Case for Big Rise in Fossil Fuel Output", *The Guardian*, 1º ago. 2022.

tes especiais de segurança. A extração é literalmente escudada pelo poderio militar, à revelia dos direitos humanos e coletivos.

O ecologista político Patrick Bond descreve com precisão a preocupante situação ocasionada pelo interminável impulso da exploração de combustíveis fósseis em face do aquecimento global. O autor destaca os papéis da França, da África do Sul e de Ruanda. "As atuais operações da TotalEnergies na África seguem um padrão antigo: a exploração de combustíveis fósseis e a corrupção de economias, governos, sociedades e ambientes de países em desenvolvimento, tudo com apoio do Estado francês." Para apoiar sua afirmação, ele complementa:

> Emmanuel Macron [presidente da França] deixou isso bem claro em 2021, quando insistiu em defender o projeto de gás liquefeito de vinte bilhões de dólares da TotalEnergies em Moçambique por meio de uma intervenção militar liderada por soldados ruandeses e sul-africanos. O papel subimperialista de Pretória explica seu apoio desesperado aos novos magnatas do petróleo, com os quais a Total tem se aliado desde meados da década de 2010 para explorar grandes reservas de gás e pesquisar novas jazidas através de explosões sísmicas.[10]

Bond observa que, desde 2021, duas formas de resistência se ergueram contra o renascimento do imperialismo fóssil e do subimperialismo na região: o conflito violento que atingiu a Total, a gigante francesa de petróleo e gás; e as mobilizações ambientais e sociais na costa da África do Sul, que abalaram o governo daquele país.

10 "French Fossil Imperialism, South African Subimperialism and Anti-Imperial Resistance ", CADTM, dez. 2022.

É especialmente interessante o papel da França, que mantém um rigoroso controle colonial sobre as nações francófonas na África. Embora o país tenha proibido o *fracking* (técnica de extração de gás através do fraturamento hidráulico de rochas subterrâneas), a extração de petróleo bruto em seus territórios[11] e a propaganda de combustíveis fósseis,[12] a TotalEnergies, sua gigante petrolífera, continua a operar em outros lugares e, mais notoriamente, em Cabo Delgado, Moçambique, de onde saiu o primeiro carregamento[13] moçambicano de gás fóssil, justamente durante a COP27 em Sharm el-Sheikh. O *timing* desse primeiro embarque ilustra como a violência não tem impedido a extração de recursos da África, uma vez que muitas vezes ambas ocorrem em conjunto, como nos casos dos diamantes de sangue da Libéria e da contínua instabilidade na República Democrática do Congo.

A TotalEnergies é uma das maiores exploradoras de gás em Cabo Delgado. A planta de gás natural liquefeito (GNL) Afungi, destinada ao comércio de combustíveis fósseis, levou ao deslocamento de mais de 550 famílias para a construção de uma estrada de setenta quilômetros até o complexo, que dispõe de aeroporto, estações de tratamento e instalações portuárias. As comunidades pesqueiras da costa foram deslocadas para uma "aldeia de realocação" situada a mais de dez quilômetros do mar. Foram-lhe negadas terras agrícolas, zonas de pesca, meios de subsistência em geral, cultura e tudo que é importante para as comunidades costeiras.[14] Cabo Delgado acolhe os três maiores projetos de GNL

11 "France Bans Fracking and Oil Extraction on All of Its Territories", *The Guardian*, 20 dez. 2017.

12 "France Becomes the First European Country to Ban Fossil Fuel Ads — But Does the New Law Go Far Enough?", *Euronews*, 24 ago. 2022.

13 "Líder moçambicano anuncia primeiro embarque de exportação de GNL", *Africanews*, 13 nov. 2022.

14 "A Total Mess", Stopmozgas, 27 jul. 2022.

da África: o Projeto de GNL de Moçambique (TotalEnergies, anteriormente Anadarko), avaliado em vinte bilhões de dólares; o Projeto FLNG Coral (ENI e ExxonMobil), de 4,7 bilhões de dólares; e o Projeto Rovuma LNG (ExxonMobil, ENI e CNPC), com valor de trinta bilhões de dólares.[15] Cabo Delgado pode se tornar o cenário de um dos maiores desastres corporativos do continente.

Em uma reunião sobre impunidade corporativa organizada pela ONG Justiça Ambiental em Maputo, em novembro de 2022, uma pessoa da comunidade declarou de forma muito incisiva: "Para nós, as corporações multinacionais não trouxeram desenvolvimento; trouxeram desgraça". Substituindo "corporações multinacionais" por "colonialismo", estamos diante de um quadro mais completo. Outro delegado perguntou, durante a reunião, se a destruição de suas terras podia ser chamada de "desenvolvimento". Em seguida, questionou retoricamente: "É esse o desenvolvimento que queremos?".

O colonialismo, seja preto, azul ou verde, jamais consulta o povo. Essa falta de escuta é gerada por seu absoluto desrespeito pelas pessoas e pelo planeta. Através do "jogo colonial", as áreas onde a TotalEnergies opera têm sofrido com o aumento das desigualdades e divisões sociais. A única coisa que possuem em comum é o fato de serem conhecidas como "Áreas da Total".

15 "Gas-Rich Mozambique May Be Headed for a Disaster", *Al Jazeera*, 24 fev. 2020.

A pilhagem de gás na África e o agravamento da crise climática

A guerra na Ucrânia e a negligência generalizada em relação à necessidade de tomarmos medidas climáticas efetivas têm ocasionado investimentos maciços no setor de combustíveis fósseis na África. A atual disputa por novos projetos de petróleo, gás e carvão entre as empresas petrolíferas alcança 48 países africanos. Apesar de todos sabermos que as reservas conhecidas de combustíveis fósseis não poderão ser extraídas e queimadas sem que se ultrapasse o ponto de inflexão (*tipping point*) do aquecimento global, as petroleiras planejam investir 230 bilhões de dólares em novos projetos de petróleo e gás na próxima década e 1,4 trilhão até 2050.[16] Como que aplaudindo as corporações fósseis, N. J. Ayuk, um empresário africano, insiste em que "boicotar empresas de petróleo e gás na África é um curso de ação equivocado". Gabriel Obiang Lima, ministro de Minas e Hidrocarbonetos da Guiné Equatorial, prometeu: "Sob nenhuma circunstância vamos pedir desculpas. Qualquer pessoa de fora do continente que diga que não devemos desenvolver esses campos [de petróleo e gás] é um criminoso".[17] Apesar da avidez aventureira pelo dinheiro dos combustíveis fósseis, dezessete entre os vinte países mais vulneráveis às mudanças climáticas se localizam na África, enquanto o continente solicita "financiamento para ajudar a se adaptar ao desafio econômico e humanitário dos repetidos desastres climáticos".[18]

16 "Africa Will Develop with Oil and Gas — Whether the West Likes It or Not", Fórum Econômico Mundial, 19 jan. 2020.
17 "No Apologies: Africans Say Their Need for Oil Cash Outweighs Climate Concerns", *Reuters*, 8 nov. 2019.
18 "Two-Thirds of U.S. Money for Fossil Fuel Pours into Africa Despite Climate Goals", *The Guardian*, 31 out. 2022.

Como se já esperasse o disparo dos alarmes, a indústria de combustíveis fósseis tem feito tudo a seu alcance para introjetar no imaginário coletivo a convicção de que a dependência dos combustíveis fósseis é inevitável. Os líderes africanos se alinham totalmente com essa ideia e se aliam a especuladores de combustíveis fósseis de outras regiões para ressaltar que a guerra na Ucrânia é uma oportunidade: trata-se de um argumento conveniente, porque o mundo se horroriza com as imagens de ucranianos expostos ao frio do inverno; além disso, ambas as partes do conflito precisam de mais combustíveis para operar suas máquinas de guerra.

As empresas de combustíveis fósseis não se incomodam com o conflito em Cabo Delgado. Construir um oleoduto de petróleo pesado de 1,4 mil quilômetros entre Uganda e o terminal de exportação na Tanzânia é apenas uma jogada. Elas projetam oleodutos geradores de conflitos desde o Delta do Níger, na Nigéria, até o Marrocos, ou através do deserto do Saara até a Argélia, para alimentar as necessidades energéticas da Europa. Uma vez que 89% da infraestrutura de gás na África se destina à exportação, priorizar o atendimento da demanda energética do continente africano está fora de questão.

Descolonizando a transição

A transição para a energia verde não garante justiça nem a ruptura com o padrão colonial associado à energia suja. Esse padrão já se manifesta nos enormes parques solares no Marrocos[19] e no

19 "Renewable Energy Is Fuelling a Forgotten Conflict in Africa's Last Colony", *The Conversation*, 26 nov. 2021.

parque eólico instalado no Lago Turkana,[20] no norte do Quênia. Os problemas mais preocupantes advindos dessas instalações são a apropriação de terras, o despojamento das dádivas da natureza de que as comunidades desfrutam há milênios e a pobreza energética — que as novas plantas não amenizam, devido a obstáculos no acesso e porque foram projetadas para a exportação, não para as comunidades da vizinhança imediata. Assim, o padrão colonial de apropriação de terras e inexistência de consulta prévia à população afetada persiste em contextos de energia verde (ver o capítulo 3, "Descolonização da transição energética no Norte da África").

Outro ponto problemático se relaciona à extração dos minerais necessários para fabricar os equipamentos dos sistemas de energia verde ou renovável. A mineração de matérias-primas, incluindo componentes de baterias para o armazenamento de energia, continua a impactar comunidades e territórios. Portanto, a transição não concerne apenas à energia mas também à necessidade de descolonizar todos os sistemas energéticos, econômicos e políticos.

Desafios

Embora as fronteiras entre os setores formais e informais sejam frequentemente confusas, as iniciativas não oficiais são a chave para descolonizar e libertar o continente africano e construir um futuro

20 "Kenya: Court Rules that Lake Turkana Wind Power Acquired Community Land Unprocedurally", Business & Human Rights Resource Center, 1º nov. 2021.

ecossocial. O setor informal deve se engajar em duros compromissos e embates com o sistema dominado pelas potências coloniais, cujos imaginários se desconectaram das possibilidades de independência e de um futuro pautado em dignidade e respeito. Essa será uma tarefa desafiadora, pois os interesses arraigados desejam a todo custo manter o controle explorador das alavancas do poder. Um exemplo é o ocorrido na Guiné em 1958, quando o então presidente Sékou Touré realizou um referendo sobre a adesão à união monetária da Comunidade Financeira Africana (CFA). A proposta teve a retumbante rejeição de 95% dos votantes. Então, de acordo com David Hundeyin, "o governo de Charles de Gaulle imediatamente retirou do país mais de quatro mil funcionários públicos, juízes, professores, médicos e técnicos, instruindo-os a sabotar tudo que deixassem para trás".[21] Os atos flagrantes de banditismo diminuíram ao longo dos anos, mas seus impactos contribuíram para impedir o progresso do continente.

Os governos africanos são percebidos cada vez mais como comparsas das corporações transnacionais e filantrocapitalistas nos fóruns multilaterais, como as Conferências das Partes (COP) das Nações Unidas. Ao contrário do que acontecia há algumas décadas, hoje esses governos adotam falsas soluções de mercado na tentativa de atrair financiamentos. Ficou no passado a rigorosa lei modelo da União Africana — então Organização da Unidade Africana (OUA) — para ajudar os países-membros a garantir sua biossegurança. Também ficaram no passado as lágrimas de um negociador africano durante uma coletiva de imprensa na COP15, em Copenhague, lamentando que os países do continente estivessem sob pressão para assinar um "pacto suicida".[22]

21 "The 'French Colonial Tax': A Misleading Heuristic for Understanding Françafrique", *The Africa Report*, 21 nov. 2019.

22 "African Leaders Shed Tears and Protest a 'Political Deal'", *350.org*, 9 dez. 2009.

Contudo, há na África uma forte mobilização de movimentos de massa relacionados às mudanças climáticas, à soberania alimentar e à justiça ambiental. Vozes potentes vindas de baixo se levantam contra o ecocídio e defendem as florestas e os oceanos. O povo Ogoni do Delta do Níger conseguiu expulsar resolutamente as grandes petrolíferas de suas terras e pântanos, rejeitando a abertura de poços de petróleo[23] em seu território, e forçou a implementação de um programa de limpeza da poluição por hidrocarbonetos após uma avaliação do Programa das Nações Unidas para o Meio Ambiente (Pnuma).[24] Comunidades costeiras da África do Sul têm se posicionado firmemente contra a prospecção sísmica de petróleo e gás como forma de defender seus meios de subsistência, cultura e espiritualidade. Jovens protestam contra oleodutos, pescadores e comunidades dependentes da floresta lutam por seus direitos. Agricultores defendem vigorosamente a soberania alimentar e rejeitam o colonialismo de sementes, protegendo suas terras agrícolas da poluição por petróleo.

O horizonte transborda de lutas e esperança. É necessário formar uma coalizão de forças com visões políticas claras para construir uma África verdadeiramente unida, com coesão econômica interna e pleno respeito pelos direitos dos povos e da Mãe Terra.

23 "No Oil Exploration in Ogoni, until Saro-Wiwa, Others Are Exonerated — MOSOP Vows", *Vanguard*, 9 nov. 2020.

24 "Nigeria Launches $1 Billion Ogoniland Clean-Up and Restoration Programme", Pnuma, 7 ago. 2017.

Rachmi Hertanti é advogada e ativista indonésia. Envolveu-se em várias campanhas de defesa de políticas de comércio justo, com foco em tratados de investimento, direitos de propriedade intelectual sobre sementes e medicamentos e impactos do comércio em energia e matérias-primas. Foi diretora executiva da organização Indonesia for Global Justice. Atualmente trabalha como pesquisadora do Transnational Institute (TNI).

Sob o jugo do comércio neoliberal “verde”

10

Rachmi Hertanti

Introdução

A guerra comercial entre os Estados Unidos e a China, a pandemia de covid-19 e a guerra entre Rússia e Ucrânia interromperam a cadeia global de suprimento de matérias-primas críticas. A situação se agravou devido à significativa dependência do comércio mundial em relação a instalações produtivas concentradas em poucos países. Um relatório da Agência Internacional de Energia (AIE) sobre o papel dos minerais críticos na transição para a energia limpa afirma que a concentração da produção e do processamento num pequeno grupo de nações torna seu fornecimento vulnerável a instabilidades políticas, riscos geopolíticos e barreiras alfandegárias (AIE, 2021). Conforme mostra o gráfico da figura 10.1, China, Estados Unidos e Mianmar são os maiores produtores de elementos de terras-raras; Austrália, Chile e China dominam a produção de lítio; Indonésia, Filipinas e Rússia são os maiores produtores de níquel.

Principais produtores globais de minerais críticos

Para além dessas advertências político-econômicas, este capítulo analisa a luta geopolítica para garantir matérias-primas críticas, centrando-se em duas dinâmicas inter-relacionadas: a fragilidade da posição das potências na cadeia de abastecimento global e o papel dos acordos de livre-comércio e investimento. Esses acordos são mecanismos concretos implementados por países poderosos, especialmente do G7, e empresas multinacionais, a fim de assegurar os minerais necessários às tecnologias da chamada transição verde.

Um elemento particularmente insidioso da nova geração de acordos são os mecanismos que permitem aos investidores processar judicialmente Estados quando consideram que seus interesses não estão sendo protegidos. Embora tais artifícios limitem a soberania do Estado, o capítulo problematiza seu papel como cúmplice desses acordos. Além disso, a corrida global pelas matérias-primas essenciais para a transição verde expõe as falácias do modelo baseado na extração de materiais não renováveis e numa agenda de "desenvolvimento sustentável" que negligencia as pessoas e o planeta. Ela também reforça um sistema político-econômico global no qual os países "centrais" obrigam os países da "periferia" a se tornarem fontes de matérias-primas críticas por meio de regras comerciais injustas e assimétricas.

Figura 10.1 — Fatia de mercado dominada pelos três maiores países produtores de minerais selecionados e combustíveis fósseis em 2019

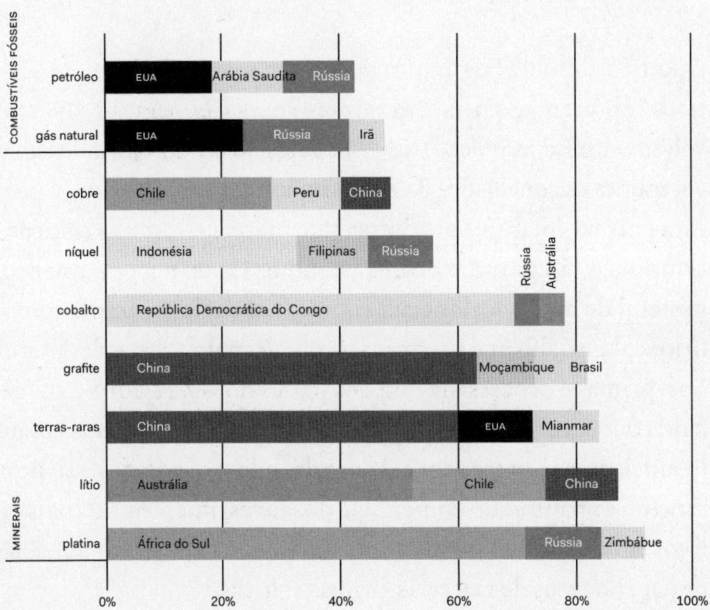

Fonte: Relatório 2021 da AIE sobre o papel dos minerais críticos nas transições energéticas limpas.

Mais livre-comércio para abrir o mercado de cadeias de abastecimento de minerais críticos

O Relatório sobre Segurança do Fornecimento de Minerais Críticos,[1] apresentado pela Organização para Cooperação e Desenvolvimento Econômico (OCDE) na reunião do G7 na Alemanha, corrobora as conclusões da AIE: a maioria dos países do G7 não está entre os maiores produtores de matérias-primas críticas; tampouco são grandes atores na indústria de processamento mineral de mercadorias cruciais para a tecnologia verde, como lítio, cobalto, bismuto e terras-raras. A maior parte das matérias-primas é processada fora dos países do G7. A OCDE explica ainda que as reservas minerais pertencentes aos países do G7 são insuficientes para atender à demanda industrial doméstica; portanto, a expansão do comércio e dos investimentos dos países ricos em reservas minerais é necessária para diversificar a cadeia de suprimentos de matérias-primas críticas.[2]

Os ministros do Comércio do G7 concordaram em realizar uma reunião subsequente na Alemanha, em 2022,[3] para intensificar a cooperação multilateral, regional e bilateral na abordagem de problemas como restrições à exportação e barreiras alfande-

1 "Security of Supply for Critical Raw Materials Vulnerabilities and Areas for G7 Coordination", OCDE, 26-28 jun. 2022.

2 Trata-se de uma confirmação do resultado da reunião do G7 em 2021, realizada no Reino Unido, que elaborou uma agenda chamada "Build Back Better for the World" (B3W). Essa iniciativa é uma estratégia de recuperação para mitigar os gargalos da infraestrutura global e os impactos da pandemia de covid-19, bem como combater o domínio e a influência da China no mundo em desenvolvimento. Ver também "The Role of the G7 in Mobilizing for a Global Recovery", Chatham House, jun. 2022.

3 "G7 Trade Ministers Statement Neuhardenberg", Ministério de Assuntos Econômicos e Energia da Alemanha, 15 set. 2022.

gárias de matérias-primas críticas. Algumas dessas barreiras são qualificadas como práticas comerciais não transparentes e "injustas", tais como transferência forçada de tecnologia, roubo de propriedade intelectual, queda nos padrões trabalhistas e ambientais para obter vantagem competitiva, distorção do mercado por parte de empresas e subsídios estatais nocivos, inclusive aqueles que levam a uma capacidade de produção excessiva. Todas essas práticas apontam para a China no quesito fornecimento de matérias-primas críticas.

Os países do G7 têm pressionado também por reformas na Organização Mundial do Comércio (OMC), o único órgão multilateral capaz de estabelecer regras comerciais entre os países, a fim de garantir transparência no contexto das cadeias de fornecimento de minerais críticos.[4] No mecanismo de transparência da OMC, as restrições à exportação se tornaram uma preocupação significativa e um alvo recorrente dos debates no órgão multilateral. Um exemplo é a disputa relacionada a matérias-primas entre a União Europeia e a Indonésia, em 2019. O bloco apresentou uma queixa à OMC contra a proibição indonésia às exportações de níquel para a Europa. Essa restrição visava priorizar a demanda de processamento doméstico e obrigações de mercado. A disputa ilustra como as regras do comércio internacional podem ser instrumentalizadas para garantir mercados globais sem barreiras, que facilitem o fornecimento ininterrupto de matérias-primas críticas para potências como a União Europeia.

Outro mecanismo usado pelos países do G7 para fortalecer a resiliência de sua cadeia de suprimentos e conter o domínio da China é incrementar a coesão política com os países ricos em matérias-primas críticas por meio da cooperação bilateral e mul-

4 "G7 Trade Ministers Eye Progress on WTO Reform, Economic Coercion", *Inside Trade*, 15 set. 2022.

tilateral, no Atlântico e no Pacífico, em comércio e investimento.[5] Atualmente, existem quatro tendências de cooperação comercial para a proteção das cadeias de suprimentos de matérias-primas críticas no leste da Ásia.

A primeira consiste em combater a crescente influência econômica da China na região Ásia-Pacífico e nas Américas. Para tanto, o governo dos Estados Unidos impulsionou o Quadro Econômico do Indo-Pacífico (Ipef)[6] e a Parceria das Américas para a Prosperidade Econômica (Apef), respectivamente. Ambos os instrumentos se destinam a solucionar o descontrole global da cadeia de suprimentos, particularmente sob o pilar de resiliência do Ipef. Essas iniciativas serão implementadas para minimizar as distorções do mercado, promovendo a conformidade regulatória, respeitando os princípios comerciais e agindo de forma consistente com as respectivas obrigações da OMC.[7] Não é segredo que esse acordo é um modelo de cooperação comercial empregado pelos Estados Unidos para fortalecer sua estratégia de incentivo ao *onshoring* ou *nearshoring*,[8] que inclui disposições significativas

5 "U.S. and European Strategies for Resilient Supply Chains", Chatham House — International Affairs Think Tank, 14 set. 2021.

6 Os países-membros do Ipef são Austrália, Brunei Darussalam, Fiji, Índia, Indonésia, Japão, Coreia do Sul, Malásia, Nova Zelândia, Filipinas, Singapura, Tailândia e Vietnã.

7 "Ministerial Statement for Pillar II of the Indo-Pacific Economic Framework for Prosperity", U.S. Department of Commerce, set. 2022.

8 *Onshoring* refere-se à realocação ou estabelecimento de instalações produtivas dentro das fronteiras de um país. *Nearshoring*, por outro lado, envolve a criação de instalações próximas ao país de demanda ou consumo. No contexto das cadeias de fornecimento de matérias-primas críticas, ambas as estratégias visam estimular o controle doméstico sobre a oferta, reduzir a dependência de fornecedores estrangeiros e, no processo, estimular a industrialização e a redução das taxas de inflação.

para apoiar apenas cadeias de suprimentos domésticas como parte de sua estratégia de redução da inflação (Majkut, 2023).

Em segundo lugar, há um plano para acelerar a Lei de Matérias-Primas Críticas da União Europeia (CRMA)[9] a fim de diversificar o comércio e garantir o fornecimento ininterrupto de matérias-primas críticas para a transição verde da região. Sob a CRMA, a cooperação comercial internacional se sustenta através da expansão dos acordos de livre-comércio (ALC) e do fortalecimento das regras da OMC,[10] particularmente para garantir a regulamentação de práticas comerciais desleais acerca da restrição à exportação e para solucionar disputas comerciais e de investimentos.[11] Outro elemento importante é o capítulo dedicado a energia e matérias-primas no ALC da União Europeia, que aborda questões como procedimentos de avaliação de impactos esperados e tratamento não discriminatório para investidores em países externos ao bloco. Atualmente, a União Europeia está aumentando a cooperação comercial com vários países estratégicos, como Chile, México, Nova Zelândia, Austrália, Índia e membros da Associação de Nações do Sudeste Asiático (Asean).[12]

9 A CRMA considera estratégicas para a União Europeia as seguintes matérias-primas: bismuto; boro — grau metalúrgico; cobalto; cobre; gálio; germânio; lítio — grau de bateria; magnésio metálico; manganês — grau de bateria; grafite natural — grau de bateria; níquel — grau de bateria; metais do grupo da platina; elementos de terras-raras para ímãs (Nd, Pr, Tb, Dy, Gd, Sm e Ce); silício metálico; titânio metálico; e tungstênio.

10 "Critical Raw Materials: Ensuring Secure and Sustainable Supply Chains for EU's Green and Digital Future", Comissão Europeia, 16 mar. 2023.

11 *Idem.*

12 A Asean compreende Tailândia, Filipinas, Malásia, Singapura, Indonésia, Brunei, Vietnã, Mianmar, Laos e Camboja.

A terceira tendência vem do Canadá, que, por ser um dos principais atores na cadeia de suprimentos de matérias-primas críticas, também foi afetado pela disrupção dos fluxos globais. Em junho de 2021, foram lançadas as negociações do Acordo de Parceria Econômica Abrangente (Cepa) entre o Canadá e a Indonésia. O país norte-americano argumenta que a cooperação com a Ásia construirá dependências mutuamente benéficas em diversas áreas fundamentais nas quais possui vantagem comparativa, sobretudo matérias-primas críticas, elementos de terras-raras, agricultura, energia e recursos naturais.[13] O posicionamento do Canadá na região asiática é motivado por sua agenda de diversificação, que exclui a China como fonte e fortalece a cooperação estratégica com os Estados Unidos (por meio da Minerals Security Partnership) e a União Europeia (Canada-E.U. Critical Minerals Strategic Partnership).[14]

Quarto: a Cepa expande a cooperação do Acordo de Livre-Comércio Asean Mais Um (Asean+1) a cinco parceiros econômicos da Asean — Japão, China, Coreia do Sul, Austrália e Nova Zelândia. O Asean+1 estabelece áreas de livre-comércio entre os países da Asean e algumas das principais economias do mundo numa base bilateral, na tentativa de reforçar a participação do bloco na cadeia de abastecimento global e aumentar a integração regional.

A Cepa é inovadora. Formou-se desde o início sob a égide da cooperação Asean+ 3 (ou seja, incluindo Japão, China e Coreia do Sul) para abrir e facilitar o acesso a novos mercados no Sudeste Asiático. Essa abertura, no entanto, não se baseia na liberalização tarifária, mas em mecanismos de facilitação do comércio, ou

13 "Canada Critical to Helping Ensure Global Supply Chain Security", *The Japan Times*, 15 fev. 2022.

14 "E.U. and Canada Set Up a Strategic Partnership on Raw Materials", Comissão Europeia, 21 jun. 2021.

seja, relacionados à exportação e à importação de bens e serviços, que oferecem oportunidades para aprofundar as atividades da cadeia regional de valor por meio de regras de origem eficazes e critérios para determinar a fonte nacional de um produto.[15] Segundo um estudo publicado em 2020 por Rashmi Banga, economista sênior da Conferência das Nações Unidas sobre Comércio e Desenvolvimento (Unctad), com essa configuração a Cepa só terá impacto positivo em Estados não membros da Asean, como Japão, Coreia do Sul e China.[16] Esses três países estão preparados para auferir mais benefícios do esquema da cadeia regional de valor da Cepa porque detêm a tecnologia e o know-how e são exportadores de produtos acabados, como componentes eletrônicos e máquinas que dependem de matérias-primas críticas, cujo principal mercado-alvo é a Asean.[17]

Maior proteção aos investidores em acordos comerciais e de investimento

A expansão dos investimentos em países ricos em minerais consolidou as atividades dos setores de mineração, refino e processamento de matérias-primas, bem como de tecnologia verde, particularmente as indústrias automotiva e eletrônica. Tem destaque aqui o papel das corporações multinacionais como principais investidoras.

15 "Technical Information on Rules of Origin", OMC, [s.d.].

16 "RCEP: Goods Market Access Implications for Asean", Global Development Policy Center, 24 mar. 2021.

17 "Press Release: Asean's Fate Hangs in an RCEP Balance", APWLD, 25 mar. 2021.

As mineradoras sabem que os problemas geopolíticos e as políticas domésticas dos países ricos em minerais podem aumentar seus riscos de investimento (Bendall, 2022). A fim de lidar com esses riscos potenciais, as multinacionais empregam um mecanismo extra para que um Estado anfitrião signatário de acordos possa ser processado judicialmente. Conhecido como Solução de Controvérsias Investidor-Estado (ISDS), é um dispositivo que institucionaliza a impunidade corporativa ao retirar dos países seus poderes de negociação política para regular empresas e proteger os direitos humanos e o meio ambiente. Esse mecanismo torna o Estado refém de interesses privados. Além disso, investidores e empresas estrangeiros podem usar a ISDS para compensar violações dos compromissos assumidos por um dado país. Os Estados são obrigados a pagar essa compensação com dinheiro público, o que reduz os recursos necessários para investimentos sociais. Além disso, o mecanismo provoca um arrefecimento regulatório que acumplicia os Estados, que por sua vez deixam de proteger os direitos humanos e o meio ambiente. Também restringe as lutas populares contra os impactos negativos das atividades empresariais, como violações de direitos humanos, prejuízos econômicos e danos ambientais mais amplos.

Esse mecanismo está incorporado em vários acordos internacionais de comércio e investimento, tais como os mencionados na seção anterior. A inclusão de dispositivos da ISDS nesses tratados é normalmente defendida como uma forma de incentivo estatal aos fluxos de investimento estrangeiro. Entretanto, as evidências mostram que o mecanismo tem sido uma ferramenta para subjugar os Estados anfitriões em favor da proteção aos interesses corporativos, transferindo de forma perversa seu poder de barganha para poderosos atores econômicos privados e aumentando o passivo público (Van Harten, 2016).

No contexto da crise climática, a Unctad disparou alarmes sobre o aumento de ações judiciais em torno da ISDS, que desafiam (i) as políticas internas de proteção ambiental para prevenir e remediar os impactos socioambientais dos projetos de investimento e (ii) as medidas regulatórias relacionadas à produção de energia renovável.[18] O relatório do Centro Internacional de Solução de Disputas sobre Investimentos (ICSID)[19] corrobora essas advertências, enfatizando que a eletricidade e outras energias estão no centro dos principais processos de investidores em tribunais arbitrais internacionais, com o setor de petróleo, gás e mineração na segunda posição.[20]

As mineradoras multinacionais Glencore e Anglo-American, por exemplo, iniciaram em 2021 uma ação de arbitragem contra o governo da Colômbia num tribunal secreto fora do sistema legal do país. As empresas invocaram estrategicamente a ISDS para contornar a implementação de uma decisão de 2017 do Tribunal Constitucional colombiano, que suspendeu a expansão da mina de carvão de Cerrejón, a maior exploração de carvão térmico a céu aberto da América Latina, em favor das comunidades indígenas e afrodescendentes Wayúu e da proteção do Rio Bruno.[21] Da mesma forma, em 2011, por meio de um tribunal da Câmara

18 "IIA Issues Note: International Investment Agreements and Their Implications for Tax Measures: What Tax Policymakers Need to Know", Unctad, 2 mar. 2021.

19 Como parte do Banco Mundial, o ICSID é uma instituição de arbitragem internacional criada em 1966 para a resolução de disputas legais e a conciliação entre investidores internacionais e Estados.

20 "Annual Report 2022", International Centre for Settlement of Investment Disputes/Banco Mundial, set. 2022.

21 "Summary of Amicus Curiae to the Constitutional Court of Colombia Urging Implementation of Decision in Favor of the Wayúu Indigenous People and Protection of the Bruno River Affected by the Cerrejón Open-Pit Thermal Coal Mine", Institute for Policy Studies, set. 2022.

de Comércio Internacional, a Tethyan Copper, uma subsidiária da gigante canadense Barrick Gold, processou o governo do Paquistão, alegando que o Estado lhe devia onze bilhões de dólares em receitas perdidas devido ao cancelamento da licença de mineração pela Suprema Corte. A licença fora invalidada porque a empresa violou contratos e leis nacionais sobre mineração.[22] Em 2017, amparada pelo acordo de livre-comércio entre a Austrália e a Tailândia, a australiana Kingsgate processou Bangkok em trinta bilhões de bahts (1,27 bilhão de dólares) para receber compensação estatal pelo fechamento forçado de sua mina. Menos de uma quinzena antes da divulgação da decisão do tribunal de arbitragem sediado em Singapura, em abril de 2023, o governo tailandês reabriu a mina da Kingsgate para evitar o vexame da derrota no tribunal e o pagamento de uma cifra de dez dígitos.[23]

Maior país produtor de níquel do mundo, a Indonésia foi ameaçada de sofrer uma ação judicial por investidores estrangeiros depois de promulgar regras para restringir a exportação de matérias-primas críticas. A Newmont Nusa Tenggara[24] e a Freeport-McMoRan,[25] duas transnacionais estadunidenses, questionaram a Lei de Mineração indonésia, que privilegia o processamento doméstico de matérias-primas em detrimento da exportação de produtos primários. O efeito regulatório desses processos movidos por investidores prejudica o controle dos povos

22 "Ousted Pakistani Leader Was Challenging Investment Treaties that Give Corporations Excessive Power", Inequality.org, 14 abr. 2022.

23 "Thai PM Prayut under Fire over Reopening of Australian Gold Mine", *Sydney Morning Herald*, 7 fev. 2022.

24 "The Case of Newmont Mining vs Indonesia", Transnational Institute, 12 nov. 2014.

25 "Pemerintah Diminta Cuek terhadap Ancaman Freeport", *Kompascom*, 21 fev. 2017.

sobre as próprias terras e outros recursos naturais.[26] Da mesma forma, o processo da Churchill Mining e da Planet Mining, originárias do Reino Unido e da Austrália, respectivamente, exige do governo regional a revogação de licenças sobrepostas de mineração a céu aberto. As concessões de mineração, localizadas em áreas de conservação e florestas protegidas, violam os direitos dos povos indígenas em sete aldeias em Kutai Timur, Kalimantan, e prejudicam o meio ambiente. Nesse caso, a Churchill e a Planet exigiram do Estado indonésio uma compensação de um bilhão de dólares. Esse montante equivale ao orçamento anual de todos os programas de subsídios alimentares do país. O governo venceu a disputa, mas precisou pagar as custas do processo de arbitragem, que totalizaram oito milhões de dólares.

Os acordos de comércio e investimento dificultam uma transição justa no Sul Global: o caso da Indonésia

Segundo o Estado indonésio, a nova geração de acordos de livre-comércio e investimento é um entrave ao exercício de seu "direito ao desenvolvimento". Detentor de grandes reservas de níquel e outros minerais críticos para a transição energética, o país está preso ao vórtex global da competição pelo suprimento de minerais. A Indonésia planeja sobretudo assumir um papel relevante na cadeia de suprimentos para a produção de baterias elétricas e no fornecimento de recursos minerais. Essa pauta faz parte do

26 "Gugatan ISDS: Ketika Korporasi Mengabaikan Kedaulatan Negara", Indonesia for Global Justice, 2019.

compromisso do governo de transformar sua economia exportadora de matérias-primas em exportadora de produtos altamente competitivos. É uma política importante para romper o padrão predatório e colonial de desenvolvimento, que depende fortemente da exportação de commodities primárias.

O governo do presidente Jokowi Widodo planeja implementar essa agenda por meio de um programa de transição e industrialização movido a energia verde e focado na construção de instalações para produzir baterias elétricas e suprimentos para veículos elétricos,[27] conforme descrito no Plano Nacional de Desenvolvimento a Médio Prazo 2019-2024 (RPJM).[28] Widodo também instituiu uma política para priorizar o uso doméstico de matérias-primas críticas para a nacionalização da produção de baterias de veículos elétricos. Isso necessariamente implica restringir a exportação de minerais críticos brutos. A venda exterior de minério de níquel foi proibida em 2020[29] e, dois anos depois, proibiu-se também a venda de bauxita[30]. Ambos os minérios serão processados e refinados nacionalmente.

De acordo com o governo indonésio, essa política se ancora no mandato constitucional de usar as riquezas naturais detidas pelo Estado para o bem-estar do povo.[31] O papel forte e central

27 "Inilah Perpres No. 55/2019 tentang Program Kendaraan Bermotor Listrik Berbasis Baterai", Sekretariat Kabinet Republik Indonesia, 15 ago. 2019.

28 "Lampiran Peraturan Presiden Republik Indonesia", *Narasi*, 2020.

29 "Bijih Nikel Tidak Boleh Diekspor Lagi per Januari 2020", *ESDM*, jan. 2020.

30 "Gov't to Impose Export Ban on Bauxite Ore June Next Year", Sekretariat Kabinet Republik Indonesia, 21 dez. 2022.

31 Artigo 33, parágrafos segundo e terceiro da Constituição de 1945. O parágrafo segundo determina que "os setores produtivos que são importantes para o Estado e afetam a vida das pessoas [sejam] controlados pelo Estado". O parágrafo terceiro afirma:

do Estado no controle e na gestão dos recursos naturais também está sendo desempenhado por meio da nacionalização do setor minerador, conforme descreve e regulamenta a Lei de Mineração 4/2009. A norma exige que as empresas de mineração processem e refinem os minérios em território indonésio antes de exportá-los, de modo a aumentar o valor agregado das commodities minerais.[32] Além disso, a lei visa nacionalizar as mineradoras estrangeiras, o que obriga as transnacionais a alienar progressivamente suas ações para o governo indonésio através de empresas estatais ou indústrias locais, tornando-se acionistas minoritárias em até cinco anos[33] e aumentando a participação acionária dos indonésios até 51% no dobro desse prazo.[34] Além das restrições à exportação de minerais essenciais, a Indonésia

...
"A terra, a água e os recursos naturais nela contidos são controlados pelo Estado e usados para a maior prosperidade do povo".

32 Artigos 102 e 103 da Lei de Mineração 4/2009. O artigo 102 determina que "os detentores de IUP e IUPK são obrigados a aumentar o valor agregado dos recursos minerais e/ou de carvão na implementação de mineração, processamento e refino, bem como na utilização de minerais e carvão". Segundo o artigo 103, "titulares de operações produtivas de IUP e IUPK são obrigados a processar e refinar produtos de mineração internamente".

33 O artigo 112 da Lei de Mineração 4/2009 afirma: "Após cinco anos de produção, as entidades empresariais detentoras de IUP e IUPK cujas ações sejam de propriedade de estrangeiros são obrigadas a alienar suas ações ao governo, a governos regionais, empresas estatais, empresas de propriedade regional ou empresas privadas nacionais".

34 Segundo o artigo 27 do Regulamento do Ministério de Energia e Recursos Minerais 25/2018, "depois de cinco anos, os detentores de operação de produção IUP e detentores de operação de produção IUPK no âmbito do investimento estrangeiro em produção são obrigados a realizar um desinvestimento gradual de ações, de modo que, no décimo ano, pelo menos 51% das ações sejam de propriedade de participantes indonésios". A Lei de Mineração 4/2009 foi alterada pela nova Lei de Mineração 3/2020, que reafirmou obrigações e requisitos semelhantes.

tem implementado políticas protecionistas nos setores de energia e matérias-primas, como a limitação da proibição de requisitos de conteúdo local[35] e a transferência de tecnologia.[36] Estas são concebidas para proteger e desenvolver as indústrias nacionais.

No entanto, as regras do comércio internacional tentarão impedir a Indonésia de implementar sua agenda de transição energética. Por exemplo, os interesses da União Europeia no âmbito das negociações do Acordo de Parceria Econômica Global com a Indonésia podem prejudicar os planos do país asiático. Previsivelmente, a o bloco levantou preocupações sobre essas políticas protecionistas num documento de princípios, afirmando que elas dificultarão o fornecimento de matérias-primas críticas.[37] Além disso, o capítulo sobre investimentos desse acordo adota uma abordagem semelhante à ISDS, que inclui um Sistema de Tribunais de Investimento que protege fortemente os direitos e os lucros dos investidores. A agenda indonésia de nacionalização provavelmente fornecerá uma base jurídica para processos contra o país sob esse acordo bilateral.[38]

Além de ameaçado pelas potências que minam as ambições da transição energética da Indonésia, o controle do Estado sobre os recursos naturais e a implementação da atual transformação econômica nacional despertaram sérios temores nos movimentos

35 Os requisitos de conteúdo local são regras que obrigam uma empresa estrangeira a obter componentes de seu bem ou serviço final de empresas nacionais, através de compras locais ou produção real.

36 "Kemenperin: Pemerintah Targetkan Indonesia Jadi Pusat Kendaraan Listrik Di Asean", Kemenperin.

37 Ver a seção de matérias-primas e energia no documento de princípios do Acordo de Parceria Econômica Global Indonésia-União Europeia.

38 "The E.U.-Indonesia Cepa Negotiations", Transnational Institute, 1º fev. 2023.

sociais e populares no país. A principal crítica recai sobre as contradições e impactos dessa agenda extrativista e antidemocrática.

A concretização da transformação econômica da Indonésia a partir de recursos naturais, e particularmente da industrialização de baterias de veículos elétricos, requer a expansão da indústria mineradora e o desenvolvimento de infraestruturas em grande escala, regulada pelo Projeto Estratégico Nacional. Em 2021, havia 339 licenças de mineração[39] ativas, cobrindo uma área total de 836 mil hectares, o que tem incitado e agravado as disputas fundiárias. Eclodiram cerca de quarenta conflitos em torno de 11.466,923 hectares,[40] os quais frequentemente são caracterizados por abusos dos direitos humanos e impactos socioambientais que afetam várias comunidades.

Além disso, o plano de industrialização da Indonésia ainda depende fortemente de investimentos estrangeiros. O governo precisa de 30,9 bilhões de dólares de investimento total para desenvolver a indústria nacional na cadeia de fornecimento de baterias de veículos elétricos.[41] A fim de atrair recursos estrangeiros para essa política industrial, o poder público aprovou uma controversa lei nacional, chamada de Lei Geral sobre Criação de Emprego, que facilita a obtenção de licenças comerciais por investidores não indonésios, incluindo autorizações de acesso a recursos naturais e locação de terras e o afrouxamento das leis trabalhistas.[42]

39 Direktorat Jenderal Mineral dan Batubara, *ESDM*, 2021.

40 Konsorsium Pembaruan Agraria, "Menuntun Jalan Sejati Reforma Agraria", Menuntun Jalan Sejati Reforma Agraria, 24 set. 2022.

41 "Menkomarves Catat Pipeline Investasi Hilirisasi Tambang US$ 30,9 Miliar, Berikut Daftarnya", *investor.id*, 7 dez. 2022.

42 "RUU Omnibus Cipta Lapangan Kerja", Indonesia for Global Justice, abr. 2020.

As contradições da transição energética planejada por Jacarta colocam em questão o papel do Estado na realização de uma transição e uma transformação justas no país. A transição justa compreende uma virada sistêmica, por meios genuinamente democráticos, contra a exploração, a extração e a alienação em direção a sistemas de produção e reprodução focados no bem-estar humano e na regeneração dos ecossistemas. A transição justa consiste em muito mais do que uma mudança dos combustíveis fósseis para fontes de energia renováveis ou verdes.[43]

No entanto, no âmbito da própria transição energética, a propriedade estatal e privada de fontes de energia, materiais e tecnologias críticas, bem como seu controle e acesso, também precisa ser questionada. Isso exige que contestemos os acordos de livre-comércio e investimento que limitam a possibilidade de democratização da transição energética para as pessoas e o planeta. Implica transferir o poder e o controle em todos os aspectos do setor — da produção à distribuição e ao fornecimento, das finanças à tecnologia, ao conhecimento e aos usuários e trabalhadores da energia.[44] No caso da Indonésia, isso significa questionar a agenda de transição energética liderada pelo Estado e sua continuada dependência de regras e acordos comerciais que paradoxalmente minam essa mesma agenda.

Realizar uma transição verdadeiramente justa significa se engajar num processo capaz de desenvolver a práxis de uma transição popular, liderada pela classe trabalhadora.[45] Essa transição energética popular deve se basear na construção do direito à ener-

43 "From Crisis to Transformation", Transnational Institute, 1º fev. 2023.

44 "Towards Energy Democracy", Transnational Institute, 1º fev. 2023.

45 "Towards a Corporate or a People's Energy Transition?", Transnational Institute, 1º fev. 2023.

gia, no fortalecimento de diversos âmbitos da esfera pública, na descentralização e democratização dos processos decisórios em torno da energia e na construção de novas relações sociais, ancoradas na harmonia entre as pessoas e a natureza.

Mary Ann Manahan é pesquisadora e ativista feminista das Filipinas. Atualmente, trabalha no Departamento de Estudos sobre Conflitos e Desenvolvimento da Universidade de Gante, Bélgica. Nas últimas duas décadas atuou junto a movimentos rurais e de mulheres das Filipinas. Desde 2020 coordena o Grupo de Trabalho Global sobre Alternativas ao Desenvolvimento.

“Soluções baseadas na natureza” e a mercantilização da governança ambiental mundial[1]

11

Mary Ann Manahan

Introdução

O sistema multilateral está em crise (Monsalve, 2021). O multilateralismo, principalmente na forma incorporada pelo sistema das Nações Unidas, tem sofrido contestações acerca de sua legitimidade, credibilidade e relevância enquanto instituição global capaz de promover a ação e a cooperação internacionais para os mais prementes problemas da atualidade, como as mudanças climáticas, o aumento da desigualdade e a crise sanitária provocada pela pandemia de covid-19. No entanto, não se pode dizer que a crise do multilateralismo seja recente; é apenas a continuação de processos políticos e históricos iniciados no final dos anos 1970.

1 Este capítulo se baseia em meu livro *The Great Takeover: Mapping of Multistakeholderism in Global Governance*, escrito com Madhuresh Kumar (Transational Institute, 2021), e expande suas análises.

De acordo com Adom Getachew (2019), a década de 1970 foi marcada por uma contrarrevolução neoliberal do capital, que ocasionou significativas mudanças internas no sistema da ONU. Em primeiro lugar, houve a rejeição à Nova Ordem Econômica Internacional e seu programa de desmantelamento dos vestígios econômicos do colonialismo. A Nova Ordem foi defendida por países recém-independentes do Sul Global que advogavam o bem-estar das nações, a redistribuição de recursos e a justiça global. Desejava-se criar um novo sistema global interdependente para acabar com as relações comerciais predatórias e injustas e solapar a ordem financeira construída pelo Ocidente e estruturalmente mantida pela hegemonia global dos Estados Unidos.[2] Em seguida, houve a retirada gradual dos Estados Unidos da ONU e de outras instituições multilaterais no pós-guerra (Getachew, 2019, p. 176-7). Em vez de se engajar numa ordem internacional baseada em regras, o país norte-americano adotou "um novo soberanismo" que intensificou suas intervenções militares e rejeitou as normas internacionais (Getachew, 2019, p. 178-9).

Em terceiro lugar, a crítica à ineficiência do Estado e à regulamentação estatal se generalizou. Os críticos alegam que o setor privado e o mercado são mais eficientes e, portanto, devem ter mais papel e espaço nas políticas públicas e na governança. No início dos anos 1980, esse pensamento neoliberal se tornou hegemônico, impondo lógicas gerenciais de "qualidade" e "eficiência" corporativas como padrões universais a serem adotados pelas instituições públicas em múltiplas escalas (Lander & Rodrigues, 2019). Tal desenvolvimento foi reforçado pela popularização do conceito de "governança" pelo Banco Mundial na década de 1990, que tacitamente abriu espaço para que as corporações, como entidades da "sociedade civil", participem de decisões a respeito de

2 "The New International Economic Order", *New Age*, 9 abr. 2023.

uma série de temas internacionais, sobretudo o fornecimento de bens públicos globais (Inge, Grunberg & Stern, 1999).

O multissetorialismo (*multistakeholderism*) se converteu numa nova abordagem para implementar essa mudança paradigmática, que introduziu "um novo conjunto de atores de governança e um novo processo para a formulação de leis e regulamentações globais" (Gleckman, 1998). O século XXI tem testemunhado a crescente influência das empresas transnacionais e outros atores privados cujos interesses políticos e econômicos se sobrepõem ao interesse público e ao destino do planeta. Seus papéis foram ainda mais empoderados através das parcerias público-privadas (McKeon, 2017) e do Pacto Global da ONU, a maior iniciativa corporativa de "sustentabilidade" da década de 2000 (Manahan & Kumar, 2021).

Com raízes na ciência e na prática da gestão corporativa, no multissetorialismo o termo *stakeholder* se refere a organizações e indivíduos que possuem "participação" ou interesse na discussão de determinado problema político ou em ações para abordá-lo. No entanto, o emprego dessa palavra, especialmente em nível global, muitas vezes encobre ou ameniza questões políticas e assimetrias de poder, na tentativa de alcançar um consenso orientado para a ação. Nem todas as partes interessadas ocupam posições iguais e nem todas definem a pauta, os planos e as ações das iniciativas multissetoriais. Muitas vezes, os mais poderosos — países, doadores ou corporações — desequilibram a balança da governança.

Este capítulo critica o multissetorialismo como uma forma de governança global privatizada, marcada pela captura corporativa, pelo déficit democrático e pela cumplicidade da ONU. O texto contribui para os debates sobre transformação ecossocial ao explorar criticamente as articulações concretas do multissetorialismo na governança ambiental global. Analisa as atuais implicações entre o Norte e o Sul geopolíticos, argumentando que, sob o multissetorialismo, a governança ambiental global é sustentada por discursos e perspectivas coloniais e capitalistas a respeito da natureza. Essas epistemes deram origem às chamadas "soluções baseadas na natureza", nas quais grandes multinacionais poluentes e outros agentes privados — os *stakeholders* — têm investido lucrativamente. Impulsionadas pela lógica neoliberal segundo a qual uma solução só é viável se for, em primeiro lugar, rentável, iniciativas multissetoriais em torno dessas "soluções" estão forjando os limites das ações contra as crises ecossociais. Por fim, o capítulo apresenta uma reflexão sobre as possibilidades de reconstituição de um multilateralismo democrático e radical sob o atual sistema de governança global.

A privatização da governança ambiental global

Várias dinâmicas simultâneas facilitaram o surgimento do multissetorialismo na governança dos ecossistemas globais. Uma delas é o exercício da autoridade política nacional, por parte de governos de países poluidores e poderosos, em questões ecossociais que exigem ação coletiva além de suas fronteiras — por exemplo, a insistência dos Estados Unidos e da União Europeia em considerar as taxas de emissões de gases de efeito estufa como um assunto nacional, e não uma questão que depende de decisões em nível internacional. A evidente exibição de soberania nacional pelas potências, sempre que adequada a seus interesses, tem dificultado a governança ambiental multilateral.

A segunda dinâmica é a institucionalização do "desenvolvimento sustentável", termo cunhado pelo Relatório Brundtland, intitulado *Nosso futuro comum* (1987), e pela Cúpula da Terra de 1992, que gerou a Agenda 21 e a Declaração do Rio sobre Meio

Ambiente e Desenvolvimento. O desenvolvimento sustentável é definido no Relatório Brundtland como o "desenvolvimento que satisfaz as necessidades do presente sem comprometer a capacidade das gerações futuras de satisfazer as próprias necessidades".[3] Embora a ambiguidade do conceito tenha sido amplamente debatida, no centro dele reside a convicção de que o crescimento econômico ilimitado e a proteção da natureza podem caminhar juntos e que entre eles não há conflito inevitável, mesmo neste planeta finito.[4] Vinte anos depois, na Cúpula Rio+20, os mesmos objetivos de desenvolvimento lucrativo envolvendo os povos e o planeta foram renovados pelos Estados-membros da ONU. Dessa vez, no entanto, defendeu-se uma "relação entre crescimento econômico, proteção da natureza e objetivos de equidade social que se reforçam mutuamente" (Wilshusen, 2014, p. 19) num novo contexto: a "economia verde", em cujo cerne sobrevive a lógica dominante do capitalismo neoliberal e depredador.

Sob esse novo enquadramento, a salvação da natureza e da biodiversidade só pode ser alcançada por meio da incorporação e da reavaliação de povos e ecossistemas nos termos dos mercados financeiros globais (Büscher *et al.*, 2012). Isso significa reformular os esforços e as ações de governança ambiental dos Estados, do setor privado e da sociedade civil e abandonar regulamentações ambientais centralizadas e lideradas pelo Estado para abraçar abordagens descentralizadas, orientadas e baseadas no mercado — por exemplo, o pagamento por serviços ecossistêmicos (Dressler *et al.*, 2012). A reorientação para abordagens baseadas no mercado é considerada uma resposta "alternativa" às pesadas e rigorosas regulamentações dos anos 1960 e 1970, que Naomi

3 "Brundtland Commission Report: Our Common Future", ONU, 1987, p. 14.

4 "About the Rio+20 Conference", SDG Knowledge Platform, [s.d.].

Klein (2015 [2016]) chama de "era de ouro da legislação ambiental", sustentada pelo princípio "quem polui, paga", com limites severos à poluição e a outras formas de degradação ambiental por meio de sanções eficazes. De acordo com Klein, essas políticas foram projetadas para regular a poluição e proteger a saúde pública e o meio ambiente, mas receberam pesadas críticas dos neoliberais, que as tacharam de caras, ineficientes e opressivas, com o argumento de que impedem o crescimento econômico e a inovação. Em outras palavras, as regulamentações ambientais foram acusadas de ser onerosas para as empresas, que passaram a defender a adesão voluntária às regulamentações ambientais e as soluções baseadas no mercado como formas mais eficientes de lidar com os problemas socioecológicos.

A terceira e última dinâmica diz respeito à diminuição dos recursos provenientes dos membros mais ricos da ONU, particularmente dos Estados Unidos, o que levou suas agências a uma crescente dependência de grandes filantropos e doadores corporativos para suprir o déficit orçamentário. Desde os mandatos dos secretários-gerais Boutros Boutros-Ghali e Kofi Annan (Michéle *et al.*, 2019), essa estreita aliança entre a ONU e os atores corporativos tem se consolidado ainda mais por meio de acordos globais como os Objetivos de Desenvolvimento do Milênio (ODM), os Objetivos de Desenvolvimento Sustentável (ODS) e o Acordo de Paris de 2015 (Manahan & Kumar, 2021). Um recente acordo formalizou as relações entre a ONU e o Fórum Econômico Mundial, uma associação global de indivíduos e instituições influentes em negócios, política, ciência e cultura. Trata-se do Quadro de Parceria Estratégica de 2019, que visa aprofundar os acordos institucionais para acelerar a implementação dos ODS.[5] Esse con-

5 "World Economic Forum and UN Sign Strategic Partnership Framework", Fórum Econômico Mundial, jun. 2019.

vênio legitima o que o fundador e diretor do Fórum Econômico Mundial, Klaus Schwab, chama de "capitalismo dos *stakeholders*", ou "um novo paradigma de governança internacional, análogo ao da teoria da governança corporativa pelas partes interessadas, sobre a qual o próprio Fórum Econômico Mundial foi fundado" (Fórum Econômico Mundial, 2010). Esse tipo de multissetorialismo reflete um discurso capitalista que prioriza os interesses das corporações e dos acionistas, ao mesmo tempo que, na aparência, exige dos *stakeholders* uma abordagem mais abrangente à governança global. O problema não é apenas que o Fórum Econômico Mundial seja um clube privado de ricos sem nenhuma legitimidade democrática, mas também o fato de que ele defende descaradamente um modelo de governança de natureza tecnocrática e elitista, desconectado das necessidades e vozes das comunidades locais e da maioria da população mundial. Portanto, é altamente duvidoso que seu apelo a uma mudança de paradigma na governança leve a resultados mais equitativos e justos para todas as "partes interessadas".

Um mapeamento de 26 iniciativas multissetoriais (Manahan, 2022) revelou a cumplicidade da ONU e o alto grau de influência exercida por empresas e grandes ONGs nesses espaços. Por exemplo, as estruturas decisórias da Parceria pela Energia Reutilizável e pela Eficiência Energética (REEEP) são dominadas por corporações. Originalmente lançada pelo governo do Reino Unido em 2002, na Cúpula Mundial sobre Desenvolvimento Sustentável de Johannesburgo, a REEEP tinha como objetivo facilitar a transformação do mercado de energia renovável na Ásia e na África através de mecanismos de financiamento público e privado. Como uma entidade autônoma apoiada pela Organização das Nações Unidas para o Desenvolvimento Industrial (Unido), seus conselhos diretivo e consultivo são dominados por grandes empresas de energia (por exemplo, General Electric, First

Energy Asia e Enel) e de investimentos (por exemplo, Glennmont Partners, Southbridge Investments e Finite Carbon) com acesso a mercados emergentes do Sul Global.

Desvendando o multissetorialismo ambiental global

O mesmo mapeamento já mencionado identificou dois focos temáticos e imperativos discursivos distintos entre as iniciativas multissetoriais ambientais. De 2000 a 2010, a maioria delas se concentrou na gestão de florestas e na regulamentação dos setores de mineração, petróleo e gás, bem como nas emergentes indústrias de biocombustíveis e na securitização do meio ambiente. Todos esses tópicos fizeram avançar a visão de que a existência do meio ambiente, da biodiversidade e da natureza está extremamente ameaçada e, devido à urgência, os debates políticos e a deliberação democrática sobre as respostas podem ser atalhados. Esse enquadramento facilitou a construção de padrões sociais e ambientais fortemente dependentes da responsabilidade social corporativa e do compromisso voluntário das empresas, reduzindo a ação governamental ao monitoramento.

O foco nas ações voluntárias gerou várias negociações acerca de produtos de exportação (como o óleo de palma e os diamantes) e ecorrotulagem (por exemplo, Marine Stewardship Council). Em 2002, a Iniciativa de Transparência da Indústria Extrativa, um padrão multissetorial de alcance global, foi criada para promover a gestão aberta e responsável de recursos de petróleo, gás e minérios em 55 países. No entanto, apoiada por uma coalizão de governos, ONGs e empresas, seu discurso sobre prestação de contas e transparência mascara a negligência em relação à corrupção dos governos participantes e aos impactos socioambientais e sobre os direitos humanos das indústrias extrativas.[6] A Iniciativa tem sido uma ferramenta de *greenwashing* estatal e empresarial, servindo à expansão de novos territórios de mineração.

De 2011 a 2020, temas mais recentes como financiamento climático, soluções climáticas baseadas na natureza e energia renovável passaram a ser discutidos pelas iniciativas multissetoriais. Estas se formaram, de um lado, durante um período de intensas discussões multilaterais e negociações sobre mudanças climáticas no cenário global. Por outro lado, cresceram a conscientização global e as demandas por ações contra os efeitos do "Antropoceno", um novo período geológico, não oficial, marcado pelos inegáveis impactos das atividades humanas no clima e nos ecossistemas da Terra (Hamilton, Bonneuil & Gemenne, 2015).[7] Soluções baseadas na natureza e suas reverberações, como as soluções climáticas naturais e a visão de futuro positivo para a natureza e a floresta, converteram-se em palavras-chave do discurso da sustentabilidade. Tais estratégias reforçam a ideia de "trabalhar com a natureza para fazer o que ela já faz há milhões de anos: sequestrar e armazenar carbono".[8] Elas abrangem esforços de conservação, restauração e mitigação baseados na terra, que buscam incrementar o armaze-

6 Ver "The Extractive Industry Transparency Initiative in Papua New Guinea: Just More Corporate Greenwashing?", ActNow, jun. 2015.

7 Para uma boa introdução ao Antropoceno, ver Hamilton, Bonneuil e Gemenne (2015).

8 O Conselho Empresarial Mundial para o Desenvolvimento Sustentável é uma organização liderada por mais de duzentos CEOs de empresas internacionais e está ligada a sessenta organizações empresariais em nível regional e nacional. Ver "Nature-based Solutions (NbS)", WBCSD. Disponível em: wbcsd.org/actions/nature-based-solutions/.

namento de carbono e/ou prevenir as emissões de gases de efeito estufa em florestas, campos e zonas úmidas no mundo todo. Num vídeo de propaganda corporativa,[9] grandes emissores e poluidores, como a Shell, pedem descaradamente que as empresas se unam para desbloquear o potencial (lucrativo) das soluções baseadas na natureza no enfrentamento da crise climática.

Exemplos concretos são as iniciativas multissetoriais Natural Climate Solutions Alliance (NCSA) e Nature for Climate, lideradas pelo Fórum Econômico Mundial, cujos principais objetivos são aumentar os investimentos e influenciar os formuladores de políticas para induzir ações, sobretudo nos setores agrícola e florestal. Essas iniciativas defendem a criação de novas métricas e modelos de negócios que capitalizem as transições necessárias em três sistemas socioeconômicos[10] que, segundo os proponentes, podem render 9,3 trilhões de euros em oportunidades de negócios anuais e gerar 395 milhões de empregos até 2030. O Fórum Econômico Mundial lista modelos de negócio "inovadores, orientados para a tecnologia", como proteínas alternativas e tecnologias contra o desperdício. E enfatiza a narrativa de que enormes lucros podem ser obtidos em meio à crise climática e ecológica se as empresas estiverem dispostas a mudar suas operações e fazer a transição para práticas não apenas sustentáveis, mas também "positivas para a natureza" (Fórum Econômico Mundial, 2020).

Quais são os principais problemas dessas novas concepções de sustentabilidade? Ora, elas reforçam justamente as relações de exploração da natureza e da sociedade que provocaram a destruição dos fundamentos da vida. Isso significa que são ineficazes

9 "What Are Natural Climate Solutions?" [vídeo], 13 dez. 2018. Disponível em: youtube.com/watch?v=KPIb0iAULmw.

10 Os três sistemas que exigem transformações fundamentais são: uso dos alimentos, da terra e dos oceanos; infraestruturas e ambientes construídos; e energia e mineração.

para construir a sustentabilidade ambiental. Além disso, eufemismos como "soluções baseadas na natureza" são o mais recente hype na área de conservação, usados para forçar várias formas de compensação e ajustes tecnológicos no Sul Global. Os projetos de compensação de carbono, por exemplo, frequentemente ocasionam apropriação maciça de terras, deslocamentos, desapropriações e abusos de direitos humanos contra comunidades indígenas e florestais, ao mesmo tempo que permitem às indústrias participantes continuar poluindo (Bachram, 2004). As soluções baseadas na natureza, portanto, são novas formas de *greenwashing* que incentivam perversamente os grandes poluidores corporativos a seguir lucrando com a pilhagem da terra e causando sofrimento humano.

A natureza como ativo para estratégias de acumulação

As iniciativas multissetoriais de soluções baseadas na natureza consolidam a valorização da natureza como capital, um ativo econômico com uma etiqueta de preço em praticamente todas as suas dimensões, serviços e funções (por exemplo, purificação de água por bacias hidrográficas intocadas ou sequestro de carbono por florestas e oceanos).[11] Consequentemente, a natureza é tragada pelos mercados financeiros, forçando os ecossistemas a participar das flutuações do mundo financeirizado. Florestas,

11 "Towards a Green Economy: Pathways to Sustainable Development and Poverty Eradication — A Synthesis for Policy Makers", Pnuma, jan. 2011.

oceanos e terras são apartados de seus locais de origem, de suas histórias e relações com pessoas e comunidades que dependem deles (Fairhead, Leach & Scoones, 2012).

A valorização da natureza como ativo econômico é bem articulada pela Declaração do Capital Natural, que busca desenvolver modelos de monetização, comercialização e mercantilização da natureza e dos serviços que ela presta (Büscher & Fletcher, 2015). Assinado por CEOs de várias corporações globais com o apoio do Pnuma durante a Cúpula Rio+20, em 2012, o documento afirma que

> o Capital Natural compreende os ativos naturais da Terra (solo, ar, água, flora e fauna) e os serviços ecossistêmicos deles decorrentes, que possibilitam a vida humana. Os bens e serviços ecossistêmicos do Capital Natural valem trilhões de dólares por ano e fornecem alimentos, fibras, água, saúde, energia, segurança climática e outros serviços essenciais para todos. Nem esses serviços, nem o estoque de Capital Natural que os fornece são adequadamente valorizados na comparação com o capital social e financeiro. Apesar de ser fundamental ao nosso bem-estar, seu emprego diário passa quase despercebido dentro de nosso sistema econômico. Usar o Capital Natural dessa forma não é sustentável. O setor privado, os governos e todos nós devemos cada vez mais entender e considerar nosso uso do Capital Natural, reconhecendo o verdadeiro custo do crescimento econômico e da manutenção do bem-estar humano, hoje e no futuro.[12]

Essa declaração sinaliza o "compromisso" dos setores corporativo e financeiro de trabalhar para integrar o "capital natural" a suas visões, estratégias, operações, produtos e serviços. Inaugura a invasão capitalista da natureza através da valorização econômica

12 "The Natural Capital Declaration", Pnuma, 2012.

de dezessete serviços ecossistêmicos e dezesseis biomas, totalizando algo entre quinze trilhões a cinquenta trilhões de euros (Costanza *et al.*, 1997). A declaração também originou várias iniciativas multissetoriais, como a Natural Capital Coalition e a Capitals Coalition.

No entanto, a valorização da natureza como capital para estratégias de acumulação tem implicações graves. Em primeiro lugar, a natureza só pode ser salva se uma etiqueta de preço lhe for colocada. Isso gera novos mercados, como o Ecosystems Marketplace e o *cap-and-trade* (um sistema integrante do mercado de carbono que limita as emissões de gases do efeito estufa por meio da precificação), e possibilita o esgotamento da natureza ao torná-lo mais lucrativo do que sua conservação. Em segundo lugar, a capitalização da natureza requer novas modalidades, regras globais e infraestruturas de tomada de decisão para facilitar o envolvimento de atores corporativos e financeiros e advogar sua integração em vários níveis de governança. Um exemplo é a criação do Natural Capital Protocol,[13] uma nova estrutura de padronização para mensurar, gerenciar e avaliar os impactos ambientais das empresas e sua dependência em relação à natureza. Em terceiro, essa transformação de nosso entendimento da natureza também compreende mudanças nas interações entre sociedade e natureza. Por exemplo, o pagamento por serviços ecossistêmicos, defendido pela The Economics of Ecosystem and Biodiversity, uma iniciativa global para dar visibilidade ao valor econômico da natureza, transformou povos indígenas e comunidades

13 O protocolo complementa outras estruturas contábeis em nível nacional, como o Sistema das Nações Unidas de Contabilidade Econômica Ambiental (UNSEEA), implementado pelos governos através das parcerias globais de Contabilidade de Riqueza e Avaliação de Serviços Ecossistêmicos (Waves), lideradas pelo Banco Mundial.

florestais em vendedores e provedores de serviços ecossistêmicos, e os moradores das cidades, as indústrias, as corporações etc. em usuários e compradores desses serviços. As complexas relações entre campo e cidade são, assim, reduzidas a simples transações financeiras. Essa episteme, portanto, reformula as realidades vividas pelas pessoas afetadas.

Além disso, a difusão do discurso capitalista sobre a natureza tem se valido de estratégias de conexão implementadas por iniciativas multissetoriais, como a combinação entre liderança e produção de conhecimento "científico" e a criação de comunidades epistêmicas. Importantes organizações do setor corporativo se aliam a grandes ONGs internacionais, à comunidade acadêmica e a pesquisadores e agências da ONU para disseminar, de maneira orquestrada, suas narrativas e soluções para os problemas ambientais que consideram mal gerenciados ou abordados de modo inadequado. Para citar um exemplo ilustrativo, a Natural Capital Coalition adota essa estratégia para promover o conceito de "capital natural", reunindo mais de trezentas organizações governamentais, empresariais e conservacionistas, grandes filantropos, agências de auxílio e da ONU para apoiar o desenvolvimento corporativo de métodos de avaliação de capital natural. Isso, então, engendra redes e comunidades epistêmicas bem conectadas, marcadas pela autorreferência (Haas, 1992) e muitas vezes vistas como detentoras de "experiência e competência reconhecidas num domínio particular e conhecimento autoritativo sobre as políticas dentro desse domínio ou área".[14]

14 Um exemplo é o cientista sueco Johan Rockström, que coproduziu o influente relatório *Planetary Boundaries and Global Commons in the Anthropocene*. Esse texto tem baseado iniciativas multissetoriais como a Aliança Global do Povo (Global Commons Alliance ou GCA), criada para transformar a economia global e fomentar a resiliência e a estabilidade dos sistemas naturais do planeta.

A enorme complexidade de tais estruturas, seu poderio econômico, político e institucional e sua pretensão de serem detentoras do conhecimento dificultam a oposição dos atores de base a suas estratégias.

Entrelaçamentos Norte-Sul

As "soluções baseadas na natureza" não se limitam à disseminação agressiva da lógica capitalista; também estão imbuídas de dominação colonial e cultural, que Gurminder Bhambra e Peter Newell, pesquisadores decoloniais, chamam de "colonialismo corporativo", um fenômeno contemporâneo que consiste no saque dos recursos naturais e na exploração do trabalho no Sul Global pelas empresas transnacionais, perpetuando padrões históricos de colonialismo (Bhambra & Newell, 2022). Um exemplo é a Mesa-Redonda sobre Óleo de Palma Sustentável (RSPO), um órgão de governança multissetorial que fornece certificações voluntárias para promover o crescimento e a sustentabilidade da indústria. A prática da monocultura de palma é uma invenção colonial que beneficiou principalmente as metrópoles e suas autoridades nas colônias (Rodney, 1972 [2022]). As plantações de palma também têm sido associadas à opressão, à desapropriação de terras e à exploração laboral. Essas práticas coloniais continuam vigentes, apesar das paradoxais alegações da RSPO sobre a

...

A aliança é controlada pelos principais executivos do Fórum Social Mundial e do WBCSD, por instituições acadêmicas e de pesquisa como o World Resources Institute (WRI), o Potsdam Institute for Climate Impact Research, o Centre for Global Commons e o WWF International, gigante internacional do conservacionismo.

suposta sustentabilidade do produto. De fato, essa organização tem sido duramente criticada por certificar várias indústrias de óleo de palma que destroem florestas tropicais, deslocam populações, destroem a biodiversidade, fomentam conflitos fundiários e violam os direitos humanos na África e na Ásia, apesar das queixas e da oposição das comunidades locais.[15] O esquema de certificação da RSPO é adequado para plantações em grande escala que priorizam produtividade, tecnologia e recursos financeiros substanciais, consolidando o poder corporativo (Sinaga, 2022).

Além disso, as organizações conservacionistas que atuam internacionalmente em iniciativas multissetoriais promovem soluções baseadas na natureza em aliança com as empresas transnacionais e os Estados, de modo a reiterar os apelos para a criação de áreas protegidas. Metáforas sobre a proteção das florestas como a "última fronteira" invocam concepções romantizadas e coloniais sobre a natureza e a vida selvagem, impregnadas pela doutrina da *terra nullius* (vastos territórios vazios e desabitados) (Manahan, 2022). Os esforços para tornar os povos indígenas "parceiros naturais" na conservação presumem que eles seriam culpados pela degradação ambiental porque perderam seus valores culturais e práticas tradicionais de se relacionar com a natureza e as florestas. Portanto, a solução ofertada é restaurar seus papéis tradicionais através da educação aplicada por conservacionistas não indígenas, muitas vezes ocidentais (Rubis & Theriault, 2022).

Esses pontos se relacionam aos países do Sul Global e às "(in)capacidades" das pessoas racializadas de proteger o meio ambiente. Getachew (2019) argumenta que o colonialismo destruiu as estruturas políticas e sociais previamente existentes nas sociedades colonizadas e as substituiu por instituições dedicadas

15 "Roundtable on Sustainable Palm Oil (RSPO): 19 Years Is Enough", CADTM, dez. 2022.

aos interesses das potências coloniais. Isso enfraqueceu muito a capacidade das sociedades do Sul de se autogovernar e criar as próprias instituições. No contexto do multissetorialismo, foram estabelecidas plataformas globais para promover a produção "responsável" de recursos comercializados internacionalmente, sob a ótica de que os países do Sul Global detentores desses recursos não possuem capacidade para estabelecer seus próprios padrões socioambientais e de que ONGs, governos e corporações ambientais do Norte precisam, portanto, definir as bases da gestão responsável. Os países do Sul Global têm influência limitada na formulação de padrões e nos processos decisórios dos sistemas globais de certificação.

Outro aspecto das implicações Norte-Sul é a extração de recursos, muito bem ilustrado pelo Sistema de Certificação do Processo Kimberly, uma iniciativa multissetorial orientada para a formulação de políticas contra o comércio de diamantes provenientes de zonas de conflito, usados para financiar guerras e abusos de direitos humanos. Destacados estudiosos e ativistas criticaram esse esquema que, ao atribuir aos países e empresas do Norte o poder de definir em que consistem os "diamantes de guerra", acaba consolidando relações de poder assimétricas. O sistema também perpetua o messianismo branco ao posicionar os poderosos atores do Norte como salvadores das comunidades mineradoras do Sul contra essa chaga.

Igualmente insidioso é o modo como esses esquemas ignoram o fato de que a extração de recursos e os abusos dos direitos trabalhistas no Sul Global muitas vezes são impulsionados pela demanda do Norte por bens de luxo e minerais, bem como pelas injustas regras globais do comércio e das instituições financeiras. Ao mesmo tempo, os Estados periféricos e suas elites políticas e econômicas criam oportunidades de nicho que implementam práticas corruptas e gananciosas sempre instrumentais para a canalização de riquezas para as elites estrangeiras (ver o capítulo 9, “Colonialismo verde em estruturas coloniais: uma perspectiva pan-africana”). Os Estados do Sul Global não são vítimas inocentes das implicações Norte-Sul, mas agentes ativos que reproduzem a matriz colonial do sistema capitalista mundial. Nessa matriz, as iniciativas multissetoriais continuam a perpetuar as relações profundamente assimétricas entre o centro e a periferia.

Reconstituir o multilateralismo radical?

Como sair desse atoleiro? Como reimaginar e reconstituir a governança global para restringir o poder das corporações, dos países industrializados e de outros atores poderosos e dar primazia às vozes e às realidades das pessoas comuns? Para reimaginar o futuro desse novo multilateralismo radical, o passado fornece alguns indicadores.

A Nova Ordem Econômica Internacional exigia a adoção de um código de conduta pelas empresas transnacionais como pilar para promover a justiça econômica e a descolonização do Sul Global. Destinava-se a regular com rigor as atividades corporativas e garantir que elas respeitassem a soberania e os direitos das comunidades e países onde operam. Atualmente, tais demandas são reverberadas pelas campanhas globais lideradas por movimentos sociais em prol de um tratado internacionalmente vinculante que regule as atividades das transnacionais e de outras empresas.[16] Uma crescente comunidade epistêmica

16 Por meio das pressões exercidas por movimentos sociais, sindicatos e organizações da sociedade civil, em 2014 o Conselho

contra-hegemônica, composta por movimentos sociais, ONGs progressistas, acadêmicos e instituições de pesquisa, tem apresentado propostas para combater o sequestro corporativo da governança global.

Uma delas é adoção de uma Estrutura de Responsabilidade Corporativa por todas as agências da ONU, sugerida por um painel de especialistas internacionais sobre o sistema alimentar, chamado Ipes-Food. A proposta reforça o clamor por um instrumento juridicamente vinculativo, que exija das empresas transnacionais a realização de *due diligence* sobre os direitos humanos e ambientais em suas operações globais, o fornecimento de reparações e a facilitação do acesso à justiça pelas comunidades afetadas.[17] Previsto para ser aplicado por um órgão internacional independente, esse instrumento difere dos problemáticos mecanismos voluntários de conformidade adotados pelas corporações, previstos na legislação internacional dos direitos humanos. No entanto, para que tal regulamentação se torne possível, as relações de poder nos órgãos multilaterais e os conflitos de interesse devem ser urgentemente reconhecidos e abordados, de modo a não perpetuar a narrativa diplomática da harmoniosa comunidade de nações e partes interessadas que perseguem os mesmos objetivos.

Além dessas demandas pela reforma do atual sistema multilateral, a reconstrução do multilateralismo exige que os apelos por redistribuição de recursos, riqueza e poder de decisão não apenas retifiquem as injustiças históricas mas também criem um sistema multilateral radicalmente justo, capaz de atender as

...

de Direitos Humanos da ONU tomou medidas para elaborar esse instrumento juridicamente vinculativo.

17 "Who's Tipping the Scales? The Growing Influence of Corporations on the Governance of Food Systems, and How To Counter It", Ipes-Food, 2023.

necessidades e aspirações das comunidades marginalizadas em todo o mundo. Isso inclui um intenso trabalho em iniciativas e campanhas de reparação que exijam uma compensação justa, monetária e não monetária, por danos ecológicos causados por indústrias extrativas, que possa ser redirecionada para projetos de autodeterminação de comunidades locais e indígenas.

Além disso, as novas formas de multilateralismo exigem a construção de novos projetos de governança, ancorados em princípios de solidariedade e ajuda mútua, em vez de competição e individualismo. Os governados — que geralmente são alvos da governança global, como comunidades de base e movimentos sociais — podem assumir a liderança nesses espaços. Construir novas formas de colaboração implica enfrentar o legado do colonialismo, que continua a moldar as relações de poder globais e impedir a concretização de um multilateralismo democrático. Essa tarefa é certamente complexa e desafiadora e requer um profundo compromisso com a justiça social, a transformação socioecológica e a criação de regras globais que permitam diferentes caminhos de mudança e sustentação do mundo.

parte III

Horizontes para um futuro habitável e uma vida digna

Tatiana Roa Avendaño é ambientalista colombiana, ativista e cofundadora da organização Censat Agua Viva. Atuou por mais de três décadas em processos organizacionais que apoiam a defesa do território e a construção de projetos de vida na Colômbia e está engajada em organizações e redes internacionalistas em prol de justiça socioambiental, incluindo Oilwatch e o Pacto Ecossocial e Intercultural do Sul. Doutora pela Universidade de Amsterdã, integra o conselho internacional da revista *Ecología Política* há mais de dez anos e é autora de vários artigos e livros sobre extrativismo, justiça hídrica e soberania energética. Em janeiro de 2024, foi nomeada para o cargo de vice-ministra de Planejamento Territorial Ambiental no governo do presidente Gustavo Petro.

Pablo Bertinat é argentino, engenheiro elétrico e professor da Universidade Tecnológica Nacional, diretor do Observatório de Energia e Sustentabilidade e membro do Taller Ecologista de Rosario. Trabalha em questões relacionadas à energia e à transição energética no âmbito dos processos de transformação social e ecológica. Colabora em diversas redes e movimentos sociais. Atualmente é coordenador do Grupo de Trabalho Energia e Equidade, que edita a revista *Energía y Equidad*.

Resistir ao extrativismo e construir uma transição energética justa e popular na América Latina

12

Tatiana Roa Avendaño

Pablo Bertinat

A América Latina é uma região rica em experiências que mantiveram ou recuperaram a gestão popular e propuseram formas alternativas de produção e geração de energia. Houve décadas de debates e lutas contra todos os tipos de empreendimentos que destroem modos de vida, culturas, povos e ecossistemas. Muitas comunidades incorporaram as visões de mundo dos povos indígenas e nativos, que concebem o petróleo como o sangue da terra e consideram que enxergar os rios como sagrados, cuidar dos territórios, promover a gestão comunitária e a produção agroecológica são tarefas centrais para o exercício da autonomia. Esses povos e comunidades têm conhecimento e sabedoria para enfrentar a crise climática e ambiental através de suas diferentes maneiras de se relacionar com a natureza, a energia, a água e os alimentos. Tudo isso implica repensar nossos pressupostos, a fim de promover grandes transformações culturais e construir futuros que possibilitem o Bem Viver e uma vida prazerosa.

Este capítulo apresenta diversas propostas relativas a energia e transição energética, formuladas e construídas por organizações e comunidades. O texto começa com um relato das lutas históricas contra os combustíveis fósseis, que colocaram a questão energética na pauta dos movimentos e reposicionaram a própria concepção de energia, tantas vezes considerada um mero "setor" da política a ser abordado tecnicamente, mas que está intimamente entrelaçado ao tecido da reprodução da vida e às inter-relações que a sustentam. O capítulo também discute formas alternativas de propriedade e gestão, bem como medidas que os Estados precisam tomar para viabilizá-las e alcançar um modelo energético justo, popular e sustentável. Por fim, apresenta a definição e as experiências das "energias comunitárias", que procuram recuperar o controle e a gestão energética para as organizações sociais locais.

Caminhos para abandonar os combustíveis fósseis

Durante a campanha presidencial de 2022 na Colômbia, o mundo foi surpreendido pelo anúncio do então candidato e agora presidente Gustavo Petro de que seu primeiro ato de governo seria suspender a exploração de novas jazidas de hidrocarbonetos e proibir o *fracking* para acelerar a redução do uso de combustíveis fósseis no país. Embora a abordagem do presidente Petro tenha espantado muitas pessoas, na Colômbia e mundo afora, que consideram impossível abandonar o caminho do petróleo, os debates e as propostas para manter esse recurso no subsolo e avançar em direção a uma sociedade pós-petrolífera remontam a várias décadas.

Em junho de 1995, o povo U'wa, que vive na fronteira entre Colômbia e Venezuela, enfrentou a possibilidade de conviver com a produção de petróleo em seu território. Os indígenas publicaram um manifesto no qual afirmaram preferir "uma morte digna" a permitir a exploração de sua terra (Serje, 2003). Esse comunicado foi inicialmente interpretado como uma ameaça de suicídio coletivo, mas, na realidade, era uma declaração de sua forte determinação para lutar contra a extração do bloco petrolífero Samoré, que pertencia à estatal colombiana Ecopetrol e à Occidental Petroleum Company (OXY), uma empresa privada dos Estados Unidos. O bloco petrolífero ocupava 209 mil hectares ao leste da Cordilheira Oriental, no departamento de Boyacá, e se sobrepunha ao território ancestral dos U'wa e a algumas das áreas que habitam.

A narrativa que amparava a resistência dos U'wa ao petróleo se baseava em sua visão de mundo e apresentava uma demanda simples, mas contundente: eles não desejavam a extração de hidrocarbonetos em seu território porque tirar petróleo das entranhas da terra levaria a Pacha Mama à morte. Para esse povo indígena, o petróleo é *ruiría*, que significa "o sangue da terra". Através de intensas lutas, mobilizações e resistência, conseguiram deter a expansão petrolífera em seu território. Na Colômbia, essa vitória indígena ampliou a perspectiva das lutas sociais contra a exploração petroleira, incorporando elementos culturais como o valor sagrado, espiritual e simbólico do território. A luta dos U'wa pode ser considerada um dos primeiros precedentes de resistência com o lema "Deixem o petróleo embaixo da terra" (Avendaño, 2021).

Em 1996, foi criada no Equador a OilWatch — Rede Sul-Sul de Resistência às Atividades Petrolíferas, promovida pelas organizações Acción Ecológica, do Equador, e Earth Rights Action (ERA), da Nigéria. Ambas partilhavam uma posição radical contra a extração e a indústria petrolíferas. Suas críticas se direcionavam sobretudo ao papel desempenhado pelo petróleo no desenvolvimento do capitalismo moderno, aos graves danos ambientais que provoca nos territórios e à crise ambiental planetária. Nesse mesmo ano, durante a COP de Quioto, no Japão, a OilWatch emitiu uma declaração pedindo uma moratória a novos projetos de petróleo. A proposta soava radical e atraente para muitos grupos ambientalistas de todo o mundo e foi assinada por centenas de organizações, o que forçou vários desses grupos a incorporar uma questão central do debate climático: o combate à queima desenfreada de petróleo. Assim, as lutas antipetróleo se espalharam como sementes ao vento (Avendaño, 2021).

Em 2007, enquanto uma nova Constituição era discutida no Equador, organizações indígenas, camponesas e ambientais propuseram a iniciativa de deixar o petróleo no subsolo como uma solução concreta para enfrentar a crise climática. A proposta se baseava no fato de que os países industrializados, historicamente responsáveis pelas mudanças climáticas globais, devem compensar os países não industrializados detentores de reservas de hidrocarbonetos (como o Equador) para manter o petróleo no subsolo. Os países não industrializados, por sua vez, usariam esses recursos financeiros para transformar sua matriz produtiva. A gestão do presidente equatoriano Rafael Correa formalizou essa proposta por meio da Iniciativa Yasuní-ITT, mas não teve apoio suficiente dos governos europeus e estadunidense para assumir compromissos reais. Enquanto isso, embora alguns economistas ecológicos e ambientalistas equatorianos tentassem obter apoio para essa iniciativa, o governo Correa autorizou a continuidade da produção de petróleo na Amazônia e não se esforçou o suficiente no âmbito diplomático para promover a Iniciativa Yasuní-ITT.

Entrementes, a OilWatch apresentou documentos para questionar a dependência do petróleo e explicar a urgência de deixá-lo no subsolo para gerar modos de vida mais sustentáveis. Em 2015, na COP21, em Paris, a ONG propôs a criação de um grupo, o "Anexo Zero",[1] para reconhecer e respeitar os compromissos e esforços das comunidades e organizações territoriais que estão à frente de projetos contra a extração de petróleo, gás e carvão a fim de evitar desastres climáticos.[2]

Tendo isso em conta, em 2022 o governo de Gustavo Petro e Francia Márquez, do Pacto Histórico, anunciou a suspensão de novas explorações de hidrocarbonetos e prometeu realizar uma transição energética gradual, justa e ordenada na Colômbia. Durante a COP27, realizada em novembro de 2022, em Sharm El Sheikh, Petro apresentou um decálogo de ações para enfrentar a crise climática, ressaltando a importância de abandonar os combustíveis fósseis. Ele declarou que "a crise climática só pode ser superada se pararmos de consumir hidrocarbonetos. É hora de desinvestir na economia dos hidrocarbonetos, fixar datas definidas para seu fim e valorizar os setores da economia descarbonizada. A solução é um mundo sem petróleo e sem carvão". E exigiu

1 A Convenção-Quadro das Nações Unidas sobre a Mudança do Clima, assinada na Cúpula do Rio em 1992, dividiu os Estados-Partes em dois grupos: Anexo I e Não Anexo I. O Anexo I inclui países industrializados do Norte e alguns em transição, enquanto o Não Anexo I abrange principalmente países do Sul Global. Posteriormente, foi estabelecido o Anexo II, que inclui membros do Anexo I, para fornecer recursos financeiros e técnicos aos países do Sul para que reduzam as emissões de gases de efeito estufa. De acordo com a OilWatch, o motor do desenvolvimento do capitalismo nos países dos Anexos I e II tem sido a exploração de combustíveis fósseis, e eles têm feito de tudo para impedir quaisquer medidas para limitar seu consumo. Apesar de décadas de negociações internacionais, o aquecimento global continua a aumentar sem que haja soluções eficazes para detê-lo. De acordo com a proposta da OilWatch, o Anexo Zero daria voz às negociações e aos povos e comunidades que têm combatido as causas da crise climática. Ver "Es tiempo de crear el grupo Anexo 0", OilWatch, 17 jul. 2015.

2 "Propuesta para la COP21 de París, diciembre 2015. Es tiempo de crear el grupo 'Anexo 0'", OilWatch, dez. 2015.

que "os bancos privados e multilaterais [...] parem de financiar a economia dos hidrocarbonetos".[3] Suas propostas voltam a trazer o debate sobre deixar o petróleo no subsolo para a esfera governamental e até mesmo para a agenda internacional de negociações sobre o enfrentamento da crise climática.

Nesse contexto, o Censat Agua Viva, o Pacto Ecossocial e Intercultural do Sul e outras organizações elaboraram o documento "Redução planejada da dependência fóssil na Colômbia: entre a mudança cultural e a gestão participativa da demanda". O texto apresenta cinco propostas para conduzir, em "um processo de no mínimo quinze anos, uma transformação socioecológica na direção de outras formas de relação entre as sociedades e todas as espécies e sistemas vivos que compõem nosso planeta".[4]

Sem dúvida, as lutas do povo U'wa e de outras organizações locais em diferentes países, bem como das ONGs participantes do OilWatch, abriram caminho com a proposta de "deixar o petróleo no subsolo", uma medida concreta para alcançar a sustentabilidade e garantir um verdadeiro "zero", que vem ganhando cada vez mais força.

O que é necessário para mudar e como?

Sob a ótica da justiça socioambiental e dentro do universo do ambientalismo popular, defendemos uma transição energética

3 Gustavo Petro: discurso ante la Conferencia de las Partes de Cambio Climático en Sharm el Sheik, 8 nov. 2022.

4 "Disminución planeada de la dependencia fósil en Colombia: entre el cambio cultural y la gestión participativa de la demanda", Censat Agua Viva, set. 2022.

justa e democrática a partir de uma narrativa anticapitalista e socioecológica. No entanto, devemos primeiro fazer um diagnóstico da situação atual e estabelecer o caminho para um futuro desejável. Nesse sentido, é importante entender a magnitude das mudanças necessárias para resolver os problemas associados à energia. Isso implica levar em conta não apenas as emissões de gases de efeito estufa mas também as desigualdades sociais e os impactos socioambientais nos territórios, os conflitos causados pela questão da energia e a concentração de poder energético em poucas mãos e por meio de grandes corporações.

Entendemos o sistema energético como um conjunto de relações sociais que nos unem como sociedade e determinam nossas relações sociedade-natureza, por sua vez moldadas pelas relações de produção (Svampa & Bertinat, 2022). Uma transição energética justa e popular requer desmercantilização, democratização, desfossilização, desconcentração, descentralização, despatriarcalização. Mas que ações e processos são necessários para conseguir isso?

O caminho da desmercantilização e da democratização

Uma transição energética justa e popular deve se basear na premissa de que todas as pessoas têm direito à energia e questionar a ideia de que ela seja uma mercadoria. Trata-se de desprivatizar e fortalecer as diversas formas das esferas pública, participativa e democrática. Uma das palavras de ordem é desmercantilização, que implica libertar a energia da lógica hegemônica do lucro e direcioná-la para a capacidade de controlar e reproduzir a vida em todas as suas dimensões, tanto materiais como simbólicas (Lang & Hoetmer, 2019).

Consideramos que a energia faz parte dos bens comuns e, portanto, é um direito coletivo, assim como os direitos da natureza.

É necessário construir a visão da energia como um direito, inspirada nas lutas pelo direito à água. Esse direito não vale apenas para seres humanos, mas para todos os seres vivos. Incorporamos a natureza e todas as suas espécies nessa definição porque reconhecemos a interdependência entre o pleno gozo da vida humana e o ambiente (Bertinat, Chemes & Moya, 2012).

No quadro atual do sistema capitalista, os mercados são instrumentos a serviço de setores cuja racionalidade se centra na acumulação ilimitada de capital, para além dos limites físicos e biológicos. Portanto, os mercados capitalistas não são espaços neutros (Aguirrezábal & Arelovich, 2011).

O conceito de desmercantilização desafia a preponderância dos mercados capitalistas no suprimento de certas necessidades. A recuperação da esfera pública, tarefa essencial nesse caminho, não envolve apenas a reivindicação da propriedade para retomá-la do setor privado mas também um debate sobre sua gestão. Em nossa perspectiva, a recuperação do que é público não deve se limitar a uma associação com o Estado (nacional). Trata-se de fortalecer e recriar todas as formas de apropriação e gestão da esfera pública, incluindo experiências históricas referentes às áreas comunitária, comunal, municipal, colaborativa e cooperativa. São ferramentas valiosas que devem ser prestigiadas diante da suposta eficiência superior das empresas privadas na prestação de serviços.

Desmercantilizar e construir socialmente o direito à energia implica, entre outras tarefas:

- promover uma ampla reforma legislativa, regulatória e normativa, que revogue as leis de privatização e liberalização dos mercados, as quais colocaram o sistema energético nas mãos do setor privado;

- avançar em um processo de desprivatização que inclua não só as empresas de energia mas também as de outros serviços básicos;
- desenvolver ferramentas que fortaleçam todas as formas de apropriação e gestão da esfera pública e em diferentes níveis (cooperativas, comunidades, Estados e países). A institucionalidade necessária deve ser fortalecida para alcançar esse objetivo;
- revisar, corrigir e até mesmo, em algumas situações, reverter as políticas de subsídios diretos aos combustíveis fósseis e a diversos setores econômicos de base fóssil;
- como primeiro passo para a democratização do setor, estabelecer mecanismos de informação que permitam a participação das comunidades envolvidas na tomada de decisões, sejam urbanas ou rurais;
- reconhecer e promover as instituições e os agentes envolvidos na geração, distribuição, gestão e consumo de energia fora do mercado capitalista;
- desenvolver ferramentas e processos para criar políticas energéticas locais, comunitárias e municipais como forma de apropriação coletiva das mesmas. É importante haver possibilidade de tomar decisões em âmbito local sobre a energia em suas diferentes dimensões: geração, consumo, pobreza energética etc. Agências municipais de energia e experiências de retomada de serviços públicos devem ser fortalecidas.[5]

5 "Reclaiming Public Services: How Cities and Citizens Are Turning Back Privatisation", Transnational Institute, 2017.

Não se trata apenas de descarbonizar

Os sumidouros de carbono, isto é, os mecanismos que absorvem as emissões de gases de efeito estufa, bem como a disponibilidade finita de materiais e minerais, estabelecem um limite para a capacidade de substituição dos combustíveis fósseis por fontes renováveis, no âmbito da atual matriz de produção e consumo. Isso significa que é essencial reduzir o uso líquido de energia como objetivo principal, embora essa redução deva ser planejada e executada considerando a necessidade de equilibrar as desigualdades existentes e as carências de diferentes países e grupos sociais.

Não basta avançar na utilização de fontes de energia renováveis; também é necessário considerar as dimensões ambientais, sociais e políticas de cada empreendimento específico para determinar sua sustentabilidade. Dentre as ações para enfrentar esses desafios, destacam-se:

- não explorar hidrocarbonetos não convencionais e convencionais em áreas de risco, como zonas *offshore*, ou reduzir seu uso através de um plano para abandonar os combustíveis fósseis no curto prazo;
- monitorar a diminuição líquida do consumo de energia além dos compromissos climáticos assumidos;
- formular propostas específicas para diferentes setores, como o de transportes, que na América Latina é o principal consumidor de energia e portanto deve ser considerado um ramo do setor energético;
- desenvolver ferramentas que possibilitem visualizar os benefícios socioeconômicos da eficiência energética e estabelecer mudanças regulatórias opostas à lógica comercial;
- interromper a realização de licitações de energia renovável entre grandes fornecedores comerciais/transnacionais

como a única opção para priorizar o desenvolvimento descentralizado e desconcentrado dessas fontes.

Discutir o modelo de produção e consumo

Para desenvolver uma transição energética justa e popular, é necessário construir um modelo produtivo compatível com a sustentabilidade da vida e a manutenção dos sistemas e ciclos ecológicos que a tornam possível. Como propõem as feministas, é essencial *colocar a vida no centro* desse modelo.

A transição energética que propomos requer o reconhecimento dos "limites físicos da natureza e da humanidade, bem como da imanência e da importância dos vínculos e das relações como características inerentes à existência da vida" (Herrero-Lopez, 2021, p. 12). Essas concepções se associam a novas formas de organização da vida em sociedade e de produção, à reavaliação do lugar social dos trabalhos produtivo e reprodutivo e a novas formas de consumo relacionadas a uma mudança no metabolismo sociedade-natureza.

Independentemente das iniciativas de promoção da eficiência energética em diversos setores, é preciso desenvolver análises setoriais para questionar a matriz regional de produção e transporte e buscar alternativas sustentáveis e justas. É necessário:

- estabelecer distâncias máximas para a circulação de mercadorias e desenvolver cadeias produtivas curtas, que priorizem produtos locais;
- analisar as áreas de produção de materiais que precisam decrescer e determinar que produtos devem ter sua manufatura interrompida;

- analisar o modo de melhorar os serviços em relação aos bens tangíveis. Paralelamente, devem se estabelecer prazos para o decrescimento (ver os capítulos 14, "Um decrescimento feminista para perturbar a transição" e 15, "Decrescimento, emergência climática e transformação do trabalho");
- desenvolver novas áreas de produção e serviços com gasto energético menos intensivo;
- estabelecer um prazo para o fim da fabricação e circulação de veículos individuais movidos a combustão interna;
- implementar um processo de alteração na modalidade do transporte de carga;
- repensar o papel e o projeto das infraestruturas financiadas com fundos públicos, que determinam comportamentos e consumos futuros.

Da mesma forma, deve-se empreender um processo que nos permita avançar na construção social de formas alternativas de satisfação das necessidades humanas. Trata-se de um processo intenso e extenso, mas que pode ser simplificado por meio de procedimentos como:

- reforçar as redes urbanas de consumo sustentável;
- desenvolver regulamentos que proíbam a obsolescência programada;
- realizar análises do ciclo de vida dos produtos de massa;
- proibir ou restringir a publicidade de determinados tipos de produto;
- estabelecer um programa para eliminar rapidamente a pobreza energética;
- associar as políticas energéticas às políticas habitacionais;
- restringir o uso de energia pelo setor de consumo de luxo.

O caminho proposto pelas comunidades para abordar a energia

No campo e nas cidades da América Latina, várias organizações sociais, étnicas e comunitárias têm implementado iniciativas locais de energia sustentável, autônoma e descentralizada. Essas experiências abordam a relação com a energia em conjunto com outras práticas e processos de reprodução da vida, como a transformação de sistemas produtivos e agroalimentares e a proteção ambiental, por meio de processos comunitários organizados.[6]

Mas como se constrói a energia comunitária em termos práticos? Existem muitas possibilidades, como a promoção de tecnologias não convencionais de energia renovável — sistemas fotovoltaicos, pequenas centrais hidrelétricas, turbinas eólicas —, além de diversas tecnologias adaptadas às condições locais, como biodigestores, secadores ou desidratadores solares, aquecedores de água solares, máquinas movidas a pedal, técnicas de cultivo dendroenergético, produção agroecológica, biodecomposição de

6 Informações sobre várias dessas experiências estão disponíveis na "Exposição Virtual de Experiências Comunitárias de Transição Energética Justa (TEJ)", promovida desde 2020 pelas organizações Censat Agua Viva, Grupo de Energia e Equidade, Fundação para a Expressão Intercultural, Educacional e Ambiental (Fundaexpresión), Comunidades Sembradoras de Territorio, Agua y Autonomía, Setaa e Movimento dos Atingidos por Barragens na América Latina (MAR) (ver transicionenergeticajusta.org/). Tais experiências contribuem para enriquecer os debates e as perspectivas sobre as transições energéticas e socioecológicas e questionar as propostas de transição limitadas à mudança da matriz energética. Elas propõem a reformulação de padrões de consumo, a descentralização da energia e sua democratização. As experiências comunitárias também sugerem novas narrativas, ferramentas e metodologias para a transição e a soberania energéticas.

resíduos, mobilidade e arquitetura sustentáveis e coleta e gerenciamento de água.

As fontes de energia comunitária se baseiam em colaboração, cuidados mútuos e solidariedade. Soler (2022) se refere a elas como "energia ubuntu", porque somente existem na medida em que o outro existe. Ao procurar recuperar a autonomia, tais fontes energéticas desafiam o sistema energético atual, que é centralizado, concentrado, antidemocrático, racista/colonialista, patriarcal e autoritário.

A transição energética pressuposta pelos processos impulsionadores da energia comunitária requer a transformação cultural da geração, da utilização e do próprio conceito de energia. Essa transição também implica a democratização e a participação, a realocação de atividades e o controle local da energia. Segundo Rátiva-Gaona (2021, p. 181), trata-se de uma reapropriação social e coletiva que consiste em produzir e resgatar vínculos sociais e ecossistêmicos capazes de promover o desenvolvimento das economias locais, a produção de conhecimento, a convivência e a melhoria das condições de vida. Ou seja, busca-se "reconectar o ecológico, o social e o político" (Rátiva-Gaona, 2021, p. 181) para enfrentar as múltiplas crises climáticas, energéticas e ambientais.

Em última análise, as energias comunitárias prescrevem uma visão de mundo mais consciente dos limites físicos que compartilhamos com o restante do mundo vivo. Elas reconhecem a urgência de interromper o aumento desenfreado das taxas de crescimento e estabelecer relações mais harmoniosas com a natureza. Além disso, convertem as comunidades locais em sujeitos ativos do sistema energético, deixando o papel de meros consumidores para assumir o de produtores de energia. Nessa perspectiva, as energias comunitárias nos convidam a repensar a energia e associá-la a dimensões que transcendem a eletricidade.

Conclusão

A transição energética justa e popular é uma necessidade urgente para enfrentar a crise climática e ambiental. Para que seja bem-sucedida, é necessário adotar um modo de produção compatível com a sustentabilidade da vida e a manutenção dos sistemas ecológicos, colocando a vida no centro. É crucial construir diferentes experiências e relações com a energia e reconhecer que a transição não é um processo apenas técnico mas também social e cultural, que envolve a construção de formas alternativas de compreender e satisfazer as necessidades humanas.

Para alcançar uma transição energética justa e popular, uma série de ações e processos deve ser implementada pelos Estados e pela sociedade organizada, a fim de promover a desmercantilização, a democratização, a desfossilização, a desconcentração, a descentralização e a despatriarcalização da energia. É essencial construir uma visão da energia como um direito coletivo compatível com os direitos da natureza e recuperar a esfera pública em termos de propriedade e gestão, incluindo experiências históricas que sejam comunitárias, comunais, municipais, colaborativas e cooperativas.

Para tanto, os Estados devem realizar reformas legislativas, regulatórias e normativas que revoguem as leis que, ao privatizar e liberalizar os mercados, ensejaram o domínio do sistema energético pelo setor privado. Também é preciso revisar e corrigir as políticas de concessão de subsídios diretos aos combustíveis fósseis e estabelecer mecanismos de informação que permitam a participação popular na tomada de decisões. É igualmente importante reconhecer e capacitar instituições e agentes fora do mercado capitalista e desenvolver ferramentas e processos de construção de uma transição energética justa e popular.

Os debates e as propostas populares em torno das transições energéticas e socioecológicas têm avançado, discutindo perspectivas e narrativas e comparando-as com outras lógicas de compreensão. Também constituem um convite ao trabalho em conjunto para construir iniciativas que garantam um futuro sustentável para todas as pessoas e para o planeta.

Zo Randriamaro é pesquisadora militante ecofeminista de Madagascar, especializada em questões de gênero, sociologia do desenvolvimento e governança global. Formada em sociologia e antropologia, liderou iniciativas internacionais de pesquisa, produziu trabalhos sobre as dimensões de gênero de políticas ecológicas e econômicas e prestou consultoria a agências da ONU. Como fundadora do Research and Support Center for Development Alternatives, se dedica a promover alternativas ecofeministas ao desenvolvimento na África.

Perspectivas ecofeministas da África

13

Zo Randriamaro

Este capítulo apresenta as discussões sobre o ecofeminismo na África e analisa seus conceitos e suas práticas contemporâneos, enraizados no contexto do continente. O texto explora alguns caminhos transformadores na direção de um novo movimento pan-africano de descolonização a partir de baixo, que abrace a política afrofeminista e, nesse sentido, desenhe alternativas multidimensionais às transições hegemônicas e injustas. O capítulo também evidencia como o movimento ecofeminista africano se ampara na filosofia Ubuntu para oferecer uma alternativa viva e um futuro diferente, centrado na solidariedade coletiva, no compartilhamento entre os povos e em modos verdadeiramente sustentáveis de viver em harmonia com a natureza. A primeira parte explora as raízes, os conceitos e as práticas dos ecofeminismos africanos na atualidade, incluindo sua luta contra a nova onda de extrativismo verde; a segunda parte aborda as principais vertentes africanas de pensamento e agendas políticas ecofeministas. A última seção se concentra nas visões de mundo e nos valores africanos consagrados na filosofia Ubuntu, assim como em sua incorporação pelos movimentos ecofeministas que lutam por alternativas justas, equitativas e sustentáveis ao sistema de desenvolvimento neoliberal e extrativista que domina a África contemporânea.

Afrofeminismos e ecologia

Para melhor compreender os ecofeminismos africanos, é importante começar pelo reconhecimento de suas filiações antigas e pan-africanas, muitas vezes esquecidas e apagadas da história e da memória coletiva do movimento ecofeminista global. É igualmente necessário discutir seus conceitos e suas práticas atuais, ancorados em seus respectivos contextos políticos, sociais e econômicos, e como eles se relacionam com debates e movimentos ecológicos.

As raízes do ecofeminismo africano

Para o ecofeminismo africano, possui importância central "a vida relacional entre os seres humanos e outros aspectos físicos e animados do meio ambiente" (Chemhuru, 2018), especialmente entre as mulheres e a natureza. Embora o quadro histórico eurocêntrico vincule a teoria ecofeminista à década de 1970, os movimentos feministas da África Oriental exploraram a associação entre as mulheres e a natureza muito antes disso. Esses movimentos incluem lutas políticas e religiosas como o Etiopianismo, as Nyabingi, o movimento Mau e o Novo Rastafari, influentes agrupamentos de resistência durante a moderna era colonial, apesar de prejudicados pela escravidão e pelos interesses coloniais da Europa (Gontharet, 2018, p. 16). Apresento-os brevemente nos parágrafos seguintes.

No final do século XIX, surgiu um movimento religioso de resistência ao colonialismo chamado Etiopianismo, que agrupava ativistas anticoloniais em torno da ideia de autogoverno. Abrangeu não só a Etiópia e o continente africano mas também a diáspora no Caribe. Na Jamaica, por exemplo, os movimentos de resistência liderados por mulheres — como a Cultura das Aldeias Livres, que reivindicava a defesa da terra pela maioria das mulheres — incorporaram a dimensão do gênero à luta de classes.

Esses movimentos se inspiraram nas mulheres Nyabingi, de Uganda, que se uniram contra a opressão colonial entre 1910 e 1930, congregando especialmente as trabalhadoras mais vulneráveis, as lavradoras das áreas rurais. Mais tarde, no Quênia, as mulheres do campo também se organizaram em lutas fundiárias, enquanto outras, na década de 1950, se juntaram ao Mau, um movimento nacionalista contra a dominação britânica, para não serem negociadas como esposas por seus pais.

Assim, as ideias do ecofeminismo já são visíveis na antiga ligação entre mulheres, terra, produção de alimentos e direitos políticos em contextos da África Oriental e da Jamaica, promovida por diferentes movimentos femininos da zona rural africana e caribenha engajados na luta pela terra e contra a opressão colonial (Gontharet, 2018, p. 17).

O ecofeminismo africano propõe a seguinte questão às feministas: como preservar nossa energia e nosso poder contra o modelo hegemônico e masculino de desenvolvimento econômico e energético, que historicamente evoluiu para a destruição acelerada dos próprios fundamentos da vida no planeta? Ao mesmo tempo, as ecofeministas africanas também desafiam certos ecologistas, questionando a visão teórica de um "humano" abstrato que domina e oprime a natureza e convidando a considerar, em vez disso, as múltiplas opressões dentro da própria sociedade, a começar pelo sistema de gênero que está na raiz da dominação.

Os ecofeminismos africanos integram movimentos e iniciativas políticas comprometidos com a desconstrução das relações de dominação na intersecção de gênero, classe, origem étnica e "raças", que incluem colonialismo, hierarquias Norte/Sul etc., com o objetivo de superar todos os tipos de opressão contra as mulheres e a natureza.

Conceitos e práticas atuais

Os ecofeminismos africanos elaboram uma reflexão crítica sobre as ligações entre o modelo dominante de "desenvolvimento", a crise ecológica e os limites da paz e da não violência, o que lhes permite chegar a questionamentos inovadores e radicais, tanto sobre o feminismo quanto sobre as abordagens da ecologia e da natureza, ou, como discutido neste livro, os processos de transição ecossocial.

Embora o movimento global por vezes se disperse num debate divisionista sobre os potenciais limites impostos às mulheres pelas associações entre gênero e natureza, a maioria das correntes africanas do ativismo feminista e ambiental simplesmente procura forjar alianças estratégicas e políticas entre as mulheres, a natureza e a proteção ambiental.

Indiscutivelmente, a queniana Wangari Maathai (1940-2011) e seu Movimento Cinturão Verde (GBM) representam o ativismo coletivo e ecocêntrico que define a essência do ecofeminismo africano. Primeira ambientalista a ganhar o Prêmio Nobel da Paz, em 2004, por sua contribuição ao desenvolvimento sustentável, à democracia e à paz, Wangari Maathai chamou a atenção para a estreita relação entre o feminismo e o ativismo ambiental na África, que desafia tanto o patriarcado como as estruturas neocolonialistas que assolam o continente. Como escreve a especialista em gênero sul-africana Janet Muthuki (2006), "o GBM de Wangari Maathai é um ativismo ecofeminista africano que, por meio de questões e intervenções ambientais, sublinha as relações de gênero e desafia o patriarcado dentro das estruturas ideológicas nacionais e globais".

Maathai também é conhecida por ter entretecido as crenças tradicionais sobre nudez e gênero (Muthuki, 2006) com as lutas políticas contemporâneas num momento decisivo, que trouxe as mulheres para o centro da arena política, da qual anteriormente eram excluídas. Ao fazê-lo, acabou por dar uma contribuição fundamental para a promoção do movimento democrático no Quênia.[1]

O ecofeminismo interseccional enfatiza a importância do gênero, da raça e da classe, traçando uma forte conexão entre as preocupações feministas, a opressão do patriarcado e a exploração do ambiente natural, do qual as mulheres são mais frequentemente dependentes — mas também, em muitos contextos culturais, são guardiãs. Como as mulheres vivenciam na pele as múltiplas crises que a África enfrenta simultaneamente, uma abordagem dessa natureza é crucial para construir movimentos radicais de mudança. Segundo uma das líderes do ecofeminismo interseccional:

> Precisamos de movimentos transnacionais verdadeiramente radicais e revolucionários, não de pequenos círculos. Claro que é importante prestar atenção às realidades locais. Em termos estritos, para mim, o movimento ecofeminista está preocupado em transformar as maneiras pelas quais os recursos econômicos, intelectuais e ecológicos são acessados pelas mulheres, especialmente as mais vul-

1 De acordo com a escritora queniana Nanjala Nyabola, "Wangari Maathai não era uma boa mulher. O Quênia precisa de mais delas [...] ela revolucionou o ato de protestar no Quênia ao centrá-lo no corpo feminino. Ela exortava as mães de detidos que protestavam a se despirem quando agentes de segurança ameaçavam reprimir seus protestos".

neráveis, muitas vezes na linha de frente da devastação ecológica e das mudanças climáticas. Também consiste em trabalhar constantemente para reivindicar e reimaginar maneiras muito mais justas e igualitárias de convivermos umas com as outras e, fundamentalmente, isso significa destruir o patriarcado e recuperar a ideia dos bens comuns.[2]

A dimensão antiextrativista é outro elemento conceitual que caracteriza as lutas dos movimentos ecofeministas africanos na atualidade, central para os debates em torno da justiça global e das transições ecossociais. Ela é assim incorporada pelo trabalho e posicionamento políticos da African WoMin Alliance (WoMin):

> A África e outras partes do Sul Global estão sujeitas a mais uma rodada de aprofundamento da colonização, à medida que as corporações e seus governos anfitriões no Norte Global e partes do Sul Global alcançam as fronteiras inexploradas e altamente lucrativas de riquezas minerais. Isso impulsiona o que WoMin chama de modelo de desenvolvimento extrativista, apenas mais um elo na perpétua cadeia de colonização e exploração da África e seus povos. [...] O extrativismo é profundamente patriarcal e racista, dependente da mão de obra barata de homens negros e pardos da classe trabalhadora, que trabalham sob condições extremamente opressivas e perigosas para garantir lucros às grandes corporações multinacionais e suas vastas cadeias de suprimentos. O trabalho de cuidado não remunerado das mulheres também é incorporado à acumulação de lucros pelas corporações e pelos ricos, já que atua na reprodução dos trabalhadores e de suas famílias por meio da produção de alimentos de subsistência, do fornecimento de água e

2 "Women Speak: 'Ruth Nyambura Insists on a Feminist Political Ecology'", *MS Magazine*, 15 nov. 2017.

combustível e de seu trabalho de cuidado. (Mapondera, Reddy & Hargreaves, 2020, p. 2)

No contexto das mudanças climáticas e da consequente transição para fontes de energia renováveis, as ativistas ecofeministas africanas se engajam cada vez mais na luta contra megaprojetos extrativistas para a produção de "energias limpas/verdes", como solar, eólica, térmica e hidrogênio. Um exemplo é a extração de terras-raras, altamente demandadas pela transição energética do Norte Global, sobretudo para a produção de componentes críticos de tecnologias verdes como turbinas eólicas, painéis solares e baterias híbridas de células de combustível. Os imensos danos causados pela extração desses minérios incluem a maciça concentração fundiária, a poluição e a destruição de ecossistemas, com a consequente supressão de meios de subsistência, além dos efeitos devastadores na saúde das pessoas que vivem nas proximidades e a jusante das operações de mineração e processamento, sujeitas a câncer, defeitos congênitos e degeneração do sistema musculoesquelético (Klinger, 2017). Nesse contexto, a resistência das comunidades afetadas por um megaprojeto de exploração de terras-raras em Madagascar tem sido apoiada por ativistas ecofeministas. O local do projeto provavelmente se tornará uma zona de sacrifício para cobrir os custos sociais, econômicos e ecológicos do consumo do Norte Global.

Construindo um novo movimento pan-africano de descolonização

O ecofeminismo africano se posiciona na confluência de três movimentos que combatem as ideologias e instituições imperialistas que solaparam e destruíram as culturas e instituições indígenas: o movimento antineoliberal, apoiado principalmente por ativistas da justiça climática, o movimento anti-imperialista, promovido por decolonialistas, e o movimento antipatriarcal, protagonizado por feministas. Nesse sentido, as ecofeministas do continente têm se esforçado para desmantelar as estruturas de poder e as hierarquias que oprimem e exploram as mulheres e a natureza (Tamale, 2020).

Um movimento feminista pan-africano pela justiça climática

Em todo o continente africano, há uma crescente conscientização, sobretudo no nível comunitário, a respeito das ameaças à biodiversidade e à resiliência climática decorrentes de megaprojetos agroindustriais e extrativistas e sobre suas ligações com os poderes corporativos e estatais. O ecofeminismo é inseparável das lutas e iniciativas concretas para preservar, desenvolver e reparar espaços habitáveis e laços sociais por meio de processos materiais e culturais que permitem a reprodução social sem destruir outras sociedades ou espécies vivas.

Desse ponto de vista, especial atenção deve ser dada aos movimentos de justiça climática focados na crise ecológica e na raiz de suas causas, munidos de uma perspectiva feminista e embasados na crescente conscientização sobre a natureza insustentável do modelo dominante de desenvolvimento neoliberal. Tais movimentos ecofeministas se concentram nas crises climáticas e ecológicas na África, bem como em suas conexões com o desenvolvimento extrativista e seus impactos de gênero, e exigem "que o injusto sistema capitalista seja desmantelado para proteger o planeta e fornecer reparação por históricas violações dos direitos dos povos e da natureza" (Mapondera, Reddy & Hargreaves, 2020, p. 9).

Por ser de natureza transnacional, tanto o movimento de justiça climática como o projeto de descolonização da África não podem se limitar a uma abordagem fragmentada, pois requerem um curso de ação pan-africanista. A fragmentação e as divisões ideológicas dentro do continente contribuíram fortemente para perpetuar diferentes formas de colonialismo — e, por isso, o pan-africanismo constitui um pilar crítico do projeto de descolonização abraçado pelas afroecofeministas.

Ecofeminismos africanos e descolonização[3]

Wangari Maathai (2009, p. 68-9) afirma que "o colonialismo foi o início da deterioração da natureza pela industrialização e pela extração de recursos naturais [...]. Na África, as atividades coloniais ligadas à exploração madeireira, à introdução de árvores estrangeiras que prejudicaram o ecossistema, à caça de animais selvagens e à agricultura comercial destruíram o meio ambiente". Assim, desde o início, o afroecofeminismo tem sido um impor-

3 O termo "descolonização" utilizado neste capítulo é definido por Sylvia Tamale como "um processo multifacetado de libertação da colonização política, econômica e cultural. Significa remover as âncoras do colonialismo dos processos físicos, ecológicos e mentais de uma nação e seu povo" (Tamale, 2020, p. 14).

tante fundamento da abordagem feminista decolonial (Tamale, 2020, p. 14) para promover mudanças sistêmicas no continente.

Nesse sentido, as afroecofeministas também têm contado com uma rica herança tradicional e com a cultura indígena para desafiar o poder patriarcal e o neocolonialismo. Enquanto algumas feministas africanas argumentam que a tradição cultural e a filosofia comunitária do continente são incompatíveis com o feminismo porque profundamente patriarcais (Mangena, 2009), outras militantes, tais como Sylvia Tamale e Munamato Chemhuru, afirmam que as filosofias e ferramentas tradicionais, como o Ubuntu, podem ser usadas na luta por justiça de gênero e outros objetivos do afrofeminismo.

Nas palavras de Sylvia Tamale, acadêmica ugandense e ativista de direitos humanos, "as características subjacentes do ecofeminismo se assemelham muito àquelas tradicionalmente praticadas em culturas indígenas não ocidentais". Em particular, as práticas ecofeministas têm muito a aprender com a

> relação epistêmica entre os povos indígenas e a natureza [que] se manifesta através de sua espiritualidade, em totens de clãs, tabus, mitos ancestrais, rituais, fábulas e assim por diante. [...] Notavelmente, as consequências da violação de um tabu não são individualizadas, e a responsabilidade de obedecer é comunitária. Se uma pessoa transgride tabus sociais, seus familiares também sofrem as consequências. (Tamale, 2020, p. 87-9)

As declarações das guardiãs dos locais sagrados locais e do patrimônio biocultural (*Mpijoro tany*) do grupo indígena da ilha Sakatia, a noroeste de Madagascar, ilustram muito bem essa relação:

> Nosso papel como *Mpijoro tany* é nosso dever para com a nossa aldeia, que foi fundada por nossos antepassados. Há um lugar sagrado

> chamado Ankatafabe, e há outros em Ampijoroa e Ankofiamena. No passado, não havia igreja, mas esses eram os lugares onde orávamos a Deus, assim como fazemos numa igreja. Esses são os lugares da *fijoroana* [ritual de oração] anual para orar e solicitar bênçãos [...] Nossos ancestrais observavam estritamente os *fadin-tany* [tabus da terra], e a maioria das pessoas em Sakatia ainda os observa. Se uma pessoa quebra um *fady* [tabu], deve matar um zebu para reparar o mal que fez.[4]

Outra guardiã dos locais sagrados da ilha Sakatia explica a lógica dos rituais e costumes tradicionais, além da grande importância de cumpri-los para garantir o bem comum, a unidade, a cooperação, o amor e a confiança da comunidade e para estabelecer respeito entre os vivos e os mortos:

> existe uma maneira de preservar *kodry* [peixe] para comer. Você escolhe somente a quantidade de que precisa; qualquer excedente deve ser distribuído à comunidade; não pode ser jogado fora ou vendido. Esse é o sentido de comunidade e amor. Aqueles que colhem os alimentos não são necessariamente aqueles que os comem; eles devem ser compartilhados com a comunidade. Não podem ser vendidos nem colhidos em grandes quantidades; caso contrário, serão extintos, e, ao fazê-lo, as pessoas prejudicam o meio ambiente. [...] Os pequenos animais da aldeia não podem ser mortos sem motivo, por exemplo, o *anjava*, um animalzinho que vive em lugares sombreados e frescos. A floresta verde onde ele se esconde não deve ser derrubada. Se uma pessoa mata esse bicho, algo ruim lhe acontecerá.

4 Justine Hamba, líder de oração ritual, em Centre de Recherches et d'Appui pour les Alternatives de Développement — Océan Indien (Craad-OI), "Women's Dialogues to Dream and Imagine Development Alternatives", relatório do processo de implementação em Sakatia, Madagascar, 2021.

> A maldição não desaparece a menos que aceite o castigo [*manala fady*] e peça desculpas aos líderes de oração tradicionais da aldeia. [...] A pessoa que quebrou o tabu comete uma profanação; esses são tesouros desta terra que nossos ancestrais amavam, e esses animais devem sempre ser respeitados e permanecer na aldeia [...] é proibido destruir florestas que fornecem a chuva e o ar fresco de que precisamos para viver. É por isso que Sakatia é uma ilha verde, porque não cortamos florestas nas colinas e plantamos árvores. E protegemos a vida marinha, inclusive os peixes; impedimos que os pescadores usem redes não autorizadas aqui. Protegemos tartarugas marinhas e espécies de peixes endêmicas como *horoko* e *kodry*. [...] Temos uma *dina* [convenção social tradicional com um sistema de sanções] na aldeia: por exemplo, se você xingar ou usar linguagem suja, há uma penalidade correspondente na *dina*. Você deve ir aos líderes de oração ritual e pedir desculpas, caso contrário, todos na aldeia serão amaldiçoados.[5]

Como evidenciam essas declarações, as comunidades de Sakatia observam a mesma "ética da relação com a natureza" (Ogungbemi, 1997) dos numerosos grupos indígenas da África subsaariana que também desconfiam de intervenções antropocêntricas na natureza, vistas como ameaças à teia saudável da vida e à sobrevivência do planeta. Sylvia Tamale enfatiza, com razão: "as mulheres do Sul Global podem não se identificar como 'ecofeministas', mas carregam uma longa história de consciência ecológica e obrigação moral para com as gerações futuras" (Tamale, 2020, p. 85).

5 Célestine, líder de oração ritual, em de Recherches et d'Appui pour les Alternatives de Développement — Océan Indien (Craad-OI), "Women's Dialogues to Dream and Imagine Development Alternatives", relatório do processo de implementação em Sakatia, Madagascar, 2021.

Alternativas do ecofeminismo africano ao desenvolvimento[6]

Numa perspectiva decolonial e ecofeminista, muitas alternativas promissoras já existem nos níveis micro e meso. Muitas delas foram inspiradas na África, a exemplo da economia solidária e das soluções coletivas para o trabalho e o acesso a recursos como sementes e dinheiro, e precisam ser reconhecidas e desenvolvidas. Isso também acontece na América Latina, onde algumas propostas adotam posições e cosmovisões dos povos indígenas, como os direitos da natureza e o Bem Viver (expressão que se refere a uma boa vida, baseada numa visão social e ecológica expandida) (Gudynas, 2013). Nesse sentido, certamente existe na África um relevante arquivo de ideias, práticas e conceitos políticos endógenos, inseridos tanto na tradição como nas lutas anticoloniais e nas transformações pós-coloniais que precisam nos inspirar e orientar: sistemas de conhecimento indígenas, posse comunal, direitos territoriais indígenas, cooperação social no trabalho etc.

Trata-se sobretudo das alternativas críticas baseadas na "visão de mundo e filosofia africana conhecida como Ubuntu na África Meridional" (Terreblanche, 2018, p. 168). Amplamente praticado na África Subsaariana (Chuwa, 2014), o Ubuntu "tenta, tanto quanto possível, reduzir as tradicionais visões patriarcais, dualistas e antropocêntricas da existência" (Chemhuru, 2018). Graças ao Ubuntu, durante séculos os africanos têm celebrado os valores que ligam o passado ao presente, bem como os seres humanos à natureza (Tamale, 2020).

6 Esta seção se baseia na "Nota conceitual sobre alternativas ao desenvolvimento", produzida por Zo Randriamaro para a WoMin em maio de 2020.

Como paradigma ético da África, o Ubuntu não é compatível com as relações capitalistas (Caromba, 2014), a propriedade privada (Van Norren, 2014) e a desigualdade generalizada (Cornell & Van Marle, 2015). Pelo contrário, exige um ativismo de solidariedade e descolonização contra o que Vishwas Satgar (2018) chama de "ecocídio imperial". A ética ecológica do Ubuntu gera "a noção radical do pós-extrativismo, ou seja, em nome das gerações futuras, abandonar os combustíveis fósseis e minerais que impulsionam a destrutiva acumulação capitalista e suas crises, notadamente as mudanças climáticas" (Terreblanche, 2018, p. 169).

Do ponto de vista ecofeminista,

> a ética ambiental do Ubuntu procura enfatizar a necessidade de considerar vários aspectos da natureza tradicionalmente vistos como moralmente insignificantes — como os seres animados não humanos — com cuidado, reverência, bondade, além de lhes conceder um estatuto ético. Ao mesmo tempo, essa dimensão ecofeminista do Ubuntu implica que valores afins também emanados das virtudes desse sistema — como carinho, bondade e reverência — podem ser atribuídos a aspectos não animados da natureza, como relevo, plantas e corpos d'água, que não necessariamente possuem senciência. (Chemhuru, 2018, p. 20)

Em particular, várias alternativas de vida já são propostas pelas mulheres africanas do campo e indígenas contra a profunda destrutividade do modelo extrativista, em defesa de seus territórios, sua autonomia, suas formas de produção, suas relações comunitárias e sua relação de interdependência com a natureza, sem a qual não sobreviveriam. Tais alternativas podem ser identificadas nas formas como produzem, trocam, cuidam e regeneram nossos recursos naturais; nutrem nossas famílias e comunidades; cooperam comunitariamente etc. Como WoMin pontua,

> a maioria das mulheres africanas, que carregam o fardo da crise climática e ecológica e que, paradoxalmente, são as que menos contribuíram para o problema, tem praticado e sugerido, em sua resistência profundamente ecofeminista ao patriarcado extrativista, uma alternativa de desenvolvimento que toda a humanidade deve respeitar e ecoar se quisermos que nós e o planeta sobrevivamos. (Mapondera, Reddy & Hargreaves, 2020)

Em termos concretos, alternativas justas e sustentáveis para um futuro diferente, construídas sobre a filosofia do Ubuntu e centradas na solidariedade coletiva e no compartilhamento entre os povos, juntamente com formas verdadeiramente sustentáveis de viver em harmonia com a natureza, incluem os seguintes elementos, propostos pelas ecofeministas africanas:[7]

- soberania alimentar, através de um modelo agroecológico de baixo uso de insumos;
- soberania das pessoas sobre seu próprio caminho para o bem-estar, e para as mulheres no Sul Global por meio do conceito de consentimento, que dá credibilidade e espaço às alternativas locais de desenvolvimento;
- soberania energética através de formas coletivas, sustentáveis e descentralizadas de energia renovável, controladas pelas comunidades e especificamente pelas mulheres, e fim da extração e queima de todos os combustíveis fósseis;
- formas de extração em pequena escala e de baixo impacto, sob formas coletivas de propriedade, sujeitas às prioridades locais e regionais;

7 "Women Building Power: Exploring Our Initial Ideas about an African Ecofeminist Approach to Campaigning", WoMin, [s.d.].

- democracia participativa e inclusiva em todos os níveis decisórios, o que implica reconhecer o papel central das mulheres na sociedade, suas diferentes necessidades e a exigência de consentimento total e contínuo das comunidades afetadas, em particular das mulheres;
- respeito e apoio aos sistemas em que os recursos naturais são "possuídos" e geridos por coletivos e grupos, e expansão ativa de propriedades comuns como parte crítica da luta contra a privatização e a financeirização;
- decrescimento e rápida transição para um estilo de vida de baixo consumo por parte das classes ricas e médias do Norte e do Sul Global.

Bengi Akbulut é ativista e pesquisadora turca, professora associada da Universidade Concordia, em Montreal, Canadá. Sua pesquisa aborda economia política, economia ecológica e feminista. Escreve extensivamente sobre a economia política do desenvolvimento, com foco particular na Turquia. Seu trabalho recente focaliza alternativas econômicas como economias comunitárias, democracia econômica e decrescimento.

Um decrescimento feminista para perturbar a transição

14

Bengi Akbulut

Introdução

Transição, de fato, é a palavra de nosso tempo. Embora esteja longe de ser incontestável, o termo tem sido cada vez mais apropriado de maneira ostensiva por corporações, Estados-nação e organizações internacionais do status quo. A transição vem sendo invocada de maneiras que perpetuam injustiças ambientais em nível global e dinâmicas neocoloniais de apropriação de recursos. Abrem-se novos campos de acumulação de capital enquanto o ônus socioecológico da transição é transferido para o Sul Global (e/ou o Sul dentro do Norte). O perigo de tais acepções do termo, no entanto, não se limita às práticas justificadas pela mensagem vaga e ineficaz que ele carrega. O uso hegemônico da noção de transição, por assim dizer, também exclui visões de mundo históricas e contemporâneas, lutas e propostas que surgiram, floresceram e se efetivaram tanto no Sul quanto no Norte Global. Uma dessas propostas é o decrescimento.

O "equilíbrio global", escreveu André Gorz, "para o qual o não crescimento — ou mesmo o decrescimento — da produção material é uma condição necessária, seria compatível com a sobrevivência do sistema [capitalista]?" (Bosquet, 1972). Desde seu primeiro uso, o termo *decrescimento* — ou, no original francês, *décroissance* — suscita uma vigorosa estrutura conceitual e constitui um catalisador político para imaginar e implementar formas alternativas de articulação da sociedade, da economia e da natureza. A noção entrou na literatura acadêmica, no vocabulário dos movimentos sociais e no debate público (até mesmo no Parlamento Europeu). A bibliografia sobre decrescimento atingiu um volume e um alcance impressionantes, que abrangem desde temas de ajuste infraestrutural e reorganização do trabalho até a configuração dos sistemas monetários e uma nova arquitetura das finanças públicas.

Este capítulo aborda o decrescimento como uma proposta contra-hegemônica que perturba e transcende as concepções dominantes de transição. Ao advogar a compreensão do decrescimento como uma questão de recentralização e reorientação da economia (e não apenas um problema de redução biofísica), o capítulo delineia três eixos fundamentais para a realização desse potencial: (a) formular uma concepção mais ampla de trabalho; (b) justiça, sobretudo em relação às históricas e contínuas iniquidades entre o Norte e o Sul Global; e (c) autonomia e democracia como princípios diretores da economia do decrescimento.

Definir o decrescimento

Embora seja mais comumente entendido, ainda que de maneira enganosa, como redução da escala material, o decrescimento denota uma transformação muito mais abrangente. Trata-se, de fato, de uma proposta de redução voluntária, equitativa e democrática dos materiais e da energia extraídos, processados e descartados como resíduos (Demaria *et al.*, 2013). O decrescimento se ampara fundamentalmente na bioeconomia e na economia ecológica, que enfatizam a interdependência dos limites biofísicos ao crescimento, na forma de disponibilidade de recursos ou capacidade de absorção de resíduos. Nesse sentido, o decrescimento consiste num forte contraponto às propostas de crescimento verde e ecomodernização, fundamentalmente centradas no discurso do desacoplamento absoluto, ou seja, na desvinculação do crescimento econômico de seus impactos biofísicos por meio do uso e do desenvolvimento de tecnologias ecoeficientes. Em vários debates sobre os limites da ecomodernização, os defensores do decrescimento demonstram não apenas a falta de evidências para tal desvinculação mas também lançam dúvidas sobre suas possibilidades futuras, em particular sobre a capacidade de alcançar a velocidade e a consistência necessárias para evitar a catástrofe climática (Hickel & Kallis, 2020). Essa escola de pensamento também enfatiza os efeitos regenerativos das tecnologias ecoeficientes e o baixo rendimento da produção de energia através de fontes renováveis, bem como os vultosos requisitos materiais dessas tecnologias (Kallis, 2017). O apelo à redução, no entanto, não é concebido como uma tecnicalidade, mas como uma rota de entrada no processo democrático de tomada de decisão pela sociedade sobre quais atividades abolir e limitar ou, por outro lado, apoiar e expandir, ou seja, um decrescimento seletivo (Kallis, 2011; Brand *et al.*, 2021).

No entanto, o decrescimento denota uma transformação muito mais radical, que perturba de múltiplas maneiras as estruturas dominantes de nossas economias. Em primeiro lugar, trata-se fundamentalmente de um projeto de ruptura com o domínio do crescimento econômico como objetivo social, ou seja, com a ideologia do crescimento (Latouche, 2005). É um chamado para desconstruir a identidade automática entre "mais" e "melhor", bem como a concepção do crescimento econômico com bem-estar social em termos abstratos, a fim de abrir espaço para imaginar outros ideais e princípios para a organização das relações econômicas. O decrescimento pressupõe um desafio mais amplo ao economicismo, ou seja, o poder da racionalidade econômica que domina e sufoca outras racionalidades, objetivos e representações sociais. Isso implica um questionamento radical de imperativos econômicos como eficiência e maximização do lucro, além de uma (re)politização da economia que desafie sua suposta realidade objetiva e privilegie uma opção democrática para configurá-la (Fournier, 2008, p. 535-7). O decrescimento é, portanto, um projeto de recuperação da economia.

Em segundo lugar, o decrescimento não é uma questão quantitativa ("menos" do mesmo), mas uma questão qualitativa de ("diferente"). Não consiste na contração de uma economia em crescimento; em vez disso, denota uma reorientação das relações econômicas segundo uma estrutura diversa, a fim de servir a diferentes funções (Kallis, Demaria & D'Alisa, 2014, p. 4). É uma proposta para avançar em direção a uma sociedade cujo metabolismo social — isto é, o modo como ela organiza suas interações com os fluxos de materiais e energia — seja organizado por princípios como necessidade, provisionamento, cuidado, solidariedade, justiça e democracia. Isso presume sobretudo uma mudança estrutural e institucional, na medida em que as instituições econômicas do capitalismo, como trabalho, bem-estar, propriedade, mercados, crédito e finanças públicas, perpetuam o imperativo do crescimento (Kallis, 2011, p. 877). O funcionamento e a sustentabilidade de tais instituições dependem do crescimento econômico contínuo (por exemplo, financiamento de serviços públicos dependente do crescimento através de sistemas fiscais, criação de emprego condicionada pela expansão econômica) ou o impulsionam (por exemplo, crédito remunerado, concorrência para dominar maiores frações do mercado). O decrescimento também implica construir e fortalecer formas de produção, troca, trabalho, financiamento e consumo que sejam deliberadamente diferentes da atividade econômica dominante (capitalista). Tais formas econômicas alternativas são mais propensas a priorizar a produção para necessidades concretas e localizadas; privilegiar os valores sociais e ecológicos em detrimento da acumulação, da maximização do lucro e do crescimento; situar a produção e o consumo no nível local; e cultivar valores como compartilhamento, comunidade e solidariedade.

Desse modo, o decrescimento é sobretudo um projeto de reestruturação e reorientação dos sistemas econômicos contemporâneos, de modo a reconfigurá-los para priorizar as necessidades e o aprovisionamento equitativos, em vez da acumulação e do crescimento econômico. Tal reorientação pode tomar diversos caminhos. Pressupõe o fim do extrativismo, dos combustíveis fósseis, das operações militares e das campanhas publicitárias, em prol de atividades que sustentem e regenerem o bem-estar humano e não humano, como saúde, educação, agricultura ecológica e restauradora e sistemas alimentares locais. Subsídios e financiamentos públicos aos primeiros devem ser eliminados e redirecionados para essas atividades. Os sistemas tributários precisam ser reestruturados de forma a punir as atividades econômicas nocivas e recompensar os trabalhos de sustentação da vida. A destruição ecossocial gerada pelo crescimento capitalista necessita ser limitada através de parâmetros democraticamente estabelecidos para a extração de recursos.

Essa reestruturação/reorientação também implica garantir o sustento equitativo e o acesso a bens e serviços básicos para todos, levando em consideração os diferentes significados de acesso em distintos contextos e/ou culturas. Entre as possíveis rotas para alcançar esse fim estão a desmercantilização de serviços básicos, como saúde, educação e saneamento, e/ou medidas para garantir um nível mínimo de bem-estar para todos, como esquemas de renda básica universal. Garantir certo nível de bem-estar para todos por meio de tais arranjos presume, de fato, a decisão de mudar radicalmente a forma de distribuição dos meios de subsistência, ou seja, acabar com sua vinculação ao emprego assalariado para adotar uma avaliação coletiva das necessidades. Desvincular a satisfação das necessidades do status laboral não apenas aliviaria a pressão para aceitar empregos exploradores, alienantes e degradantes; também eliminaria o imperativo de manter o crescimento econômico por causa de seu potencial de geração de empregos.

Três eixos de decrescimento

Existem três eixos fundamentais no projeto de decrescimento, com potencial para desestabilizar as narrativas dominantes sobre transição e unir vozes para uma radical transformação ecossocial. Discutirei cada um deles a seguir.

Ampliando o sentido de "trabalho"

O primeiro eixo consiste em estabelecer uma concepção mais ampla do que constitui "trabalho", para além do trabalho assalariado na produção de mercadorias, incluindo os tipos de trabalho fundamentais para a sustentação da vida (humana e não humana). As pensadoras feministas há muito teorizam esse domínio do trabalho excluído pela produção de mercadorias mas subjacente a ela, ou seja, a reprodução social. Trata-se do trabalho de reproduzir e sustentar os trabalhadores, que também abrange a produção de bens e serviços necessários à vida e à regeneração das condições sociais e ecológicas da vida e da produção (de mercadorias). A reprodução social inclui, portanto, não apenas as formas de trabalho que produzem e sustentam diretamente a capacidade humana de produzir mas também aquelas que mantêm, medeiam e transformam os processos biofísicos de manutenção da vida (Barca, 2019, p. 214).

O que distingue a reprodução social é que ela é marcadamente generificada (e racializada), por um lado, e altamente invisibilizada e desvalorizada, ou seja, codificada como "não trabalho", por outro. Isso está longe de ser acidental: a produção capitalista de mercadorias não apenas omite essa esfera de trabalho e produção como também depende fundamentalmente de sua desvalorização: a produção barata, se não totalmente gratuita, de trabalhadores, seu sustento e as condições produtivas ecológico-sociais têm sido instrumentais para o desenvolvimento e a reprodução do capitalismo. A contribuição intelectual do feminismo delineou a escala global dos fluxos de valor desprezados e invisíveis, traçando paralelos entre colonização, dominação da natureza e subjugação das mulheres (Mies, 1986 [2022]; Federici, 2004 [2023]). A reprodução social é, portanto, global e inclui o trabalho de colônias, povos indígenas e produtores de subsistência, que reproduzem a força de trabalho global e protegem/regeneram os ciclos metabólicos naturais (Mies & Shiva, 1993 [2021]; Salleh, 2017). Soma-se a isso a divisão global do trabalho social reprodutivo, na qual trabalhadores racializados (por exemplo, imigrantes) labutam para baratear os custos de manutenção e reprodução da acumulação de capital, especialmente no Norte Global.

Promover uma concepção mais ampla de trabalho implica, em primeiro lugar, que o trabalho e a produção invisibilizados sejam reconhecidos, recompensados e apoiados. Possíveis ações para alcançar essa meta incluem implementar uma renda assistencial, expandir direitos e prerrogativas dos trabalhadores essenciais e promover investimentos públicos na reprodução social e ecológica. Tais políticas não apenas forneceriam apoio material aos trabalhadores da reprodução social; também seriam fundamentais para mudar as percepções do que é reconhecido e valorizado como trabalho.

No entanto, o reconhecimento e a valorização não são suficientes. Se a organização do trabalho reprodutivo não for problematizada, corre-se o risco de perpetuar e consolidar o viés de gênero (e raça) em sua distribuição. A desaceleração do metabolismo social e a redução do uso de materiais e energia trazem consigo questões importantes: por exemplo, quais atividades passarão a depender mais do trabalho humano e promover a redução do consumo energético na produção doméstica, na agricultura e nos transportes? Como apontam os defensores do decrescimento, dados os arraigados padrões de divisão do trabalho segundo o gênero, se tais mudanças estruturais não garantirem a justiça de gênero, correm o risco de refeminizar a reprodução social (Saave & Muraca, 2021).

O pensamento e a política feministas foram fundamentais para impulsionar o reconhecimento e a valorização do trabalho de reprodução social, além de problematizar a forma de organização desse trabalho reprodutivo, ou seja, quem irá realizá-lo, quanto tempo lhe será dedicado, sob que condições e sob o controle de quem, se e como será remunerado e de que maneira será distribuído. De fato, para a política feminista, visibilizar a reprodução social e revelá-la como trabalho não são fins em si, mas maneiras através das quais a luta pode alterar sua distribuição (racializada e generificada) e as condições em que é realizada. Essa é uma visão crítica, pois se expande na medida em que destaca uma concepção mais ampla de trabalho sobre questões referentes à organização da reprodução social. Embora não exista um modelo, a erudição e a prática feministas fornecem ferramentas para abordar essa questão através de formas cooperativas e igualitárias de provisionamento, em que o trabalho é coletivo e organizado segundo a justiça de gênero (Federici, 2019 [2022]).

Recapitulando, o destaque dado pelo decrescimento a uma concepção mais ampla de trabalho consiste, ao mesmo tempo, num reconhecimento e numa recompensa ao trabalho de reprodução social que é fundamental para a sustentação da vida (humana e não humana), além de propor uma visão para sua organização coletiva, igualitária e democrática. Esse destaque fornece uma nova lente para pensar a justiça de transição, pois impregna não apenas a noção de transição mas também a de justiça, com o diversificado e imenso campo laboral e produtivo que sustenta a produção de mercadorias e a acumulação de capital. Ou seja, a justiça de transição exige justiça para os trabalhadores (humanos e não humanos) da reprodução social.

Decrescimento como/através da justiça

O segundo eixo fundamental é a justiça. O decrescimento é um projeto de justiça por meio de dois caminhos inter-relacionados. Em primeiro lugar, a justiça exige a fixação de limites, uma vez que os custos sociais e ecológicos do crescimento são sempre partilhados de forma desigual dentro e entre sociedades e regiões geográficas. Ou seja, reduzir o uso de energia e recursos é em si um projeto de justiça. Isso é especialmente pertinente para as relações entre o Norte e o Sul Global, uma vez que o crescimento econômico do

Norte tem causado graves impactos socioecológicos no Sul. Portanto, decrescer é uma responsabilidade do Norte, de modo a liberar mais espaço para que outros possam viver (Paulson *et al.*, 2020).

Em segundo lugar, e mais importante, o crescimento é impulsionado e viabilizado por injustiças globais. As desigualdades nas relações entre Norte e Sul, historicamente constituídas e continuamente reproduzidas, estão na base do capitalismo global. Elas posicionam os países do Norte e do Sul de maneira diferencial, na qual a prosperidade e o crescimento daqueles têm dependido fundamentalmente dos fluxos de natureza e mão de obra baratas apropriadas destes últimos. A dinâmica histórica do capitalismo global que enriqueceu o Norte Global também prendeu os países do Sul Global ao imperativo do crescimento perpétuo por meio da dependência estrutural do extrativismo, do serviço da dívida e dos ajustes estruturais, por exemplo.

A reparação das injustiças históricas e continuadas é, portanto, fundamental para o decrescimento, dotando-o de uma crucial dimensão internacional. Embora o decrescimento seja sobretudo uma proposta desenvolvida nos e para os principais países industriais do Norte Global, com políticas e ações imaginadas como intervenções no interior dessas economias, as implicações da "responsabilidade de decrescer" não se limitam de nenhum modo às fronteiras geográficas dos países ricos. O decrescimento como justiça é necessariamente um projeto dirigido contra os impactos históricos e contemporâneos do crescimento econômico, por um lado, e as estruturas de reprodução do crescimento do sistema econômico global, por outro.

De fato, a reformulação da ligação entre decrescimento e justiça tem sido central no pensamento e no ativismo do decrescimento, cristalizada especialmente nas noções de dívida ecológica — ou seja, a apropriação e/ou o uso desproporcional de recursos e sumidouros ecológicos, tanto no passado como na atualidade — e troca ecologicamente desigual, ou seja, os fluxos desiguais da natureza incorporada por bens comercializados no comércio internacional (Schmeltzer, Vansintjan & Vetter, 2022). No entanto, essas noções precisam ser complementadas pela perspectiva global da reprodução social entre o Norte e o Sul Global, que expande a definição de justiça para abarcar os fluxos assimétricos de trabalho humano e natural que sustentam a vida. Nesse sentido, não são apenas os fluxos da natureza (incorporada) — seja por meio do uso direto e da apropriação ou da troca desigual no comércio global, mas, de forma mais ampla, através dos fluxos de trabalho social reprodutivo — que sustentam e reproduzem o crescimento capitalista. As ações para solucionar as injustiças globais devem, portanto, adotar uma definição mais abrangente de "dívida social reprodutiva", que inclua o trabalho social reprodutivo racializado e depreciado que flui do Sul Global para o Norte, bem como inserir em sua pauta as reparações coloniais e a devolução da terra a seus legítimos guardiões indígenas.

As ações e intervenções concretas que emergem da compreensão do decrescimento como/através da justiça podem ser divididas em três grandes categorias, perfeitamente congruentes com as propostas do capítulo 7 deste livro ("Enfrentando as dívidas eternas do Sul"). A primeira diz respeito à reparação de injustiças históricas e contemporâneas e compreende medidas como o pagamento da dívida ecológica e, num sentido mais amplo, da dívida social reprodutiva, além de reparações climáticas e coloniais e intervenções no sistema financeiro e comercial globais para reverter/aliviar a dinâmica do intercâmbio desigual entre os países do Norte e do Sul Global. Nesse sentido, o decrescimento não se coaduna apenas aos movimentos contemporâneos que clamam por reparações e soberania indígena, como o Land Back Movement, mas também ao potencial transformador da Aliança dos Credores da Dívida Ecológica dos Povos do Sul, que contrabalançou a chamada crise da dívida do Terceiro Mundo através do cálculo dos débitos ambientais do Norte Global (Bravo & Yáñez, 2003).

O segundo conjunto diz respeito aos impactos potencialmente debilitantes que a contração das atividades de produção e consumo nos países industrializados teria no Sul Global durante o decrescimento, sobretudo em países estruturalmente dependentes de investimentos estrangeiros e exportações (Dengler & Seebacher, 2019, p. 248-9). Uma vez que, ao longo da história, a relação assimétrica e os fluxos desiguais da natureza e do trabalho entre o Norte e o Sul Global moldaram muitos países do Sul para a dependência estrutural de atividades exportadoras, suas economias sofreriam no caso de uma contração no Norte, o que equivaleria a uma desconexão forçada. Embora as medidas de justiça mencionadas anteriormente proporcionem algum alívio, também são necessárias ações diretas como a transferência de recursos para a reestruturação econômica.

O terceiro e último conjunto de ações/intervenções diz respeito à implementação e ao fortalecimento da autonomia do Sul Global para trilhar caminhos de não crescimento, se os países assim desejarem. Isso implica, por um lado, reconhecer a pertinência dos diversos movimentos, propostas e visões de mundo pós-crescimento originários do Sul Global (por exemplo, pós-extrativismo, Ubuntu, Bem Viver) e, por outro, efetivar medidas para aliviar o imperativo do crescimento no Sul Global — por exemplo, financiando sistemas cooperativos/públicos de provisionamento desvinculados do crescimento, ou apoiando uma mudança contra a dependência de relações de troca desiguais.

Decrescimento como autonomia/democracia

O terceiro e último eixo corresponde à autonomia e à democracia. Ele nos convoca a abandonar o imaginário social dominado pelo imperativo do crescimento e colocar em primeiro plano a tomada democrática de decisões na configuração dos processos econômicos. Uma contraparte desse chamado tem sido a ênfase na autonomia. O decrescimento é fortemente inspirado nas concepções de autonomia e democracia desenvolvidas por Ivan Illich, André Gorz e Cornelius Castoriadis. Apesar de suas diferenças, esses pensadores compartilham a compreensão dos prejuízos causados pelo aumento da escala da atividade econômica à capacidade de autogoverno, através da centralização e da burocratização da tomada de decisões econômicas ou da erosão da capacidade de autodefinir necessidades provocada pela ascensão da economia de mercado. Ou seja, o crescimento econômico infinito não seria desejável mesmo se fosse biofisicamente possível, pois prejudica a capacidade de autogoverno coletivo.

A democratização da tomada de decisões econômicas no sentido da expansão do autogoverno — permitir que todos participem das decisões que afetam suas vidas — é, portanto, inerente ao decrescimento. Isso se deve, em primeiro lugar, à insistência do decrescimento na determinação coletiva e democrática das necessidades e dos limites, ou seja, a seleção de quais atividades abolir ou limitar — e apoiar ou expandir — num futuro de decrescimento. Mas também ressoa a ênfase do decrescimento no lema "diferente, e não simplesmente menos": um chamado para construir um tipo alternativo de economia que não sirva à exploração, à acumulação e ao crescimento, em direção à centralidade das necessidades, do provisionamento, da equidade e da solidariedade. Logo, a limitação do poder corporativo, o estabelecimento de uma supervisão democrática sobre o capital e as finanças, a discussão do orçamento público e participativo e a governança democrática das capacidades produtivas, bem como a construção e o fortalecimento de outras formas (não capitalistas) de produção, distribuição/troca e consumo, constituem aspectos fundamentais do decrescimento.

Por meio de tais intervenções e práticas, a democratização da tomada de decisões econômicas em várias escalas poderia colocar em primeiro plano as necessidades concretas, os valores e a riqueza não monetários, em detrimento da acumulação, da maximização e do crescimento do lucro, priorizando princípios como a garantia de meios de subsistência sustentáveis, a equidade e a regeneração, renovação e proteção da qualidade ambiental (Johanisova & Fraňkovà, 2018). A abertura dos processos de tomada de decisão econômica à participação democrática de uma base mais ampla de atores permitiria o envolvimento de uma vasta gama de demandas e valores para informar decisões sobre o quê, quanto e para quem produzir, em que condições, como definir preços e salários e onde investir o excedente. Isso abriria espaço para repensar imperativos econômicos como crescimento e eficiência, permitir a operacionalização de objetivos alternativos e (re)politizar a economia, de modo a submeter a racionalidade econômica à deliberação e ao controle sociais.

Ou seja, dentro da esfera econômica, a democracia e a autonomia não são apenas princípios válidos em si mesmos, mas também forças capazes de conter e transformar a dinâmica social e ecologicamente destrutiva do crescimento das economias capitalistas. A ênfase do decrescimento na democracia econômica e na autonomia é particularmente crítica no contexto dos debates hegemônicos sobre a transição ecossocial. As propostas dessa frente se concentram principalmente na reorientação estrutural das atividades econômicas, como o abandono de setores baseados em combustíveis fósseis, aliada ao uso de tecnologias ecoeficientes. Tais propostas reduzem a questão da transformação a "fazer direito" os investimentos, ou seja, apostar em atividades que não sejam ecologicamente destrutivas, corrigindo a alocação deficiente das capacidades produtivas. Falta nesses debates, no entanto, uma visão sobre a governança das instituições e dos processos econômicos necessários. É aqui que o destaque dado pelo decrescimento à autonomia/democracia se torna crucial, pois municia os debates sobre a transição com a problematização dos processos de tomada de decisão econômica, para além de seus resultados.

Conclusão

O decrescimento como projeto e proposta política é "desenvolvido nos e para os países do núcleo industrializado do Norte Global". Não se trata de um projeto nem de uma visão a ser imposta ao resto do mundo, mas de uma entre muitas perspectivas alternativas que visam ao Bem Viver e à equidade para além do crescimento capitalista, muitas vezes anteriores ao decrescimento. Assim como outras dinâmicas sociais, esse movimento também não é homogêneo, estático, nem destituído de contradições. Em sua história, a predominância das noções de autolimitação e dimensionamento correto e um foco excessivo no consumismo, por exemplo, não podem ser ignorados, em especial nas vertentes anteriores do pensamento e da prática do decrescimento. Também há uma tendência que evita o envolvimento com as implicações da justiça global e as responsabilidades do decrescimento.

No entanto, uma confrontação mais direta com o capitalismo, sobretudo com o regime ecológico global, o colonialismo e o patriarcado, por um lado, assim como novas formas anticapitalistas de organização da economia, por outro, tem sido absorvida pela filosofia do decrescimento, principalmente devido a sua maior aceitação pelos movimentos sociais e sua abertura para múltiplas visões que desafiam a hegemonia do crescimento e do capitalismo. Essa virada imbuiu o decrescimento de fundamentos essenciais para perturbar e contestar o entendimento dominante sobre a transição, apontando a necessidade de que o decrescimento continue a evoluir como um projeto político vivo dos muitos mundos que cabem no mundo.

Luis González Reyes é um reconhecido ativista espanhol. Doutor em Química, é membro da Cooperativa Garúa, onde desenvolve formação em ambientalismo, pedagogia e economia. É membro da Ecologistas en Acción, principal organização ambientalista espanhola. É autor de vários livros, incluindo *En la espiral de la energía* (com Ramón Fernández Durán, dois volumes, 1ª edição 2014) e *Decrecimiento: del qué al cómo* (com Adrián Almazán, 2023).

15 Decrescimento, emergência climática e transformação do trabalho

Luis González Reyes

Introdução: dois desafios e um fator condicionante das transições ecossociais

Toda transição ecossocial enfrenta dois desafios fundamentais. O primeiro corresponde à profundidade e à amplitude das mudanças necessárias. O segundo é a grande velocidade com que essas transformações precisam acontecer.

Quanto ao primeiro desafio, podemos destacar três aspectos fundamentais que exigem mudanças. A primeira é nossa matriz energética. Precisamos abandonar os combustíveis fósseis e apostar em energias renováveis. Essa é a única forma de evitar os piores cenários da emergência climática ou a extinção massiva de espécies. Não é uma mudança pequena, uma vez que as energias renováveis possuem características diferentes das de base fóssil. São fontes de baixa concentração que funcionam com fluxos irregulares e geram uma quantidade significativamente menor de energia disponível (González Reyes, 2022). Pensar um mundo movido a energias renováveis significa pensar uma economia e uma sociedade diferentes (Malm, 2021 [2025]; Durán & González Reyes, 2018).

O segundo fator é que não apenas as fontes fósseis estão se esgotando (Turiel, 2021); a mesma coisa acontece com elementos como o fósforo, essencial na agricultura industrial, além de outros minerais essenciais para as energias renováveis de alto desempenho (Valero & Valero, 2021). Em outras palavras, a transição energética também precisa se mover em direção a tecnologias e materiais renováveis mais simples. Mudar as bases materiais do sistema econômico implica uma transição das economias de extração (mineração) para economias de produção, notadamente a agricultura. Isto é, a economia precisa substituir sua base mineral pela biomassa.

Transformar o modelo econômico também é essencial, uma vez que o capitalismo precisa crescer ininterruptamente para evitar a crise (ou seja, para conseguir funcionar). Mas esse crescimento constante é impossível. Entre outros fatores, porque, em nível global, há uma correlação linear entre o PIB e o consumo de materiais e energia (Tverberg, 2022; Bellver, 2019). Os dados empíricos refletem que não há aumento do PIB sem mais consumo de materiais e energia (Parrique *et al.*, 2019). É impossível desmaterializar a economia.

O segundo desafio diz respeito à velocidade da transição. A emergência climática é um dos fatores que impõem a necessidade de rapidez nesse processo. As mudanças climáticas não são um processo linear. Depois de atingir certo limiar (que é provavelmente 1,5 °C acima dos níveis pré-industriais, o que já está próximo), o próprio planeta se tornará um emissor líquido de gases de efeito estufa. Esse processo não vai parar até um novo equilíbrio ser alcançado, com temperaturas de 4 °C a 6 °C superiores aos níveis pré-industriais. Tal desenlace tornaria a maior parte da Terra inabitável para os seres humanos (McKay *et al.*,

2022). Algo semelhante acontece com a disrupção do ecossistema.[1] Portanto, em resposta à emergência climática, precisamos determinar uma redução nas emissões capaz de evitar o aquecimento de 1,5 °C. As Nações Unidas propõem que essa diminuição deve ser de 7,6% ao ano no âmbito global.[2] Isso implica uma redução de 58% em 2030 na comparação com as emissões de 2019. No entanto, num mundo tão desigual, as responsabilidades dos numerosos territórios são muito diferentes. Para os principais emissores históricos e per capita do mundo, as reduções precisariam ser maiores, cerca de pelo menos 10% ao ano. Isso significa uma queda de 65% em 2030. Para ter uma ideia do que isso representa, as reduções verificadas durante o colapso da antiga União Soviética foram da ordem de 4% nos piores anos. Nesse caso, falamos de uma taxa anual que seria quase o dobro, em nível planetário e no longo prazo.

O corolário desse desafio é que não podemos realizar programas em duas etapas através de uma estratégia do tipo "primeiro fazer o mais fácil para economizar tempo e depois passar para o mais difícil". A mudança precisa acontecer numa única etapa, de uma só vez.

Enfrentar tais adversidades pressupõe uma transformação radical do mundo do trabalho e, mais especificamente, do emprego. Neste capítulo, sugiro a realização de quatro transformações (Ruault *et al.*, 2022):

(i) incentivar atividades de conservação, pois os empregos desse setor, se bem desempenhados, desaparecerão;

1 "El informe de la evaluación mundial sobre la diversidad biológica y los servicios de los ecosistemas", Plataforma Intergovernamental sobre Biodiversidade e Serviços Ecossistêmicos (Ipbes), 2019.
2 "Emissions Gap Report 2019", Pnuma, nov. 2019.

(ii) incentivar ocupações dedicadas ao cuidado e à integração ao meio ambiente que gerem mais empregos desse tipo, numa retroalimentação positiva. A agricultura agroecológica é a área determinante para esta ação;

(iii) reconverter atividades econômicas que são prejudiciais à vida e cuja demanda aumenta à medida que a biodiversidade se esgota. Um exemplo é a produção de fertilizantes químicos, que são muito perigosos, porque criam a ilusão de que não somos ecodependentes;

(iv) reconverter atividades que dependem de uma boa saúde ecológica, mas são baseadas na exploração ambiental. Exemplos são a pesca intensiva e os serviços bancários que a apoiam. Essas ocupações são autorreguladas, pois desaparecem automaticamente sem um ambiente saudável. No entanto, é essencial agir antes que isso aconteça.

Assim, as mudanças necessárias são profundas e devem ocorrer muito rapidamente. Ao mesmo tempo, são inevitáveis. Não nos deixemos enganar pensando que podemos evitá-las: a diminuição, a localização e a primarização da economia serão consequências das limitações ambientais. Por exemplo, sem petróleo abundante, é impossível manter o sistema globalizado de produção e consumo, e tampouco uma população altamente urbanizada (Durán & González Reyes, 2018).

O que está em jogo é quão justa será a transição e quanta degradação acontecerá até lá, e não a transição ecológica em si. Então, quais são as principais linhas de transformação necessárias?

Redução do consumo de materiais e energia para observar os limites ecologicamente viáveis

Se desejamos evitar as piores consequências de ultrapassar os limites ecológicos, é essencial promover uma robusta contração da esfera produtiva, um decrescimento do metabolismo social (ver o capítulo 14, "Um decrescimento feminista para perturbar a transição"). Essa contração precisa começar agora. Um período de crescimento alimentado por energia renovável de alta tecnologia teria sido viável nas décadas de 1970 e 1980, seguido por uma inevitável desaceleração do metabolismo para inseri-lo nos parâmetros físicos e ecológicos da sustentabilidade. Hoje, no entanto, não há mais tempo para isso se quisermos alimentar alguma esperança de evitar a explosão das mudanças climáticas e prevenir um aumento da temperatura média superior a 1,5 °C (Nieto *et al.*, 2020). Ademais, como observamos, provavelmente não há energia nem recursos materiais suficientes para esse desenvolvimento industrial.

Modelamos as mudanças econômicas que seriam necessárias na Espanha para atingir as margens de segurança ecológica na década de 2020-2030. Para fazê-lo, consideramos toda a economia espanhola (produtiva e reprodutiva), dividindo-a por atividade; em seguida, traduzimos essas atividades em horas de trabalho e emissões. Com dados de 2019, simulamos uma série de políticas para estimular algumas atividades e emissões e diminuir outras entre 2020 e 2030. Por fim, traduzimos as horas de trabalho resultantes em 2030 em empregos (medidos em horas assalariadas) e comparamos as emissões com os limites fixados pela ONU para não exceder 1,5 °C de aumento de temperatura (redução global média de 7,6% nas emissões de CO_2),[3] contemplando também a dívida ecológica espanhola (redução anual de 10%) (González Reyes *et al.*, 2019).

Quanto às políticas, definimos um cenário de Novo Pacto Verde baseado na implantação maciça de energias renováveis de alta tecnologia e de tecnologias da informação e comunicação (TICs), mas também na contração da mobilidade, na diminuição do aquecimento doméstico e do ar-condicionado e no desenvolvimento da agricultura biológica. Esse cenário reduziria consideravelmente as emissões na década em estudo (-45%), mas muito aquém do que seria necessário (-65%), mesmo sem considerar a dívida ecológica (-58%). As coisas não têm andado com rapidez suficiente, e a velocidade é essencial no atual cenário de emergência climática, uma vez que, quanto mais tempo levarmos para diminuir a concentração de CO_2 abaixo de 350 partes por milhão (ppm) — atualmente ela está bem acima de 410 ppm —, maior a probabilidade de que o limite de 1,5 °C seja excedido.

Também modelamos um cenário de decrescimento diferente do Novo Pacto Verde, que alcançaria uma robusta redução de emissões (-68%) em uma década. O nível de atividade econômica na Espanha em 2030 seria um pouco inferior ao de abril de 2020, durante o período mais rigoroso do confinamento contra a covid-19.

Essa economia de decrescimento implicaria aumento da atividade em alguns setores, como o alimentício e o de gestão de resíduos, gerando postos de trabalho (Cámara & Santero-Sánchez, 2020). Muita ênfase tem sido dada a essas opções de emprego verde nos setores ambiental e sindical, na crença de que as transições ecológicas criarão oportunidades no mercado de trabalho. No entanto, precisamos olhar o quadro completo, incluindo

3 "Emissions Gap Report", Pnuma, nov. 2019.

os setores excessivamente grandes e/ou que causam destruição ecológica. Ao analisar o mercado de trabalho como um todo, a transição verde ocasionaria uma significativa redução líquida das horas de trabalho produtivo, pelo menos no curto prazo.[4] Esse desafio complica bastante a transição ecossocial e requer mais do que simples medidas ambientais, como discutiremos mais detalhadamente.

Que setores precisariam diminuir e quais deveriam aumentar durante uma transição de decrescimento? Se considerarmos os diferentes setores produtivos, seria necessário cortar significativamente as horas de trabalho dedicadas a construção, transportes, finanças, turismo, indústria e TICs. Em contrapartida, o setor energético e, acima de tudo, a silvicultura e a alimentação teriam grandes aumentos. Tudo isso também dependeria de uma grande reconfiguração, como exploraremos mais adiante (González Reyes *et al.*, 2019; Oteros *et al.*, 2023). Tais resultados provavelmente equivalem aos que seriam obtidos em simulações para as economias dos principais países do sistema.

Seria necessário reduzir significativamente as emissões decorrentes do aquecimento e do ar-condicionado em espaços públicos e privados. Além de medidas para aumentar a eficiência, isso implicaria trocar os aparelhos de ar-condicionado por ventiladores, aquecer apenas cômodos (o banheiro e a sala de estar) e pessoas (aquecedores de braseiro sob toalhas de mesa), em vez de casas inteiras. Também exigiria uma grande redução nos transportes aéreos e rodoviários.

4 Ver Antal (2014); Bowen e Kuralbayeva (2015); González Reyes *et al.* (2019); Nieto *et al.* (2020); Oteros *et al.* (2023).

Relocalização e diversificação da economia

O atual modelo de globalização acumula impactos ecológicos e sociais incompatíveis com a sustentabilidade. Além disso, para acabar com a desigualdade e o extrativismo que possibilitam esse modelo, é necessário realocar as economias para fazer com que a vida sustentável num dado território funcione com base em recursos próximos. No entanto, esse imperativo vai além, uma vez que não há um substituto para o petróleo que possibilite a manutenção do atual modelo de transporte de grandes volumes por longas distâncias e em altas velocidades, no que diz respeito a pessoas, mercadorias e informações (Blas *et al.*, 2020). Na realidade, a localização acontecerá por si mesma à medida que o petróleo se tornar mais escasso. Essa relocalização envolverá necessariamente uma diversificação das atividades econômicas para que os territórios sejam capazes de satisfazer sozinhos a maioria das necessidades sociais.

Um exemplo de relocalização econômica é o modelo que desenvolvemos para a Espanha, que propõe uma diminuição de 80% do tráfego marítimo (que é a forma como a maioria dos bens entra nas economias centrais) em 2030 na comparação com 2020 (González Reyes *et al.*, 2019).

A diversificação seria mais importante para o setor industrial, que teria de passar por profundas mudanças. As transformações desse setor precisariam abranger três dimensões: (i) promover uma intensa diversificação do tecido produtivo para enfrentar uma economia menos globalizada, mas que continue a satisfazer as necessidades das pessoas. Formatos diferentes serão adotados, a depender das especialidades produtivas de cada território, mas é muito provável que haja uma revitalização do processamento de alimentos e da fabricação de móveis e têxteis; (ii) restringir as indústrias com grande impacto ambiental: pesticidas, automóveis e, infelizmente, muitas outras; (iii) fazer uma transformação rumo ao baixo impacto ambiental. Isso implica uma profunda mudança do setor energético como um todo, a começar pelas tecnologias baseadas em combustíveis fósseis ou minerais, que devem ser substituídas por energias verdadeiramente renováveis, biomassa e materiais abundantes, facilmente extraíveis e reutilizáveis.

Integração do metabolismo social ao metabolismo ecossistêmico

Os ecossistemas são muito mais poderosos e resilientes do que o capitalismo industrial. Eles concentram seus esforços nos ciclos, não no crescimento (por exemplo, reciclagem de carbono, nitrogênio ou fósforo a taxas de 99,5%-99,8%), usando energia solar e maximizando a diversidade com altos graus de cooperação (Castro, 2019). As economias humanas devem tentar imitá-los. Isso significa que as sociedades precisam dedicar a maior parte de seu esforço produtivo ao setor primário, sob o paradigma agroecológico, uma vez que as economias focadas no setor secundário ou terciário não são capazes de efetivar o funcionamento essencial dos ciclos.[5]

Uma maneira mais concreta de tratar da questão é focar o modelo energético. A energia evoluiria de um mix baseado principalmente em combustíveis fósseis importados para opções de energia renovável. No entanto, isso não se daria como normalmente se espera, ou seja, através de fontes renováveis de alta tec-

5 "The Circularity Gap Report 2022", Circle Economy, 2022.

nologia construídas com materiais e energia não renováveis e usadas principalmente para produzir eletricidade (que responde por aproximadamente 20% do consumo energético mundial). A transição aconteceria na direção de energias verdadeiramente renováveis e de natureza emancipatória (ver o capítulo 12, "Resistir ao extrativismo e construir uma transição energética justa e popular na América Latina"). Estas possuem características distintas: (i) são produzidas com materiais e energias também renováveis; (ii) integram e aproveitam o funcionamento dos ecossistemas (como o aquecimento bioclimático das casas ou a navegação através de correntes de vento estáveis nos oceanos); (iii) não monopolizam todo o fluxo de energia para o ser humano, mas o compartilham com os outros seres vivos, o que possibilita menor acúmulo de energia e uso intermitente; (iv) fazem trabalho direto (moem, batem, bombeiam etc.) e produzem calor, não apenas eletricidade; (v) são controladas pela comunidade (González Reyes, 2022).

No entanto, a integração entre o metabolismo humano e o do ecossistema provavelmente será mais apreciável no setor de alimentos, no qual a agricultura precisa ser praticada com adubos verdes, controle de pragas baseado nos equilíbrios dos ecossistemas, circuitos de comercialização mais curtos, adaptação das culturas às condições climáticas e do solo, diversificação produtiva, controle de sementes, soberania alimentar etc.

Integração entre produção e reprodução numa unidade econômica

Para começar, não devemos dissociar o trabalho reprodutivo do produtivo; ambos estão inextricavelmente ligados, uma vez que as condições do trabalho reprodutivo possibilitam a existência de todo trabalho de produção (para um mergulho profundo nesse debate, ver o capítulo 14, "Um decrescimento feminista para perturbar a transição"). Ademais, uma das raízes do patriarcado é a divisão entre reprodução e produção, além da especialização por gênero, ainda vigentes tanto nas regiões centrais quanto nas periféricas: as mulheres dedicam mais horas às tarefas reprodutivas do que os homens, o que resulta num total de mais horas de trabalho.[6] Nesse sentido, a primeira ideia importante é a necessária integração da produção e da reprodução na mesma unidade econômica, como nas famílias camponesas, mas com uma distribuição equitativa de todas as tarefas entre os gêneros — assim, uma família típica de camponeses deixaria de servir como referência.

O segundo resultado da observação do conjunto dos empregos é que na Espanha dedicamos mais horas diárias ao trabalho reprodutivo que ao produtivo (González Reyes *et al.*, 2019), e é muito provável que essa situação se repita no resto do mundo. Portanto, pensar em transições laborais nos obriga a concentrar nossa atenção no trabalho que acontece dentro de casa e é essencial para a reprodução social, apesar de normalmente ser mantido numa caixa-preta.

Acrescente-se a esses dois elementos o fato de que devemos revolucionar o atual valor social dos empregos. Os trabalhos produtivos, especialmente os situados nos centros de controle da reprodução do capital, são os que recebem mais valor social (e econômico). Do ponto de vista de nossa interdependência e ecodependência, o trabalho de cuidados deve ser considerado essencial e, portanto, mais valioso (Pérez-Orozco, 2014). A proposta é que os postos de trabalho de cuidados cresçam não somente

6 "Relatório Global de Desenvolvimento Sustentável 2022", Pnuma, 7 jul. 2022.

em valor (social, não monetário) (Dengler & Lang, 2021) mas também em dedicação, de modo a assumir parte dos trabalhos comunitários desmercantilizados, tema que aprofundaremos um pouco mais adiante.

Forçar uma sólida redistribuição de riqueza entre e dentro dos territórios, com critérios de justiça global

Como observamos, o enquadramento da economia nos limites dos ecossistemas presume menos crescimento e menos empregos. Esse é um problema grave para sociedades assoladas por desigualdades transversais e profundas, nas quais há bolsões significativos de pobreza e grande dependência dos salários para suprir necessidades básicas. Por esse motivo, a transição ecológica deve ser acompanhada por uma transição social abrangente, articulada em torno da distribuição da riqueza.

Isso exigiria medidas como expropriação de latifúndios, universalização da renda mínima, políticas fiscais fortemente redistributivas etc. e, no nível internacional, o pagamento das dívidas ecológicas e coloniais, como discutido no capítulo 7 ("Enfrentando as dívidas eternas do Sul") No contexto laboral, a redistribuição do emprego é essencial. Nos modelos que propusemos para a Espanha, para enfrentar tanto as mudanças climáticas (González Reyes *et al.*, 2019) como a perda de biodiversidade (Oteros *et al.*, 2023) com a atual configuração do mundo do trabalho, teríamos destruição líquida do emprego; mas, com a adoção de jornadas semanais de 30 ou 32 horas, haveria geração líquida. Esses resultados podem ser qualitativamente extrapolados para o nível global. Dessa forma, a redução da jornada de trabalho, a proibição de horas extras e uma idade de aposentadoria mais precoce parecem ser políticas centrais para uma transição justa.

A sociedade organizada pode ser um agente ativo dessa redistribuição sem a intervenção do Estado, por exemplo, através da ocupação de casas e terras, ou de campanhas pela redução da jornada de trabalho sem perda salarial. De qualquer forma, o Estado será forçado a participar desse processo. A ideia, entretanto, é que essas lutas, que são muito custosas, não durem indefinidamente; em vez disso, as pessoas devem ser capazes de sustentar a própria vida com autonomia, sem depender do mercado ou do Estado. É disso que trata a última ideia impulsionadora.

Mais autonomia econômica para todas as pessoas

Um dos pilares das sociedades capitalistas é a falta de autonomia econômica e material das pessoas, que é ativamente destruída pelos processos de acumulação por espoliação (Harvey, 2007 [2004]). Uma vez que a terra é expropriada, o território, degradado e as comunidades, dissolvidas, a autogestão coletiva de aspectos básicos da sobrevivência, como alimentação, abrigo e vestuário, torna-se impossível. Quando falta autonomia, a população não tem escolha senão obter grande parte do que precisa no mercado, o que demanda dinheiro. Para a maioria, isso significa trabalhar em troca de um salário. A partir daí, voluntária ou involuntariamente nos tornamos cúmplices da sustentação do sistema do qual nossa subsistência depende.

Ademais, o funcionamento adequado desse sistema requer crescimento permanente, que se torna uma obrigação irracional. O crescimento ocorre dentro do sistema e à custa do que existe fora dele. Internamente, o capitalismo produz para gerar valor excedente que precisa ser reinvestido para dar continuidade à expansão do capital, e não para oferecer bens e serviços que satisfaçam as necessidades sociais. Esse crescimento compulsivo é um dos responsáveis pela devastação ecológica, como demonstra a já mencionada relação linear entre o consumo de energia e materiais e o PIB mundial. Essa correlação também se verifica entre a concentração de CO_2 na atmosfera e o PIB (Garret, 2018).

Além disso, o capitalismo precisa se expandir constantemente para áreas que ainda não domina. Por um lado, isso capitaliza o trabalho humano que existia fora dos mercados, invadindo cada vez mais territórios (acumulação por espoliação, como mencionamos anteriormente). Um exemplo histórico de como o sistema converte empregos externos em capital foi a escravização da população africana para gerar valor excedente nas plantações de cana-de-açúcar e algodão nas Américas. Outra área em que o capitalismo tem se expandido é a conversão de "trabalho" não humano em capital (Moore, 2020). Um exemplo é o petróleo: ao extraí-lo e transformá-lo em mercadoria, o "trabalho" de milhões de anos de concentração, compressão e aquecimento de enormes quantidades de matéria orgânica é capitalizado para transformá-lo em uma fonte de energia de alta densidade. A última fronteira da expansão do sistema, na qual o capital também consegue se reproduzir, são aspectos de nossas vidas anteriormente não mercantilizados — como o cuidado dos idosos e as relações sociais, hoje nas mãos de empresas digitais. Tudo isso gera destruição ecossocial.

Assim, a proposta consiste em transformar as sociedades de "mercado" (nas quais a satisfação das necessidades é alcançada majoritariamente através da compra de bens e serviços) em sociedades "com mercados, alguns deles regulamentados" (nas quais a população detém alto nível de autonomia econômica). Nessa nova economia, bens e serviços de subsistência antes comercializados teriam preços regulados para garantir sua universalização.

Isso requer extensivos processos de *desassalariamento* e *desmercantilização*, além de um movimento decisivo na direção de formas cooperativas e autogeridas de propriedade e produção. O objetivo de uma economia em crescimento não é simplesmente "dignificar" as condições do trabalho remunerado ou sustentar e expandir os Estados de bem-estar. A fim de alcançar as referidas transformações, não bastará reconfigurar os "empregos", mesmo que sejam "verdes": também será necessário romper o mecanismo do trabalho assalariado como pilar fundamental das relações sociais.

Para avançar no controle social dos meios de produção, é fundamental o processo de *desassalariamento*, assim como retirar do mercado cada vez mais atividades para *desmercantilizar* a vida. Isso significa defender e reconstruir bens comuns a fim de permitir uma nova organização da subsistência, não apenas afastada da dinâmica mercantil mas também capaz de reapropriar a capacidade autônoma de decisão, que foi expropriada pelo Estado. Precisamos transformar o território, mas também os direitos, o cuidado e a educação em bens comuns, de maneira que fiquem cada vez mais nas mãos do povo e possam se separar da dinâmica destrutiva do capitalismo e se submeter à tomada democrática de decisões.

Considerações finais

A realização desse tipo de transição transcende a esfera sindical, ainda que o sindicalismo concentre seriamente seus esforços na tarefa de construir a autonomia dos trabalhadores com base no cooperativismo. Isso significa combinar visões e lutas com o ambientalismo, o feminismo, o internacionalismo e o cooperativismo, o que exige perspectiva e ações holísticas.

Também implica a necessidade de ressignificar de várias formas o conceito social de trabalho. Deve-se primeiro separá-lo do emprego para estendê-lo ao trabalho de cuidados e ao trabalho comunitário produtivo. Em seguida, promover a desvalorização social do emprego e lutar para destruí-lo. Depois, apostar apenas em trabalhos ligados à reprodução social e à tessitura da vida, sem foco na reprodução do capital, que permitam a satisfação das necessidades humanas. Em quarto lugar, romper com a visão produtivista do trabalho e ressignificá-lo como fonte de sentido pessoal e coletivo, compatível com o lazer. Por exemplo, se as medidas propostas em nosso modelo fossem implementadas (González Reyes *et al.*, 2019), trabalharíamos menos horas no total, dedicaríamos mais tempo ao cuidado não remunerado e menos ao emprego (público e privado), num campo de trabalho não capitalista, autogerido e enquadrado na economia feminista, ecológica e solidária. Isso provavelmente nos proporcionaria uma vida mais próxima do Bem Viver e do "viver saboroso".

Farida Akhter é uma das fundadoras da Ubinig, ONG de Bangladesh que criou um dos maiores bancos comunitários de sementes do mundo. Realizou extensa pesquisa em agricultura, pesca marítima e problemas do desenvolvimento. Está profundamente engajada no movimento de agricultores Nayakrishi Andolon (Novo Movimento Agrícola), que promove sistemas agrícolas baseados na biodiversidade entre mais de trezentas mil famílias de agricultores bangladeses. É autora de vários livros e colunista em jornais do país.

Nayakrishi Andolon: alternativas ao sistema agroalimentar corporativo em Bangladesh

16

Farida Akhter

Introdução

O povo de Bangladesh é "vítima" da natureza predatória da civilização colonial-industrial baseada em combustíveis fósseis. Enquanto território do expansionismo extrativista e industrial, o país é excepcionalmente vulnerável às mudanças climáticas. Tem enfrentado condições meteorológicas extremas e desastres naturais cada vez mais frequentes, como tempestades, ciclones, aumento do nível do mar, seca, erosão, deslizamentos, inundações e salinização. As estimativas mostram que, até 2050, um em cada sete habitantes de Bangladesh será deslocado pelas mudanças climáticas, e cerca de dezoito milhões de pessoas perderão suas casas devido ao aumento do nível do mar.[1] Somam-se a essas cifras os deslocamentos ocasionados pelas políticas de desenvolvimento impostas por instituições multilaterais e bilaterais. A população

1 "How the Climate Crisis Is Impacting Bangladesh", Climate Reality Project, 9 dez. 2021.

é violenta e sistematicamente expulsa da economia agrária e da subsistência rural. A transformação capitalista aliena as pessoas da terra e as força incessantemente a migrar para as cidades, onde se tornam mão de obra barata no setor de vestuário.

Num país frequentemente atingido por tragédias naturais, o povo de Bangladesh desenvolveu uma valiosa prática de gestão de desastres. A participação ativa das pessoas na fase de recuperação gera uma forma de coletivismo que aumenta a resiliência e o potencial de sobrevivência da comunidade afetada. As pessoas constroem redes, ativam velhas relações e saem em busca de ajuda mútua, demonstrando o poder da autodeterminação e do processo de localização do poder popular. No entanto, esse potencial nunca foi bem aproveitado. Em vez disso, um Estado altamente coercitivo e centralizador impôs leis, estruturas e cultura administrativa copiadas da era colonial. Atores da área de desenvolvimento internacional com uma compreensão estreita e meramente técnica da recuperação de desastres impuseram políticas de ajuda e desenvolvimento altamente burocráticas e preconcebidas, que interpõem enormes desafios para o povo.

Portanto, uma transição justa em Bangladesh precisa envolver duas estratégias inter-relacionadas. Em primeiro lugar, criticar reiteradamente e opor resistência à ideia de "desenvolvimento", arraigada nas estruturas coloniais e no modelo capitalista da civilização industrial. O principal requisito é o redesenho da transformação econômica, social, cultural e tecnológica de acordo com princípios ecológicos. Em segundo lugar, planejar estratégias adequadas para uma transição ecossocial justa nos setores industrial e agrário.

Uma compreensão sistemática das opções disponíveis para a produção de alimentos, a utilização de mão de obra, o desenvolvimento de conhecimentos e habilidades e da produtividade deve privilegiar as características locais, em vez de modelos impostos de fora. Uma transição justa, equitativa e sustentável não pode preservar o funcionamento costumeiro do sistema injusto. A indústria extrativista, massivamente destrutiva, tornou-se mais visível após as mudanças climáticas e a pandemia de covid-19. Para abandonar o extrativismo, a transição justa deve garantir justiça tanto para o ser humano quanto para o meio ambiente. O Nayakrishi Andolon, movimento ecológico de agricultores baseado na biodiversidade, é um novo caminho para alcançar esse objetivo.

Escrito após décadas de práxis e reflexão coletivas com a Ubinig, uma ONG de Bangladesh, este capítulo critica o sistema agroalimentar corporativo no país e sugere a solução alternativa do Nayakrishi Andolon. O texto traça as origens desse movimento de base e descreve sua práxis agrícola, baseada na biodiversidade como um sistema mais viável e benéfico para as pessoas e o planeta.

Por meio de redes de sementes lideradas por mulheres e de conhecimentos tradicionais, o Nayakrishi demonstra as possibilidades e o poder de povos indígenas, mulheres e agricultores como portadores de sabedoria na linha de frente do sistema agroalimentar de Bangladesh. Ao abordar esse caso concreto, o capítulo enfatiza a importância de criticar o desenvolvimento agrícola convencional e, ao mesmo tempo, promover e estimular alternativas e movimentos como dois lados da mesma moeda.

Modernização: a destruição do fundamento biológico da agricultura

Bangladesh, país rico em biodiversidade e recursos naturais, tem lutado para escapar da pobreza e do subdesenvolvimento desde a independência, em 1971. Uma população de mais de 170 milhões de habitantes ocupa um pequeno território de 147.570 quilômetros quadrados, no qual, segundo o Estudo das Zonas Agroecológicas (AEZ), há uma enorme diversidade de relevo, solos, terras não inundáveis e agroclimatologia. O AEZ reconheceu no país 30 regiões e 88 sub-regiões agroecológicas, por sua vez subdivididas em 535 unidades agroecológicas.[2]

A agricultura é dominada por pequenas propriedades (menos de um hectare), habitadas por 84% do total de famílias agrícolas; apenas 14% das propriedades possuem médias e grandes dimensões (mais de três mil hectares).[3] Esses pequenos agricultores plantam várias culturas, especialmente arroz. A Organização das Nações Unidas para a Alimentação e a Agricultura (FAO) estima que, em todo o planeta, cerca de quinhentos milhões de pequenas fazendas familiares, com menos de um hectare de terra, produzem mais de 80% dos alimentos consumidos mundialmente.[4] Os lavradores de Bangladesh pertencem a essa categoria de agricultores globais.

A agricultura fornece meios de subsistência e emprego para a maioria da população, além de alimentos, fibras, medicamentos e divisas para a economia nacional. Em 1983-1984, a participação da agricultura no PIB era de 49%, com apenas 10% para o setor industrial e 18% para o comércio e os transportes. Desde a década de 1990, a contribuição do setor agrícola diminuiu gradualmente,

2 "Land Resources Appraisal of Bangladesh for Agricultural Development, Report 2: Agroecological Regions of Bangladesh", FAO, 25 abr. 2019.

3 "Statistical Yearbook of Bangladesh", Bangladesh Bureau of Statistics, 2015.

4 "The State of Food and Agriculture (2014): Innovation in Family Farming", FAO, 9 dez. 2021.

de 38% para apenas 12,9% do PIB em 2020.[5] O declínio da participação da agricultura é visto como um sinal de "modernização" segundo a noção de que ela é sinônimo de baixo crescimento, atraso e falta de industrialização. Somente a "industrialização" é capaz de gerar crescimento e civilização elevados. Em 2020, a participação da indústria no PIB subiu para 30%, enquanto a dos serviços alcançou 53,4%. Essa transformação é o resultado pretendido pelas políticas que destroem a agricultura como vida e meio de subsistência e transformam as terras em meios de produção para atividades comerciais e industriais e a industrialização de alimentos.

O fato de que a contribuição da agricultura para o PIB tenha diminuído enquanto o setor continua a empregar mais de 40% da população não significa muita coisa, pois os números não conseguem captar a complexidade das relações entre as pessoas, a agricultura e seus meios de subsistência, particularmente nas zonas agroecológicas. A transição da agricultura para o "desenvolvimento" e a "industrialização" tem provocado diversas catástrofes na vida das pessoas através da destruição da biodiversidade, do meio ambiente e da saúde, bem como da violação dos direitos dos agricultores e das mulheres do campo.

Desde a década de 1970, sob a orientação de doadores, Bangladesh tem seguido as políticas de modernização agrícola da chamada Revolução Verde, que consiste essencialmente na industrialização da produção alimentícia por meio do emprego de produtos químicos (fertilizantes e pesticidas), da extração de águas subterrâneas para irrigação e da mecanização das tecnologias pós-colheita. A produção industrial de alimentos, que tem sido

5 "Agriculture, Forestry and Fishing Value Added: World Bank National Accounts Data, and OECD National Accounts Data Files", Banco Mundial, [s.d.].

apontada como causa da destruição da biodiversidade, promoveu a monocultura de variedades de arroz de alto rendimento (HYV), destruindo gradualmente a tecnologia de sementes dos agricultores para substituí-la por variedades corporativas e organismos geneticamente modificados (OGMs). Milhões de toneladas de fertilizantes químicos e pesticidas, a poluição e a extração de milhões de metros cúbicos dos lençóis subterrâneos criaram um sistema injusto de acesso a sementes, insumos agrícolas e água.

Promovendo transições justas através do Nayakrishi

Na década de 1990, com o aumento do custo dos insumos e a diminuição dos lucros auferidos pelas práticas agrícolas convencionais, os agricultores foram confrontados pela dúvida: retornar à agricultura tradicional ou formular uma prática alternativa capaz de resolver problemas e, ao mesmo tempo, suplantar os métodos agrícolas modernos e lidar com novas questões multidimensionais como a perda de biodiversidade, os problemas ecológicos, os direitos dos agricultores e das mulheres e a soberania alimentar? Não se tratava de voltar aos velhos tempos. Ao contrário, o foco eram as transições futuras. O Nayakrishi Andolon nasceu em meio a esses desafios. Desde o início, o movimento não se concebia como uma transição técnica da agricultura química para a base orgânica, mas agregava todas as questões sociais, ambientais, culturais e políticas enfrentadas pelas comunidades agrícolas.

No início dos anos 1990, a escolha do nome Nayakrishi Andolon foi um desafio. Os movimentos ambientais e ecológicos em nível global já atuavam desde antes da Cúpula da Terra de 1992, realizada no Rio de Janeiro. O termo "biodiversidade" não era familiar para muitos ativistas ambientais antes da Convenção sobre Diversidade Biológica (CDB). O Nayakrishi (*naya* significa novo; *krishi*, agricultura) evoluiu por meio de discussões, debates e análises entre os agricultores. Era um conceito totalmente inovador de agricultura baseada na biodiversidade. Assim, o termo *andolon* (movimento) foi adicionado, uma vez que individualmente os agricultores não são capazes de perturbar o domínio dos interesses corporativos e atores globais. Devem lutar coletiva e continuamente contra a conversão da agricultura em agricultura industrial através de tecnologias nocivas, como as sementes geneticamente modificadas.

Os agricultores do Nayakrishi seguem dez regras simples, identificadas com os dez dedos das mãos. O principal objetivo é regenerar o solo e mantê-lo vivo e fértil, recuperar e conservar diversas formas de vida e a variabilidade ecossistêmica e desenvolver a capacidade do sistema de conhecimento indígena de confrontar e incorporar os mais recentes avanços das ciências biológicas que possam contribuir para regenerar o planeta e o sistema terrestre. Essas regras são rotineiramente revisadas com base em novas informações, experiências práticas e aprendizados. As cinco primeiras regras são obrigatórias, como não usar, em absoluto, nenhum pesticida ou qualquer produto químico e aprender a arte de cultivar o solo através de processos biológicos naturais. Essas são as principais obrigações dos membros do movimento. As demais regras concernem aos agricultores interessados em desenvolver sistemas ecológicos mais integrados e complexos, não apenas para maximizar o rendimento mas também contribuir para a inovação através de projetos ecológicos que demonstram o imenso potencial econômico da agricultura ecológica baseada na biodiversidade, de modo a fortalecer as práticas de resistência contra a globalização (Mazhar, Akhter & Das, 2021).

No nível da produção, a resistência contra os insumos químicos e a industrialização da produção alimentícia é geralmente conhecida como agricultura "orgânica". No entanto, o Nayakrishi Andolon insiste que a produção de alimentos deve se basear na preservação da biodiversidade, a fim de suplantar a produção de alimentos "orgânicos" desenvolvida no seio do sistema industrial e dentro do mercado capitalista, ditada pela demanda comercial e, portanto, ainda pertencente ao paradigma "industrial", "capitalista" e "produtivo".

A agricultura se relaciona integralmente com muitas outras ocupações de subsistência, como cerâmica, ferraria, tecelagem, pesca, criação de gado etc. O agregado familiar é a unidade de produção que envolve toda a família, na qual cada membro desempenha papéis específicos e inter-relacionados. Nas famílias Nayakrishi, as mulheres são as maiores provedoras e as mais importantes tomadoras de decisão nas atividades agrícolas, como a manutenção de sementes e o processamento pós-colheita. Elas exercem sua agência nessa unidade de produção e controlam a biodiversidade e a preservação dos recursos genéticos. O Nayakrishi também engaja crianças, mas não ao custo de privá-las de educação ou outras atividades sociais.

Reconstituição da rede de sementes da comunidade e práticas de conhecimento

A estratégia mais eficaz dos agricultores Nayakrishi, e particularmente das agricultoras, é enfatizar a importância da preservação de sementes, bem como da coleta e da regeneração das variedades locais. Eles adotaram uma abordagem comunitária através da formação da Rede de Sementes Nayakrishi (NSN), com o propósito específico de garantir a conservação *in situ* e *ex situ* da biodiversidade e dos recursos genéticos. Os agricultores preservam a diversidade no campo e, ao mesmo tempo, armazenam as sementes em suas casas para replantá-las nas estações seguintes.

A NSN tem três níveis. No primeiro, as Cabanas de Sementes do Nayakrishi são estabelecidas pela iniciativa independente de uma ou duas famílias do movimento na aldeia, dispostas a assegurar que todas as espécies e variedades comuns serão replantadas, regeneradas e conservadas pelos agricultores. As Cabanas garantem que os agricultores tenham sua própria coleção de sementes em casa. As diversas variedades de sementes armazenadas nos domicílios dos agricultores, que eles podem compartilhar e trocar entre si, estão representadas nas Cabanas.

Em seguida, forma-se a Rede Especializada de Sementes Femininas, que congrega mulheres com conhecimentos especializados em certas espécies ou variedades. Sua tarefa é recolher variedades locais de diferentes aldeias. Elas monitoram e documentam a introdução de novas variedades em uma aldeia ou uma localidade e mantêm informações atualizadas sobre a variabilidade das espécies para as quais são designadas. Também observam se sementes nocivas estão sendo introduzidas nas aldeias.

No terceiro nível, os Centros de Fartura de Sementes Comunitárias (CSWC) são a instância superior da Rede de Sementes do Nayakrishi, que liga as Cabanas de Sementes às famílias dos agricultores. É uma configuração institucional articulada em torno das relações entre os agricultores no interior das aldeias e entre elas com outros distritos e instituições nacionais para o compartilhamento e a troca de sementes. A construção dos CSWC se ampara em dois princípios: (i) devem ser edificados com materiais disponíveis localmente, e (ii) sua manutenção deve espelhar as práticas domésticas de conservação de sementes. Os CSWC se localizam nos *biddaghors* (centros de aprendizagem) da Ubinig para coleta, armazenamento, preservação, distribuição, troca e regeneração de sementes. Suas atribuições incluem documentação e manutenção de informações gerais sobre a área.

Qualquer membro do Nayakrishi Andolon pode coletar sementes dos CSWC se prometer que, após a colheita, devolverá o dobro da quantidade recebida. Em 2021, os CSWC coletaram mais de 2,7 mil variedades de arroz e 538 de vegetais, óleos, lentilhas e especiarias. Esses centros também mantêm viveiros com espécies indígenas de frutas, madeiras e plantas medicinais.

Nos CSWC, a interação intensiva, a partilha de conhecimentos e a troca de sementes se dão entre mulheres agricultoras em cada aldeia ou comunidade, facilitando o progresso significativo da conservação e da reprodução de insumos de plantio locais. Elas ganharam muita confiança para continuar a produzir alimentos a partir de variedades locais, e seu sistema de sementes contribui para a soberania alimentar e genética em suas respectivas comunidades. Para o Nayakrishi, a soberania alimentar não pode ser alcançada sem a soberania das sementes. Os agricultores têm o direito de escolher as culturas alimentares que cultivarão e manter o controle das sementes, deixando de obedecer aos caprichos do mercado.

Os agricultores da Rede de Sementes Nayakrishi incorporam essas práticas de conservação de sementes em suas relações cotidianas e criam ambientes e espaços agroecológicos específicos para garantir sua existência biológica. O caráter marcante dos CSWC e das Cabanas de Sementes decorre de sua capacidade de estimular a relação dinâmica e cíclica entre a conservação *in situ* e *ex situ* de insumos de plantio que tornam o cultivo possível, sustentável e lucrativo. É lucrativo aumentar a capacidade de regeneração da base biológica da agricultura e gerar quase todos os insumos agrícolas necessários. Dentro dos CSWC, os representantes dos agricultores participam ativamente dos processos de tomada de decisão.

Como movimento, as principais ações do Nayakrishi Andolon são mobilizar os agricultores contra as sementes invasoras, tais como híbridos, OGMs e qualquer outra agressão tecnológica contra o sistema tradicional local. Eles devem proteger as sementes, e o lema "Irmãs, mantenham as sementes em suas mãos" é fundamental para o movimento. O Nayakrishi tem resistido à promoção de culturas geneticamente modificadas, como a berinjela e o arroz dourado, e obtido sucesso ao levantar preocupações ligadas à biossegurança. Outra razão que leva o movimento a combater essas tecnologias é o fato de serem patenteadas por empresas multinacionais como Monsanto (agora Bayer) e Syngenta.[6]

Alimentos não cultivados: reimaginar a natureza para resistir às práticas predatórias

As práticas agrícolas do Nayakrishi incentivam a produção de alimentos não cultivados, como folhas verdes, tubérculos e pequenos peixes, que constituem quase 40% da dieta dos moradores das comunidades. Isso ainda é possível onde a biodiversidade local foi conservada. Os alimentos não cultivados são recolhidos de plantações, corpos hídricos e áreas florestais. Essas fontes alimentares também possuem fins medicinais, tanto para as

6 Essas lutas são documentadas pela Ubinig (Policy Research for Development Alternative). Para mais informações, ver ubinig.org.

pessoas como para os animais. Funcionalmente, o Nayakrishi define a agricultura como a gestão de espaços cultivados e não cultivados para garantir o máximo rendimento por hectare de terra — e revigorar as funções ecológicas dos elementos da natureza viva (Mazhar, 2019 [2021]).

Os membros muito pobres, pessoas sem-terra das comunidades rurais (que compreendem cerca de 15% da população rural), dependem quase inteiramente de fontes não cultivadas de alimentos e forragens. Sua sobrevivência e seu bem-estar diários são assegurados por meio da coleta direta de alimentos não cultivados e de sistemas de troca com produtores de arroz, além da venda de cabras e frangos no mercado local para permitir a compra de óleo e outros alimentos — mas eles não podem forragear diretamente.[7] Ao estimular a produção de alimentos não cultivados, o Nayakrishi garante a preservação da biodiversidade que fornece alimentos e nutrição à comunidade.

O papel estratégico dos alimentos e forragens não cultivados nas áreas rurais tem implicações importantes para as políticas fundiárias. Os alimentos não cultivados crescem abundantemente em terras e espaços compartilhados nas comunidades rurais. As consequências negativas da privatização das áreas comunitárias são experimentadas principalmente pelas mulheres que dependem do ambiente imediato para se alimentar e ter acesso a espaços e matérias-primas capazes de melhorar suas vidas. As mulheres estão aflitas com a privatização de terras comuns e a transformação de espaços públicos, como estradas e lagoas, pois isso afeta diretamente as opções de subsistência das pessoas que dependem de espaços públicos para o pasto dos animais ou da coleta de itens alimentícios para comer ou vender. As áreas

7 "Uncultivated Food: Food that Money Can't Buy", Grain.org, 16 jan. 2005.

comuns e os direitos tradicionais nessas áreas foram completamente ignorados durante a formulação das políticas.

É necessário garantir a manutenção das fontes de alimentos não cultivados dentro e ao redor do ambiente imediato, bem como a acessibilidade dos recursos comuns, para efetivar a segurança alimentar das comunidades. O grau de controle sobre as fontes locais de alimentos é a medida pela qual os programas governamentais devem afiançar a capacidade das comunidades pobres de participar do mercado. Em vez de fornecerem alimentos por meio de sistemas de distribuição estatais e subsídios corporativos, os governos precisam proteger e melhorar a biodiversidade cultivada e não cultivada em nível local, inclusive fontes de alimentos não cultivados.

Resistência à agricultura corporativa

Os agricultores são enganados por "atraentes" anúncios publicitários de empresas que abusam da ciência para obter lucro. "Especialistas" contratados afirmam que, devido às mudanças climáticas, a agricultura não pode mais depender da natureza e das práticas tradicionais das comunidades camponesas. Eles entendem a "natureza" como algo fixo e morto, e não como um ser vivo em constante mudança e evolução. Desse modo, as corporações pretendem ser as únicas fornecedoras de sementes adaptadas ao estresse ambiental. Oferecem variedades supostamente resistentes a inundações, secas e salinidade, produzidas em seus laboratórios. Os agricultores são obrigados a comprar essas sementes a preços elevados, pois são patenteadas. Tais insumos ignoram descaradamente a experiência e o conhecimento locais para lidar com a variação climática e os desastres naturais. Os agricultores de Bangladesh cultivam muitas variedades autóctones resistentes a inundação, seca e salinidade, além de possuírem uma experiência secular na adaptação às condições climáticas. Os membros do Nayakrishi têm recuperado essas sementes e difundido os conhecimentos comunitários para lidar com as mudanças climáticas.

Atualmente, um objetivo muito importante do Nayakrishi Andolon é a proteção da Terra contra as emissões de gases de efeito estufa e o aumento da temperatura, a fim de resguardar a existência e a integridade biológica de todas as formas de vida em nosso planeta. Os membros do Nayakrishi se esforçam para manter as cadeias alimentares e o tecido da vida livres de perigosos produtos químicos industrializados — pesticidas, herbicidas, toxinas, biocidas e outros compostos nocivos como o arsênico, que tem penetrado nossas cadeias alimentares por meio da produção industrial de alimentos, uma das principais emissoras de gases de efeito estufa. A agricultura e os sistemas alimentares constituem a base biológica da civilização. O Nayakrishi acredita que a agricultura é um modo de vida que pode salvar as comunidades através da preservação da biodiversidade e da afirmação da vida.

Para o movimento Nayakrishi, termos corporativos como "soluções baseadas na natureza", que englobam conceitos como adaptação baseada em ecossistemas, redução do risco de desastres ecológicos e infraestrutura verde, não passam de *greenwashing* (ver o capítulo 11, "'Soluções baseadas na natureza' e a mercantilização da governança ambiental mundial"). O Nayakrishi não gosta de ser rotulado como uma "solução baseada na natureza" para o urgente problema das mudanças climáticas provocadas pelo controle corporativo dos recursos naturais, particularmente de sementes e genomas. O movimento questiona a própria noção de que a industrialização e a destruição da natureza sejam equivalentes a "progresso". Por meio de sua práxis agrícola embasada na biodiversidade, o Nayakrishi trabalha por um sistema justo no nível comunitário, do qual os pobres, as mulheres e os povos indígenas são protagonistas e atores políticos engajados na transformação do sistema agroalimentar de Bangladesh.

Como um movimento de massa, o Nayakrishi representa a resistência popular contra a destruição do "local", a hegemonia do "global" e a redução do "real" ao "virtual". Trata-se de uma maneira ecopolítica de retomar o senso comum e libertar as comunidades agrícolas de hierarquias, potências e tecnologias tirânicas. O movimento explora consistentemente relações alternativas de afirmação da vida e práticas de construção comunitária por meio da crítica ao egocentrismo, às hierarquias sociais opressivas e à noção industrial de que o "desenvolvimento" corresponde a estilos de vida consumistas e de alta tecnologia.

Conclusão

Além das práticas comunitárias, o Nayakrishi tem criticado e resistido sistematicamente ao "desenvolvimento" segundo o modelo capitalista da civilização industrial. Nesse contexto, o movimento trabalha para transformar os paradigmas convencionais de desenvolvimento, progresso e industrialização. O Nayakrishi Andolon projeta e sustenta comunidades ecológicas visando a prosperidade comum e uma vida agradável. A transição justa não somente concerne aos meios de subsistência e aos desastres ambientais; também fornece um contraponto à crise, bem como aos problemas de nossa compreensão da natureza e de nossas relações com ela como seres humanos. A agricultura é o campo ideal para reimaginar um futuro em que a atual contradição entre indústria e agricultura seja diretamente abordada e resolvida.

O Nayakrishi está empenhado em promover o sistema de conhecimentos locais e indígenas e construir capacidades para incorporar criticamente o sucesso, os fracassos e as percepções das práticas formais de conhecimento, como a "ciência moderna". Não há separação mecânica entre os sistemas de conhecimento formal e informal. Embora não romantize a sabedoria indígena, o Nayakrishi Andolon não aceita a autoridade acrítica da ciência moderna. Os agricultores são autênticos produtores de conhecimentos, expressos oralmente ou por outro meio. As agricultoras têm demonstrado seu domínio da prática de preservação e conservação das sementes, contribuindo para nutrir a biodiversidade e todas as formas de vida.

Alcançar a soberania alimentar não é apenas um slogan. Para realizá-lo, devemos nos interessar pelos agricultores e participar de suas práticas de conhecimento em evolução. A palavra de ordem das agricultoras Nayakrishi — "Irmãs, mantenham as sementes em suas mãos" — presume não apenas a resistência contra o domínio corporativo de nosso sistema alimentar mas também a promoção de relações de afirmação da vida entre as pessoas e a natureza.

María Campo é feminista afro-colombiana e integrante da Asociación Casa Cultural El Chontaduro e do Tejido de Transicionantes por el Valle Geográfico del Río Cauca. Engajada na defesa dos direitos étnico-territoriais e das mulheres negras, estudou filosofia na Universidad del Valle, em Cali, Colômbia, e fez mestrado em desenvolvimento regional e planejamento territorial na Universidad Autónoma de Manizales, também na Colômbia.

Arturo Escobar é antropólogo colombiano, professor emérito da Universidade da Carolina do Norte, em Chapel Hill, Estados Unidos, e membro da Academia Americana de Artes e Ciência. Nos últimos trinta anos, trabalhou em estreita colaboração com organizações afrodescendentes, ambientais e feministas na Colômbia. É integrante do Pacto Ecossocial e Intercultural do Sul. Seu livro mais recente é *Pluriversal Politics: The Real and the Possible* (2020).

Desenhando transições regionais sistêmicas: uma experiência de pesquisa-ação na Colômbia

17

María Campo

Arturo Escobar

Estamos voltando a nossos sentidos mais profundos,
onde tornamos a imaginar um vale de rios e lagoas.
— Vicenta Hurtado, diretora da Casa Cultural
El Chontaduro, Cali, 2019

Introdução: transições ecossociais como transições civilizatórias

No vale geográfico do Rio Cauca, na Colômbia, como em muitas outras partes do mundo, algumas transições ecossociais dignas e justas já estão em andamento, com clareza e intensidade variáveis. A crise climática e o aumento exponencial das desigualdades ligadas ao modelo extrativista têm funcionado como catalisadores de pensamentos e práticas que visam formar biorregiões pluriversais, centradas na proteção à vida através de transições fundamentadas em economias justas e em harmonia com a terra, construindo uma visão menos individualista, que garanta a permanência e a existência de crianças e jovens em seus territórios.

Este capítulo apresenta uma experiência regional de transição ecossocial: um projeto em andamento no Vale do Cauca, sudoeste da Colômbia. Nosso projeto se origina da prática de coletivos da região e se fundamenta em três conceitos teórico-políticos: transições socioecológicas pluriversais, conflitos ambientais como conflitos entre mundos e paz territorial pluriversal. Esta é concebida numa perspectiva de autonomia antirracista, antipatriarcal, anticlassista, pós-capitalista e territorial, entendida de forma integrada. Tentamos avançar no caminho de transições justas que sejam pluriversais e, portanto, contra-hegemônicas.

A trajetória/projeto vem sendo implementada por três grupos:

- Tejido de Transicionantes del Valle Geográfico del Río Cauca [Rede de Transicionistas do Vale Geográfico do Rio Cauca], um grupo de 25 pessoas criado em 2018 que inclui intelectuais afro-colombianos, feministas, ambientalistas e acadêmicos com experiência em análise interseccional (inclusive do capacitismo), ecologia política, transição e design de mídia, interfaces urbano-rurais e direitos humanos.
- Asociación Casa Cultural El Chontaduro, uma organização de base fundada em 1986 na zona leste de Cali, uma das áreas da cidade com as mais severas condições de vulnerabilidade social. O grupo se dedica a engendrar uma sociedade justa, caracterizada pela igualdade entre os gêneros e pela pluralidade étnica e racial. Suas linhas de ação — focadas no trabalho com jovens, mulheres e crianças, com base em perspectivas educacionais, de pesquisa e construção da paz — respondem a desafios estruturais através de um compromisso estimulado por sua liderança afrofeminista.
- Asociación de Consejos Comunitarios de Suárez (Asocoms), organização de comunidades negras que con-

grega três conselhos comunitários da área. Trabalha pelos direitos do povo negro e da natureza com ações estratégicas que incluem a defesa dos rios Cauca e Ovejas contra projetos de energia e mineração, a luta pelo direito à consulta prévia sobre o plano de gestão ambiental da hidrelétrica de Salvajina e a mobilização de alto nível de mulheres negras para o cuidado da vida e dos territórios ancestrais de 2014.

A primeira parte do capítulo apresenta o contexto regional que faz da transição ecossocial uma possibilidade histórica real. Na segunda parte, abordamos brevemente as correntes de pensamento que lhe servem de inspiração, passando, na terceira parte, para uma apresentação dos elementos mais relevantes do projeto. Na última seção, aventuramos algumas observações sobre as transições e dinâmicas socioterritoriais derivadas de nossa pesquisa-ação.

A região do Vale do Rio Cauca e a necessidade de uma transição ecossocial

Durante séculos, o Cauca tem sido cenário de disputas territoriais estimuladas por interesses econômicos globais (agronegócio, hidrelétricas, projetos de mineração e energia), traficantes de drogas e conflitos armados, que afetam a soberania alimentar e restringem a autodeterminação de seus habitantes. Esses problemas exacerbam a violência contra as mulheres e meninas racializadas, transformando-as em espólios de guerra, além de aumentar os homicídios juvenis entre a população negra. A resposta do governo tem sido a militarização dos territórios, traduzida no disciplinamento de corpos e vidas de mulheres, meninas e jovens, que afeta as espacialidades historicamente construídas pelos povos étnicos — tudo isso em nome do "desenvolvimento".

A rede ecológica de montanhas, florestas, campos, rios, lagoas e zonas úmidas do Vale do Cauca é o lar de centenas de espécies de plantas e animais, bem como de inúmeras comunidades e cidades. Esse legado tem sido sistematicamente minado pelas operações agroindustriais e extrativistas. Considerados um milagre do "desenvolvimento", os efeitos profundamente distópicos desse modelo são óbvios: esgotamento, assoreamento e contaminação de rios e aquíferos; drenagem de zonas úmidas; perda de biodiversidade; desmatamento e erosão de solos e taludes; problemas respiratórios sofridos pelos cortadores de cana-de-açúcar e populações vizinhas devido à queima dos canaviais; alienação de terras; deslocamento forçado; multiplicação dos atos de violência; feminicídio e violência contra a juventude; e, no âmbito mais amplo, a criação de uma região marcadamente desigual, antipreta, anti-indígena e anticamponesa. Esse modelo, articulado nacional e globalmente, acelera os impactos das mudanças climáticas, com efeitos notáveis em todos os ecossistemas.

Cem anos de expansão agroindustrial contínua mostram que o atual modelo de desenvolvimento está se esgotando. A região pode ser facilmente reconfigurada como um bastião da produção agroecológica de frutas, hortaliças, grãos e plantas e organizada como um distrito pluriversal de produtores agrícolas, com soberania alimentar, territórios restaurados, solos e fontes de água recuperados: uma rede funcional de vilas e cidades intermediárias em convivência sinérgica com o campo — em suma, uma região agropolitana e aquapolitana. Definimos a perspectiva agropolitana como a integração sinérgica entre campo e cidade, que reconhece os povos indígenas e afrodescendentes e as comunidades camponesas como sujeitos de direitos territoriais, com suas próprias visões de mundo e competências, capazes de contribuir com a habitabilidade e o Bem Viver de toda a população. Trabalhamos para alcançar simultaneamente a urbanização autogerida do campo e a ruralização seletiva da cidade, atentando para a natureza historicamente anfíbia da região. Futuros desse tipo ainda são impensáveis para as classes altas e médias, cujo modo de vida urbano-espacial intensamente consumista está inextricavelmente ligado à economia capitalista globalizada.

O Vale do Cauca é um cenário de contínuas transições. Atividades consideradas transitórias estão incorporadas em várias organizações e projetos, em sua maioria pequenos, mas cujo número é crescente, relacionados sobretudo aos seguintes temas: água (educação ambiental e restauração de rios, bacias e pântanos); alimentação (mercados camponeses, jardins urbanos, recuperação de terras, produção agroecológica e economias locais); mudanças climáticas (restauração comunitária e conservação de florestas, reflorestamento de taludes e bacias); e paz territorial (indígenas, afrodescendentes e organizações de direitos humanos na região atuam intensamente na resolução de conflitos sob a perspectiva da autonomia). A lógica econômica dominante, no entanto, vai na contramão dessas atividades, orientada para a criação de uma região metropolitana competitiva em nível global e desligada de sua ruralidade.

As transições em curso contribuem para a resolução de dois entre os maiores desafios que a Colômbia e a região enfrentam: implementar de modo efetivo o Acordo de Paz Final, firmado em 2016 entre o Estado e as guerrilhas das Forças Armadas Revolucionárias da Colômbia (Farc), e avançar na assinatura de acordos com o Exército de Libertação Nacional (ELN) e outros grupos armados rurais e urbanos.

Transições civilizatórias, cosmovisões/ontologias relacionais e paz territorial pluriversal

Nossa trajetória/projeto é alimentada por três campos teóricos e políticos inter-relacionados: estudos da transição; ontologia política (com ênfase em ontologias relacionais); e estudos da paz territorial. Na América Latina, as transições civilizacionais têm sido defendidas por uma ampla gama de movimentos indígenas, afrodescendentes, ambientais, feministas e camponeses, entre outros (Escobar, 2016). Seu princípio orientador é a compreensão de que a crise atual é a crise de um certo modo de existência (ocidental, heteropatriarcal, capitalista, racista, colonial). Muitos movimentos de transição se fundamentam em cosmovisões e ontologias relacionais que reposicionam *a interdependência radical de tudo que existe* como o verdadeiro fundamento da vida.

A concepção das transições constitui uma estrutura de pesquisa-ação destinada a reorientar localidades e regiões para formas de vida socialmente justas e ambientalmente sustentáveis (Escobar, 2016; Irwin, 2018). Na América Latina, o projeto de transições autônomas anda de mãos dadas com as lutas comunitárias pela reexistência, com ênfase na pluriversalidade, entendida como um mundo onde coexistem muitos mundos (Kothari *et al.*, 2019 [2021]). Da mesma forma, nossa trajetória/projeto é inspirada em estudos críticos de ontologia política (Blaser, 2013; De la Cadena, 2015; De la Cadena & Blaser, 2018) e economias alternativas (Gibson-Graham, Cameron & Healy, 2013; Quiroga, 2019). Dedicamos particular atenção às visões de mundo relacionais, que problematizam os dualismos constitutivos da modernidade, especialmente a separação entre o humano e o não humano, e estão presentes, em maior ou menor grau, nas práticas de muitos povos territorializados. O princípio Ubuntu ("eu sou porque nós somos") incorpora uma ontologia relacional.

A Colômbia tem liderado os estudos sobre a guerra e a paz. Novas concepções de paz territorial surgiram na última década (Ulloa & Coronado, 2016), ao lado de abordagens feministas do tema (Gómez, 2021). Entendemos a paz territorial como o quadro socioeconômico, político, ecológico e cultural que busca restabelecer um equilíbrio integral e relativamente estável entre múltiplos atores, humanos e não humanos, que habitam um determinado território ou sociedade. Em última análise, a paz territorial concerne às relações entre os mundos e à pluriversalidade, que são cruciais para os povos étnicos e as mulheres. Nossa abordagem é interseccional (Vigoya, 2016) e visibiliza a rede de inter-relações entre posição econômica, etnia e raça, gênero e sexualidade, idade e (in)capacidades, mas também entre territorialidade (campo e cidade) e cosmovisão (ontologia). Dessa forma, procuramos adicionar uma dimensão espacial e ontológica à interseccionalidade.

O Plano Nacional de Desenvolvimento (2022-2026) do governo Gustavo Petro e Francia Márquez, com o lema "Colômbia, potência mundial da vida", constitui um momento histórico para o país. Ele institui uma política governamental cuja prioridade é salvaguardar a vida em todas as suas manifestações, em três áreas principais: Paz Total, Justiça Ambiental e Justiça Social. Os feminismos negros sempre perseguiram essas metas, desde a mediação de conflitos sob o *derecho propio* (concepção autônoma de direitos) até a reivindicação da garantia dos direitos étnico-territoriais e do direito à cidade; mas, acima de tudo, buscam promover a justiça racial na Colômbia, um país atravessado por atávicas hierarquias sociais, baseadas na racialização, no sexismo e na estratificação social.

Nossa concepção radical de transição ecossocial se concentra no fortalecimento da capacidade dos mundos local e regional de enfrentar os traumas socioambientais associados aos conflitos sociais e às mudanças climáticas, numa perspectiva de interdependência, interseccionalidade e paz. Em vez de falar em adaptação e resiliência, utilizamos as noções de reexistência e marronagem, que incorporam uma dimensão ecológico-ontológica à proteção e à reconstituição do tecido da vida. A marronagem (entendida como processo de libertação da escravatura) convoca formas de resistência e reexistência dos povos negros da diáspora, representados com destaque em nossa trajetória/projeto (Moreno, 2012).

La Transicionada: objetivos, estratégias e ações

Mais que um "projeto", concebemos nossas ações como a trajetória de uma jornada que chamamos de La Transicionada. Nessa jornada, ressaltamos a necessidade de imaginar e criar categorias alternativas para nosso *sentir-pensar-agir*, que presumem uma abordagem baseada em outras palavras e formas de comunicação, próximas da *linguagem* e da *emoção* de que falam Maturana e Verden-Zöller (1993). Brincar, sentir e pensar colaborativamente nos permitem criar um universo de comunicação em nossa jornada, a fim de construir mundos pluriversais para além das hegemonias existentes — racistas, patriarcais, sexistas, capitalistas e capacitistas.

Nosso principal objetivo é contribuir para a *transição socioecológica regional* rumo a uma sociedade socialmente justa, ambientalmente sustentável, culturalmente diversa e pluriversal, com paz territorial e capaz de promover a soberania alimentar. Uma tarefa essencial é gerar novas compreensões e imaginários sobre a região, que reúnam iniciativas transformadoras atualmente dispersas, apelando à ação sob a palavra de ordem "Outro Vale do Rio Cauca é possível". Tudo isso depende de conversas capazes de promover uma mobilização para novas formas de habitar a região e a Terra.[1] Fazemos eco às palavras do padre Francisco De Roux na apresentação do relatório da Comissão da Verdade da Colômbia; ele recorda que é através da conversa que abrimos caminho para superar o conflito, construindo contranarrativas anti-hegemônicas para reconstituir e curar o tecido da vida:

> Pedimos a todos que curem o corpo físico e simbólico, multicultural e multiétnico que constituímos como cidadãos desta nação. [...] Pedimos a todos que libertem nosso mundo simbólico e cultural das armadilhas do medo, da raiva, da estigmatização e da desconfiança. [...] Não precisamos aceitar a barbárie como natural e inevitável, nem continuar as atividades empresariais e acadêmicas, os cultos religiosos, os carnavais e o futebol como se nada estivesse acontecendo. (Comissão da Verdade da Colômbia, 2022)

Nessa linha, as metas de nossa trajetória/projeto são:

(i) fomentar convergências entre as alternativas transformadoras que se desenvolvem nos territórios, particularmente as que são voltadas para os cursos d'água, a soberania alimentar, as mudanças climáticas, a justiça, a paz e o ordenamento territorial, de modo a fortalecer sua capacidade de ação e as estratégias coordenadas entre elas;

1 Uma frase é reiterada pelas mulheres idosas do litoral do Pacífico colombiano: "No Pacífico não falamos, no Pacífico cantamos" — e quando se trata de conversar, referimo-nos à capacidade das palavras de marcar um ritmo, como o tambor que reproduz as batidas do coração para nos curar, de falar com todo o nosso corpo e expressar nossas emoções para pensar coletivamente.

(ii) coprojetar estratégias narrativas e midiáticas para ativar a reimaginação da região em futuros possíveis por meio de mídia, arte, vídeo, audiolivros, design gráfico, teatro e autoria coletiva;

(iii) promover estratégias concretas de formulação de transições sob uma perspectiva agropolitana, inicialmente em dois locais, com foco em subsistência, soberania alimentar, mudanças climáticas e paz territorial.

Esses objetivos foram identificados segundo os princípios de transformação produtiva, restauração eco-ontológica (restauração de ecossistemas e mundos) e reparação histórica, dentro de um contexto etnocultural pluriversal e agropolitano. Tal plano deve contribuir para a recomunização da vida social; a relocalização das atividades econômicas (tais como a alimentação); o fortalecimento da autonomia territorial; a despatriarcalização e a derracialização das relações sociais; e a reintegração com a Terra (Escobar, 2022).

As ações que realizamos incluem: para o primeiro objetivo, (a) criar um mapa das alternativas transformadoras na região, usando cartografia social e digital; (b) fazer um diagnóstico de paz territorial pluriversal, focado nos obstáculos à paz nos territórios e nas ações em andamento para sua superação; e (c) construir redes entre as alternativas transformadoras. A intenção é consolidar um entrelaçado de militantes transicionistas como um contrapoder às narrativas dominantes e iniciar práticas compartilhadas de projeto a fim de engendrar um futuro alternativo para o Vale do Cauca.

Para o segundo objetivo, focamos as seguintes ações: (a) estratégias de "visionamento" coletivo e *disoñación* (*dream-design*) em direção a uma autocompreensão diferente da região, utilizando ferramentas de projeto compartilhado na construção de cenários de transição para a biorregião; (b) produção multimídia e plataforma web interativa para incentivar conversas com públicos amplos nos territórios sobre outros possíveis vales do Cauca; (c) propor cenários de transição para outros futuros possíveis e os caminhos para alcançá-los. Essas produções de mídia fornecem espaço para outras formas de contar, imaginar, documentar, gravar e projetar.

O terceiro objetivo está sendo implementado em dois espaços comunitários afrodescendentes: o município de Suárez, ao norte do Cauca, e o distrito de Aguablanca, uma área urbana do leste de Cali com população majoritariamente afrodescendente, destino e refúgio de centenas de milhares de pessoas exiladas do Pacífico e do norte do Vale do Cauca. As ações são estas: (a) elaborar um atlas digital de atores, ações, capacidades, conflitos e conhecimentos para cada localidade, com equipes de jovens e mulheres das comunidades; (b) realizar oficinas com comunidades e organizações focadas em registros de memória e marcos associados a narrativas testemunhais espacial e temporalmente referenciadas; e (c) construir um desenho estratégico para a sustentabilidade ambiental diante das mudanças climáticas. Todas essas ações visam criar e colocar em operação um laboratório de projeto territorial por meio de mecanismos para fortalecer as organizações e gerar oportunidades para promover as transições.

Transições e dinâmicas socioterritoriais

Ao longo de seus 33 anos de processo comunitário, a Asociación Casa Cultural El Chontaduro orientou sua agência política e cultural para a cidadania territorial dos moradores da zona leste de

Cali, a maioria negros do Pacífico colombiano que, em busca de proteção e melhores condições de vida, acabaram sofrendo uma segunda vitimização, dada a invisível guerra urbana na região, que limita o exercício de suas liberdades civis. A experiência demonstra que são as mulheres negras (triplamente prejudicadas por sua condição de raça, classe e gênero/sexo) as responsáveis pela formulação de estratégias políticas e tecnologias sociais inovadoras para construir territórios de paz e oportunidades.

Os processos da Casa El Chontaduro são uma expressão atual da marronagem, imaginada a partir de sua experiência localizada e com sua capacidade de agência baseada na reexistência, habitando um espaço que tem sido negado aos negros na cidade. Sua práxis é centrada na construção e na reconstituição do espaço urbano, a partir da relação cidade/campo, como um território diverso, feliz, emocional, realizado: numa palavra, relacional — sem ignorar, no entanto, que, mesmo com essas reexistências, a cidade continua a ser um território em disputa.

A arte é uma das principais formas de expressão política em El Chontaduro. É a maneira pela qual seu povo promove a cura dos traumas intergeracionais, em seus esforços para romper as cadeias escravizadoras dos séculos passados. O movimento busca curar territórios manchados com o sangue dos *renacientes* (as novas gerações) aprisionados em ciclos de violência derivados do racismo e das iniquidades e dominados pelas drogas e pelo tráfico de armas. A arte cura mulheres negras sobreviventes da violência do patriarcado, bem como meninas e meninos que têm a infância roubada pelo confinamento e pela imposição da desesperança por parte de forças externas a essa região de Cali.

A Asocoms surgiu como resposta à invisibilidade do povo negro no município de Suárez, dentro do processo de consulta prévia do Plano de Gestão Ambiental da hidrelétrica La Salvajina. A usina é operada pela Celsia, subsidiária da Argos, uma transnacional colombiana. Diante da violação sistemática de seus direitos, consagrados na Constituição, nas convenções internacionais e em sua própria lei como povo, os conselhos comunitários das cidades de La Toma, Pureto e La Meseta, em Suárez, insistiram em permanecer unidos, apesar das ações da empresa e do governo para minar a coesão da comunidade através do estímulo a conflitos intraétnicos. Desde 1986, quando o Rio Cauca foi barrado para a construção da represa, a primeira ação conjunta dos povos negros e indígenas do vale foi uma caminhada de mais de cem quilômetros para denunciar a expropriação e os abusos do governo durante as obras. Crianças, jovens e adultos, no total de 86 manifestantes, reuniram-se para formar a Asocoms, uma associação voltada para ações centradas em agroecologia, fortalecimento organizacional, avaliação de impactos de megaprojetos e equidade de gênero, a fim de defender seus direitos de existir, viver em seu território ancestral e escolher as próprias opções de futuro.

Outra luta emblemática da contínua resistência da população negra em Suárez foi a oposição ao desvio do Rio Ovejas para alimentar a barragem. As pessoas se opuseram a perder um segundo rio, tendo em vista que já haviam sofrido o impacto do represamento do Cauca. Para elas, o rio representa a vida.

Todas as expressões de marronagem aqui mencionadas exigem liberdade para as comunidades e para a natureza.

Uma breve conclusão

Como em outras regiões do Sul Global, acreditamos em transições que aliem o clamor pela descarbonização com uma ampla agenda de soberania alimentar, pós-extrativismo e justiça social e pluriversal. Todo processo de transição precisa ser orientado por relações pós-patriarcais, antirracistas, anticlasse, agropolitanas e pelos modos de vida enraizados nos territórios. Trata-se de estabelecer estratégias de mobilização para novas formas de habitar a Terra, capazes de restaurar o tecido da vida, envolvendo os diversos povos, mundos e atores que habitam os territórios da biorregião do vale geográfico do Rio Cauca. Acreditamos que a melhor maneira de desempenhar essa tarefa é lançar um novo olhar sobre os territórios a partir da perspectiva das pessoas que neles habitam, constroem, amam e sofrem; aprender com suas táticas de resistência e reexistência a partir da experiência de quem as realiza; e entretecer território e comunidade com todos aqueles dispostos a contribuir para reconstruir e curar o tecido da vida.

Como em outras regiões do continente e do mundo, nossa jornada/projeto constitui um chamado a *um pacto social, ecológico, econômico e pluriversal* que seja capaz de fazer a transição para uma sociedade mais justa e igualitária, baseada numa seletiva desglobalização pós-extrativista e na realocação de esferas-chave da vida, que incluem comer, curar, aprender e morar. Trata-se de um sério compromisso de transição, a curto, médio e longo prazos, destinado a enfrentar a crise ambiental e o colapso climático e curar a Mãe Terra, que contempla uma saída ordenada e progressiva do modelo extrativista, aliada a mudanças substanciais na lógica do consumismo, num movimento em direção à paz territorial pluriversal.

Breno Bringel é professor do Instituto de Estudos Sociais e Políticos da Universidade do Estado do Rio de Janeiro, pesquisador do CNPq e pesquisador sênior da Universidade Complutense de Madri, Espanha. Coordena o Núcleo de Estudos de Teoria Social e América Latina no Rio de Janeiro e o Observatório de Geopolítica e Transições Ecossociais em Madri. É editor do *Global Dialogue*, vice-presidente da Associação Latino-Americana de Sociologia e integrante do Pacto Ecossocial e Intercultural do Sul. Seu último livro é *Movimientos sociales y política en Brasil: origen y ocaso de la Nueva República* (Clacso, 2024).

Sabrina Fernandes é socióloga, escritora e ativista ecossocialista brasileira. Foi editora da revista *Jacobin*, bolsista de pós-doutorado no Centro Maria Sybilla Merian de Estudos Latino-Americanos Avançados (Calas) da Universidade de Guadalajara, México, e do Grupo de Pesquisa Internacional sobre Autoritarismo e Contra-Estratégias da Fundação Rosa Luxemburgo. Pesquisa e defende uma transição justa e internacionalista e é atualmente chefe de pesquisa do Instituto Alameda. Também é integrante do Pacto Ecossocial e Intercultural do Sul e do comitê editorial da revista *NACLA*.

18 Rumo a um novo internacionalismo ecoterritorial

Breno Bringel

Sabrina Fernandes

Introdução

O apelo internacionalista reverbera nos movimentos sociais e nas organizações de trabalhadores desde que as crises ecológicas e a interconexão das experiências sob a colonização e o capitalismo ficaram mais evidentes em nível global. O movimento anticapitalista e operário tem uma longa história de organização internacionalista, talvez mais difundida no passado por meio da formação, dissolução e reformulação de várias Internacionais. Depois e além das Quatro Internacionais, nas últimas décadas os internacionalismos (no plural) ficaram muito mais complexos. O surgimento de redes e coalizões (muitas das quais são centrais na agenda de defesa de direitos), a construção de espaços globais de convergência (como o Fórum Social Mundial), a formação do movimento de justiça global (com múltiplas expressões da luta contra a globalização capitalista) e a internacionalização de movimentos territorializados, tais como as mobilizações de indígenas e camponeses (a Via Campesina é um caso bem conhecido), são apenas alguns exemplos da diversidade de articulações internacionalistas recentes.

O agravamento da crise ecológica global no século XXI exige uma articulação internacionalista que coloque a natureza no centro. Nenhum movimento popular e anticapitalista pode triunfar e sobreviver numa sociedade alternativa sem que estejam garantidas as condições ecológicas da vida, especialmente uma vida digna. Esse internacionalismo precisa criticar as assimetrias globais e assumir uma postura anti-imperialista, de modo a questionar os laços entre a divisão internacional do trabalho, o colonialismo verde e o imperialismo ecológico, com sua sede de recursos e a incessante criação de zonas de sacrifício. Enquanto o imperialismo ecológico saqueia a natureza em busca de recursos continuamente fornecidos pelos territórios periféricos aos centros industriais do capitalismo, o colonialismo verde é a maneira pela qual as antigas práticas de apropriação e desapropriação têm assumido uma fachada "verde", tomando o controle de elementos-chave da transição ecológica, como minerais para baterias de veículos elétricos ou hectares de floresta para créditos de carbono. Esses processos aumentam a dívida ecológica e agravam as assimetrias Norte-Sul a ela relacionadas — que devem ser combatidas sem negligenciar a importância das alianças entre o Sul e o Norte Global.

Em vez de nos concentrarmos apenas em mudanças vindas de cima e em protestos, precisamos de uma abordagem ecoterritorial dos internacionalismos contemporâneos. Isso não exclui a necessidade de lutar nos diferentes níveis do Estado, mas enfatiza o imperativo de articulação entre os conflitos territoriais em diferentes regiões e continentes, para evitar tanto interpretações localistas como olhares macro descontextualizados das múltiplas crises do nosso tempo.

Este capítulo discute a crise ecológica contemporânea e fornece um breve panorama das transformações mais significativas dos internacionalismos e das lutas por justiça global nas últimas três décadas, chamando a atenção para a crescente articulação entre clima e conflitos territoriais. Como resultado, propomos tanto um diagnóstico quanto uma bússola de navegação para lutas ecossociais transformadoras no mundo contemporâneo.

Policrise, colonialismo verde e novos conflitos ecoterritoriais

Em nosso tempo se desenrolam várias crises, que afetam cada parte do mundo de forma diferente. No entanto, a profundidade e o objeto das análises sobre as origens dessas crises variam de acordo com os interesses diretamente em jogo. Do ponto de vista da transição justa, as mudanças climáticas não são apenas mais uma crise, e sim uma emergência que agrava em grau e escala a intensidade dos outros desafios. Esta é a natureza da policrise que enfrentamos: não se trata simplesmente da soma e da combinação de múltiplas crises, mas de um fenômeno generalizado que resulta das tensões, ambiguidades e contradições das crises em suas contribuições para os riscos sistêmicos. Scott Janzwood e Thomas Homer-Dixon (2022) argumentam que, numa policrise, um "alinhamento temporário dos riscos sistêmicos" pode ocasionar a "falha simultânea dos sistemas interligados".

Isso é particularmente relevante para quem trabalha em transições socioecológicas devido às desigualdades ligadas aos riscos sistêmicos, considerando a história, os meios e os fins. As relações coloniais do passado e do presente criaram um cenário em que as comunidades e nações devem discutir os impactos das mudanças climáticas e tomar as medidas necessárias para mitigá-las e a elas se adaptar, mas existem disputas sobre os recursos que serão necessários para a transição e para onde, exatamente, transitará a sociedade. A sociedade pós-crise ecológica não parece ser a mesma para todos, uma vez que os projetos políticos e seus objetivos finais refletem perspectivas dominantes sobre o modo de vida. Há uma grande diferença entre o projeto de transição ecológica que exige o abandono do atual modelo extrativista e o que advoga uma sociedade verde e sustentável apenas numa parte do mundo, em detrimento de zonas de sacrifício em outros lugares.

Uma vez que as mudanças climáticas criam um risco sistêmico que altera e amplifica outros riscos sistêmicos em várias escalas, a transição é necessária e inevitável, mesmo que isso signifique coisas distintas para diferentes atores. A ideia de uma transição justa — vinculada a garantias de emprego e comprometida com a correção das assimetrias entre quem causou a crise e quem sofre suas piores consequências — tem sido apropriada pelas corporações, que a reduzem a esquemas de preços à medida que se tornam mais presentes nos espaços oficiais da negociação climática. Em vez de abandonar a noção de transição justa, precisamos definir seus critérios, recuperar suas raízes na organização do trabalho e na justiça ambiental e inseri-la nos múltiplos níveis de tomada de decisões e dos acordos políticos, desde as pequenas comunidades até as fronteiras nacionais e os tratados internacionais. A transição justa deve criar padrões sistêmicos de resiliência que abarquem preocupações políticas, econômicas, sociais e ecológicas, além de reconhecer o fato de que os diferentes atores da policrise podem colaborar entre si, mas também competir por recursos e prioridades.

O desafio colocado pela nova fase do extrativismo, associada às economias de transição verde, ajuda a ilustrar a questão (ver o capítulo 1, "Transições energéticas globais e extrativismo verde"). Extrativismo verde é o nome dado à operação de novos empreendimentos extrativistas que perturbam e destroem ecossistemas e comunidades, a fim de fornecer recursos a empresas e países para a implementação de políticas de mitigação e adaptação às mudanças climáticas. Como sugere Maristella Svampa no capítulo 2 ("Transição energética corporativa: o Triângulo do Lítio sul-americano como caso emblemático"), uma de suas faces mais visíveis é a batalha pelo lítio e sua valorização em projetos de transição energética e eletrificação dos transportes. A Agência Internacional de Energia prevê escassez de lítio até 2025, considerando as estimativas do número de veículos elétricos necessário para substituir os convencionais e reduzir as emissões do transporte rodoviário até metas líquidas zero (*net zero*).[1] O problema é que a solução apresentada para a crise — a eletrificação de veículos para diminuir as emissões do setor de transportes — exacerba os padrões tradicionais do imperialismo ecológico e sua troca ecológica desigual, aumenta a pressão político-econômica sobre os países periféricos e leva à criação de novas zonas de sacrifício em áreas de alto interesse extrativista para as novas práticas coloniais verdes. As sociedades mais abastadas e os interesses corporativos que as dominam preferem normalizar ainda mais o extrativismo em nome da substituição tecnológica, em vez de reestruturar a demanda e a produção de modo a garantir um horizonte para múltiplas transições — e, no nível energético, a superação das mudanças climáticas em direção a uma sociedade ecológica pós-capitalista — através de transformações ecossociais nos lares *e* nas regiões mais pobres e vulneráveis.

O extrativismo verde não enfrenta a causa nem a raiz da crise, porque dissocia a necessidade de descarbonização — uma exi-

1 "The Role of Critical Minerals in Clean Energy Transitions", International Energy Agency, maio 2021; "Lithium Supply is Set to Triple by 2025: Will It Be Enough?", *S&P Global*, 24 out. 2019.

gência primária para a transição climática e energética — do metabolismo da natureza. A simples substituição do atual modo de vida hegemônico e consumista por uma alternativa livre de carbono é materialmente impossível, dada a finitude dos recursos disponíveis, mas também é ecológica e socialmente indesejável, haja vista os seus impactos em ecossistemas, comunidades e territórios. Em outras palavras, o extrativismo verde normaliza esse modo de vida imperial (Brand & Wissen, 2021), entendido como um processo de hegemonia e submissão que promove práticas de produção e consumo incompatíveis com o metabolismo da natureza para certos grupos e lugares minoritários, em detrimento de outros. É uma resposta à crise climática que não desafia o capitalismo e, além disso, contribui para perenizar os círculos viciosos e a sobreposição de propósitos (Tooze, 2022), uma falsa solução que exacerba os riscos sistêmicos que deveria combater.

A manutenção e a criação de novas zonas de sacrifício contribuem para o acirramento de conflitos territoriais já agravados por guerras geopolíticas, efeitos de curto e longo prazo de eventos climáticos extremos e perda de habitat e meios de subsistência ligada a crises migratórias. É difícil definir o que constitui um migrante/refugiado climático, especialmente no contexto da policrise, uma vez que as decisões de mobilidade não podem ser reduzidas a um único fator (Baldwin, Frölich & Rothe, 2019). Secas, furacões, inundações, ondas de calor e aumento do nível do mar afetarão as pessoas de forma diferente de acordo com sua classe, raça, gênero, endereço etc. Uma concepção de justiça migratória que inclua tanto o direito de partir quanto o de permanecer pode evidenciar a mudança de padrões e problemas como o acesso a recursos, o fechamento de fronteiras e a crescente titularização da migração no contexto do Antropoceno. Novamente, os riscos sistêmicos se agravam quando a mobilidade se liga ao capital, que determina a direção, a segurança e os meios de subsistência dos migrantes em territórios severamente afetados pelas mudanças climáticas. Isso também significa que o internacionalismo ainda é necessário para avaliar as perdas e os ganhos dos territórios que enfrentam práticas neocoloniais.

Além disso, com base em várias justificativas, as tendências autoritárias evidenciam os riscos associados à violência e às reivindicações territoriais. Embora as tradicionais práticas coloniais de expropriação tenham enfrentado resistência ao longo do tempo, inclusive de movimentos contra o capital fóssil e suas práticas extrativistas industrializadas, a emergência do ecofascismo tem conferido uma "lógica verde" ao autoritarismo. O ecofascismo normaliza as desigualdades sociais e econômicas e penaliza os pobres e racializados a fim de assegurar territórios e fronteiras para os administradores "adequados" dos ecossistemas. Também se ampara no extrativismo verde, de modo a garantir que as zonas de sacrifício permaneçam distantes dos territórios reivindicados pela extrema direita, além de manter a hegemonia do capitalismo como sistema econômico e forjar uma versão verde do modo de vida imperial, reproduzindo as desigualdades e a segregação globais. A realidade das múltiplas ameaças e riscos sistêmicos exige, assim, uma consideração cuidadosa do papel do internacionalismo de esquerda no combate às crises a partir de vários polos e escalas.

Do "Outro mundo é possível" ao "Outro fim do mundo é possível"

Depois da queda do Muro de Berlim, a práxis internacionalista sofreu uma profunda reestruturação devido à reconfiguração dos atores sociais e às mudanças sociais e geopolíticas que levaram a uma globalização sem precedentes de processos, estruturas e fluxos. Nesse novo cenário, o Estado-nação foi descentrado como referência hegemônica de protestos e articulações dos atores sociais, enquanto as interações interescalares se dinamizaram. Desde então, temos presenciado uma "desnacionalização progressiva do internacionalismo" (Bringel, 2015). Se em meados do século XX o internacionalismo se articulava em torno da solidariedade com projetos revolucionários em diferentes Estados (Cuba na América Latina, Vietnã na Ásia e vários Estados africanos durante a descolonização), nos anos 1990 ele se reconfigurou a partir de experiências territorializadas e movimentos sociais concretos, como no caso do Exército Zapatista de Libertação Nacional (EZLN) em Chiapas, no México, ou do Movimento dos Trabalhadores Rurais Sem Terra (MST), no Brasil.

A práxis internacionalista também se tornou mais fluida, incluindo organizações internacionais e seus membros, ondas de revoltas populares e a organização de calendários de mobilização e espaços de convergência. Momentos que conectam crises em diferentes regiões do mundo tendem a desencadear essas ondas, a exemplo do Maio de 1968 e do movimento pacifista nos anos 1960. A trajetória dessas ondas nas duas primeiras décadas do século XXI evidencia mudanças temáticas na forma como pessoas e movimentos convergem internacionalmente. Também ilustra como o caráter transversal da crise ecológica agrava as ameaças e intensifica as preocupações, moldando a abordagem de nações e territórios e a discussão de alternativas. Identificamos três momentos principais, que ocorrem paralelamente a conjunturas críticas nas quais coincidiram a ocorrência de crises globais e o surgimento de novos horizontes para a ação internacionalista.

O primeiro momento, que corresponde ao início do novo milênio, foi marcado por dois eventos críticos em 2001. Por um lado, os ataques do Onze de Setembro nos Estados Unidos e a subsequente guerra no Afeganistão levaram a um endurecimento da segurança e da militarização em nível global. Por outro lado, no mesmo ano, realizou-se em Porto Alegre a primeira edição do Fórum Social Mundial (FSM), um espaço de confluência para discutir e aprofundar propostas, trocar experiências e articular redes e movimentos sociais contra o neoliberalismo e o imperialismo.

O FSM foi parte essencial das discussões do movimento altermundialista, que organizou protestos contra os principais símbolos da globalização neoliberal desde o início da década de 1990. Para tanto, criou mecanismos de coordenação internacionalista como a Ação Global dos Povos e consolidou quadros interpretativos gerais, identificando inimigos comuns em todos os continentes (corporações transnacionais, organizações internacionais, agências multilaterais etc.). O movimento altermundialista realizou reuniões de protesto contra as instituições financeiras internacionais, cúpulas paralelas às oficiais (em alguns casos, contrapondo-se às agendas oficiais; em outros, construindo suas próprias agendas) e espaços de convergência para manifestações e propostas globais. Mais que isso, consolidou uma cultura alterativista (Juris & Pleyers, 2009) crítica ao poder capitalista e ao crescimento econômico, com práticas horizontais inspiradas no legado dos movimentos pós-1968 e no movimento zapatista. Os participantes tinham ciência da importância de combinar a ação individual com críticas sistêmicas, e ação local com intervenção global.

O ambientalismo se integrou ativamente ao movimento altermundialista e contribuiu para seu sucesso. A justiça ambiental foi gradualmente integrada ao movimento de justiça global. As reivindicações de anulação da dívida externa, reconhecimento da dívida ecológica do Norte e luta contra o livre-comércio andavam de mãos dadas com as críticas ao desenvolvimento, ao eurocentrismo, ao colonialismo e ao patriarcado. Ao mesmo tempo, o protagonismo dos movimentos indígenas, camponeses e populares possibilitou a formulação de alternativas aos conflitos territoriais, como a soberania alimentar e a justiça hídrica.

A expansão temática e a regionalização do Fórum Social Mundial estenderam o evento a muitas regiões do mundo e possibilitaram sua atuação em áreas específicas como educação, migrações e muitas outras. No entanto, alguns sinais de enfraquecimento do FSM ficaram visíveis. Sua prova de fogo foi a crise econômica e financeira de 2008, quando, mesmo tendo denunciado a globalização capitalista e suas consequências sociais, econômicas e ambientais, não conseguiu articular uma resposta global ao surgimento de uma nova conjuntura crítica.

Embora a crise de 2007-2008 tenha sido inicialmente provocada pelo colapso de hipotecas de alto risco nos Estados Unidos, seu escopo rapidamente se expandiu para o âmbito do sistema financeiro global, em articulação com várias outras crises, sobretudo a alimentar e a ecológica. Apesar do diagnóstico de crise multidimensional e sistêmica, a maioria das lutas sociais dedicou suas energias a enfrentar as consequências imediatas do *crash* financeiro, como as medidas de austeridade em cada país. O declínio da ação unificada no plano internacional contra as estruturas globais, bem como a apropriação política e discursiva de muitas demandas do movimento altermundialista pelas forças hegemônicas, coincidiu com a emergência de um novo ciclo de mobilizações em todo o mundo a partir de 2010: os protestos dos indignados.

Os protestos em praças ao redor do mundo

Embora esse novo ciclo tenha alcançado âmbito global, suas mobilizações se deram em nível nacional, forjando conexões fluidas entre as lutas numa espécie de "internacionalismo de ressonâncias" (Gerbaudo, 2013). A luta por democracia, justiça social e dignidade assumiu significados diversos e reivindicações específicas em diferentes ocasiões, como a Primavera Árabe, o Movimento dos Indignados ou o Occupy Wall Street (Glasius & Pleyers, 2013). Esses "movimentos de praça" se articularam em nível internacional, mas de modo diferente do movimento altermundialista. Graças às novas possibilidades tecnológicas do Facebook, do Twitter e outras redes sociais, seus repertórios, mensagens, visões de mundo e demandas viajaram muito mais rápida e viralmente, sendo redefinidos e adaptados com assombrosa facilidade. No entanto, não foram construídos espaços transnacionais permanentes que permitissem uma compreensão aprofundada das lutas, subjetividades e realidades de outros lugares. Dias globais de protesto foram convocados, mas sua difusão mundial foi produzida pela mobilização de atores locais sem uma sólida articulação internacional.

A rejeição aos sistemas políticos hegemônicos, aos partidos políticos tradicionais e às formas convencionais de organização política atravessou todas as expressões desse ciclo global de revolta. Mais que uma crítica ao capitalismo, o ponto de consenso era o cansaço com a política tradicional. No entanto, a janela de oportunidade aberta por esses protestos não levou necessariamente à democratização das sociedades e dos sistemas políticos. Pelo contrário, o capitalismo ficou mais autoritário e as forças de extrema direita proliferaram, inclusive através de articulações internacionais, chamadas por Tamayo (2020) de "internacional do ódio". As desigualdades se agravaram, assim como a divisão Norte-Sul. Muitas forças sociais e políticas se tornaram reféns de políticas míopes que as impediram de olhar além de seu umbigo e superar polarizações que reduzem a complexidade do mundo.

Enquanto isso, as greves climáticas se multiplicaram na segunda metade da década de 2010. O ativismo juvenil começou a chamar a atenção da mídia para a emergência climática, especialmente no Norte Global. Ao mesmo tempo, os defensores da Terra no Sul Global ganharam evidência ao combinar a resistência imediata com o cuidado cotidiano de nossa casa comum.

A pandemia e a emergência de um novo momento global para as lutas internacionalistas

Apesar dos numerosos alertas sobre os riscos sistêmicos, poucos imaginavam que um vírus paralisaria o mundo em 2020. A pandemia de covid-19 coincidiu com um momento histórico de esgotamento dos recursos naturais e emergência climática e ambiental, com o capitalismo em seu período mais predatório. Foi uma época de retrocessos para a democracia e os direitos humanos, de desconfiança e rejeição aos políticos. Os serviços públicos já haviam sido desmantelados por décadas de neoliberalismo, que penetrou, muito além da economia, nas subjetividades individuais e coletivas. Enquanto isso, a digitalização da sociedade incrementou o fluxo de informações sobre a pandemia. No entanto, antes e depois da covid-19, também ocorreu um processo de crescente individualização, disseminação de notícias falsas e aumento da vigilância e do controle social com base nos dados compartilhados e na propriedade corporativa das ferramentas digitais. Assim, a pandemia do coronavírus inaugurou nossa terceira conjuntura crítica, que nos coloca num cenário de lutas ainda em evolução (Bringel & Pleyers, 2021).

Três projetos diferentes atualmente disputam os rumos do mundo pós-pandêmico. O primeiro é o do *business as usual*, os negócios de sempre, focados no crescimento do PIB, no desenvolvimentismo predatório e na busca de novos nichos de mercado a fim de tirar as economias da crise, incluindo políticas de ajuste que, mais uma vez, exigirão sacrifícios da maioria para maximizar os lucros de poucos. Em segundo lugar, o capitalismo verde, que tem o setor privado como força motriz e é geralmente associado às estratégias hegemônicas de modernização ecológica (lideradas pelas corporações e pela maioria dos Estados), preocupadas sobretudo com o que entendem como transição energética (a mudança para energias renováveis e a infraestrutura necessária). E, finalmente, o paradigma de uma nova matriz ambiental e socioeconômica, proposto por vários atores, desde comunidades científicas e movimentos religiosos progressistas até militantes de base e setores anticapitalistas, que veem o decrescimento, o Bem Viver, o ecossocialismo e certas medidas mais disruptivas como a única alternativa ao capitalismo neoliberal. Esses projetos parecem abrir três cenários possíveis, que não são "puros", mas se entrelaçam de múltiplas maneiras, embora todos tenham uma lógica própria: a revigoração da face mais agressiva do crescimento econômico; a adaptação do capitalismo a um modelo "mais limpo" em algumas partes do mundo, embora socialmente desigual e ainda baseado em relações predatórias com a natureza, especialmente no Sul geopolítico; ou uma transformação ecossocial até um novo modelo, que implica múltiplas transições para realizar mudanças radicais na matriz ecológica, social e econômica, bem como nas relações internacionais (Bringel, 2020).

Portanto, em nosso momento histórico, uma nova onda internacionalista precisa articular e promover globalmente as transições justas como elemento agregador da denúncia do capitalismo verde e da construção de horizontes radicais de transformação. Devemos partir das lições aprendidas em tentativas anteriores de mudança social e reconhecer a diversidade das iniciativas territorializadas que têm semeado um mundo melhor em seus cotidianos. São "outros mundos possíveis" que não mais compartilham o otimismo característico do movimento altermundialista, mas são marcados por uma clara consciência da finitude. Assim, estamos nos movendo de "outro mundo é possível" para "outro fim do mundo é possível", o que significa viver mais perto da terra e abordar territorialmente as diferentes faces e temporalidades do colapso. Ao mesmo tempo, precisamos construir horizontes globais de transformação compartilhada, com base na justiça ecológica e nas necessidades concretas das pessoas. Isso é o que chamamos de *internacionalismo ecoterritorial*.

Rumo a um novo internacionalismo ecoterritorial

O internacionalismo ecoterritorial é uma prática social e uma forma de articulação transnacional entre experiências ligadas ao impacto dos conflitos socioambientais e à construção de alternativas territoriais para transições justas em diferentes setores, como energia (energias comunitárias, descentralizadas e democráticas), alimentação (agroecologia e soberania alimentar), produção (controle dos trabalhadores sobre os locais de produção) e consumo (realocação e economia solidária), cuidados com a vida e infraestrutura e mobilidade coletiva (moradia digna e eficiente e formas sustentáveis de se deslocar, viver e socializar na cidade). São experiências localizadas, mas não estritamente localistas, porque adquiriram o que Doreen Massey (1991) chama de "sentido global de lugar". Como Martín Arboleda (2020) argumenta, as lutas territoriais contra o extrativismo, por exemplo, demonstram que, embora a experiência sob o capitalismo seja fragmentária, os efeitos de certas práticas produtivas ocasionam experiências de classe simultâneas que revelam a interconectividade inerente ao que é produzido, como, para quê, onde e para quem.

Trata-se de um novo tipo de internacionalismo emergente, que articula a transversalidade da questão ambiental com a guinada ecoterritorial das lutas sociais (Svampa, 2019). Ele precisa recuperar diversos legados das experiências internacionalistas anteriores e engendrar novos horizontes de transformação ecossocial. O movimento altermundialista nos ensinou a organizar ações fortes e coordenadas em nível global, mas com autonomia territorial. A denúncia dos principais atores capitalistas e sua estrutura global (e não apenas dos impactos de suas ações) deve ser mantida. Por outro lado, o movimento das praças, apesar de suas muitas contradições, demonstrou a importância de expandir nosso espaço de luta até setores da população normalmente desmobilizados. Também nos ensinou lições positivas sobre a digitalização (com múltiplas possibilidades de formação e difusão), embora tenha confiado demais nas redes sociais corporativas, em vez de criar suas próprias redes de comunicação — prática adotada desde os zapatistas pela dinâmica de contrainformação dos movimentos sociais por justiça global.

Em termos de espacialidade, o internacionalismo ecoterritorial promove uma crítica à concepção antropocêntrica de escala, que, embora seja dinâmica, geralmente se limita a termos formais como níveis de ação (locais, regionais, nacionais e internacionais). Alternativamente, tem surgido uma política relacional e biocêntrica das escalas, que considera o corpo como o primeiro nível da política em suas múltiplas relações com os territórios (Ulloa, 2021). A própria natureza constitui um elemento fundamental dessa nova política da escala, uma vez que a articulação entre lutas e experiências de transições justas pode ser transposto do "local" ou do "nacional" para se situar no nível de uma biorregião ou de uma bacia hidrográfica específica, por exemplo. Nessa perspectiva, rios, florestas e biomas são essenciais para a criação de resistências e alternativas mais amplas (Escobar, 2008).

O internacionalismo ecoterritorial pode ser construído de diferentes formas. Em alguns casos, emerge de redes formais ou informais já existentes entre comunidades e organizações da linha de frente da resistência, que atualmente lutam para engendrar transições verdadeiramente justas em suas comunidades. Esse é o caso, por exemplo, da Climate Justice Alliance — Communities United for a Just Transition, que reúne mais de oitenta organizações de diferentes regiões dos Estados Unidos. Embora seja uma plataforma nacional, ela reconhece que as transições justas não podem ser alcançadas apenas num lugar ou país. Há, portanto, uma predisposição à participação em iniciativas internacionalistas mais amplas, baseadas em lutas territorializadas. Em outros casos, plataformas regionais e internacionalistas já se formaram ou estão em formação. Na América Latina, por exemplo, o Pacto Ecossocial e Intercultural do Sul é uma iniciativa recente que busca dar visibilidade a experiências de transformação socioecológica e construir novas propostas, imaginários políticos e pontes com experiências do Norte e de outras regiões do Sul Global. Uma iniciativa que integre lutas e projetos de transição na América Latina é importante porque, em termos de economia política, a região é alvo de atividades extrativistas que criam zonas de sacrifício para extrair materiais e produzir bens necessários à manutenção do modo de vida imperial em outros lugares. Uma perspectiva regional internacionalista tem se fortalecido diante do avanço do colonialismo verde na região — por exemplo, a disputa entre Chile, Argentina e Bolívia (e mais recentemente o Peru) sobre quem exporta mais lítio. A atual corrida por esse metal, necessário para a transição energética global, evidencia como, na realidade, o extrativismo não observa as estruturas da justiça global em torno da democracia energética; pelo contrário, alimenta a transição energética do Norte Global e suas demandas intensivas de energia.[2] Ainda assim, em outro jogo de escalas, a Global Tapestry of Alternatives, uma espécie de rede global de redes, procura construir pontes entre alternativas no mundo todo e promover novos espaços de colaboração, intercâmbio e confluência. O que distingue esses espaços é que eles estão comprometidos em construir alternativas ao desenvolvimento e transformações sistêmicas radicais — ou transformações ecossociais. No entanto, em curto prazo, o paradigma das transições justas pode funcionar como um agregador de políticas urgentemente necessárias, que enfrentem as contradições da mudança de rumo e, ao mesmo tempo, articulem iniciativas concretas para criar o mundo onde gostaríamos de viver.

A importância de articular internacionalmente as experiências de transições justas em diferentes partes do planeta reside na construção de uma plataforma comum de lutas, apontando para ações comuns (como caravanas, marchas, ocupações, destruição de infraestruturas e ações globais) e diferentes horizontes de transformação ecossocial. No entanto, também é crucial identificar os inimigos comuns, partilhar desafios e boas práticas e respeitar a diversidade e as especificidades contextuais. Proteger o quadro conceitual de uma transição justa do capitalismo verde é mais um desafio urgente. As mudanças e as oportunidades também presumem o compartilhamento de experiências exitosas e fracassadas; a identificação de novas formas e sinergias para construir comunidades resilientes e resistentes ao capitalismo, que comecem a avançar para horizontes pós-capitalistas; a construção de formas comuns de pressão e defesa; a criação de bandeiras e conceitos políticos

2 "Manifesto de los pueblos del sur por una transición energética justa y popular", Pacto Ecossocial e Intercultural do Sul, 2023.

unificadores; e a configuração da produção através das fronteiras. Este último ponto contraria os atuais padrões globais de produção, ditados por balanços comerciais, vantagens comparativas, empresas multinacionais e acordos de livre-comércio, e trabalha, em vez disso, para promover a alocação planejada de recursos, de acordo com as necessidades mais importantes para o Bem Viver.

O anticolonialismo e o anti-imperialismo foram um vetor histórico do internacionalismo. Embora tenham adquirido novos significados, seguem relevantes para a compreensão de nossas realidades. A luta contra o imperialismo ecológico e o colonialismo verde, materialmente expressos no extrativismo verde, é hoje uma questão fundamental. Ela deve ser acompanhada pela descolonização e pela despatriarcalização das relações e subjetividades. As posturas anti-imperialistas derivadas de antigas noções de soberania nacional, como as dos países do Sul Global que defendem seu direito de explorar petróleo e gás, baseiam-se em uma compreensão obsoleta da soberania (Fernandes, 2023). Durante a policrise, o anti-imperialismo deve assumir a soberania ecológica como princípio, o que exige autonomia, cooperação, solidariedade e ação política além das fronteiras.

Portanto, um novo internacionalismo ecoterritorial é essencial para construir um terreno comum e uma nova síntese em direção a um horizonte de transformação ecossocial, de maneira a agregar e articular as lutas contra o capitalismo verde em torno de transições justas, por mais distintas que elas sejam. Na prática, alguns movimentos já estão se articulando entre si através de convocatórias por cooperação e solidariedade, mas o internacionalismo ecoterritorial ainda precisa ser estruturado e ampliado para fortalecer um movimento global, interseccional e descentralizado, capaz de reunir diversos atores em torno de transformações inéditas nos setores de moradia, alimentação, relações sociedade/natureza, energia, cultura, raça e movimentos de classe.

Referências

ACOSTA, Alberto. "La deuda externa acrecienta la deuda ecológica", *Political Ecology Magazine*, v. 14, p. 135-7, 1997.

ACOSTA, Alberto. "La increíble y triste historia de América Latina y su perversa deuda externa", *La Insignia*, dez. 2002.

ACOSTA, Alberto & GUIJARRO, John Cajas. "De las 'ciencias económicas' a la posteconomía: reflexiones sobre el sin-rumbo de la economía", *Ecuador Debate*, v. 103, p. 37-59, 2018.

ACOSTA, Alberto & GUIJARRO, John Cajas. "Del coronavirus a la gran transformación: repensando la institucionalidad de la económica global". *In*: RODRÍGUEZ ALZUETA, Esteban *et al*. *Posnormales: pensamiento contemporáneo en tiempos de pandemias*. Buenos Aires: Aspo, 2020, p. 151-68.

ACOSTA, Alberto & GUIJARRO, John Cajas. "Naturaleza, economía y subversión epistémica para la transición. Buscando fundamentos biocéntricos para una post-economía". *In*: GÜNTER, Griselda & MEIRELES, Monika (org.). *Voces Latinoamericanas: mercantilización de la naturaleza y resistencia social*. México: UAM-Xochimilco, 2021, p. 23-64.

ADUNBI, Omolade. *Enclaves of Exception: Special Economic Zones and Extractive Practices in Nigeria*. Bloomington: Indiana University Press, 2022.

AGUIRREZÁBAL, G. & ARELOVICH, S. "Desmercantilización: aproximaciones al estado del debate. El caso particular del sector energético" (manuscrito não publicado), Taññer Ecologista, 2011.

AIE — AGÊNCIA INTERNACIONAL DE ENERGIA. "The Role of Critical Minerals in Clean Energy Transition: World Energy Outlook Special Report", maio 2021.

AJL, Max. *A People's Green New Deal*. Londres: Pluto, 2021.

ALIMONDA, Héctor. "La colonialidad de la Naturaleza: una aproximación a la ecología política latinoamericana". *In*: ALIMONDA, Héctor (org.). *La naturaleza colonizada*. Buenos Aires: Clacso, 2011, p. 21-60.

AMIN, Samir. "Unequal Development: An Essay on the Social Formations of Peripheral Capitalism", *Science and Society*, v. 42, n. 2, p. 219-22, 1978.

ANTAL, Miklós. "Green Goals and Full Employment: Are They Compatible?", *Ecological Economics*, v. 107, p. 276-86, 2014.

ARÁOZ, Horacio Machado. "Ecología política de los regímenes extractivistas: de reconfiguraciones imperiales y re-existencias decoloniales en nuestra América", *Bajo el Volcán*, v. 15, n. 23, p. 11-51, 2015.

ARÁOZ, Horacio Machado. *Potosí, el origen: genealogía de la minería contemporánea*. Quito: Abya Yala, 2018. [Ed. bras.: *Mineração, genealogia do desastre: o extrativismo na América como origem da modernidade*. Trad. João Peres. São Paulo: Elefante, 2020.]

ARBOLEDA, Martín. *Planetary Mine: Territories of Extraction under Late Capitalism*. Londres: Verso, 2020.

ARGENTO, Melisa & PUENTE, Florencia. "Entre el boom del litio y la defensa de la vida: salares, agua y territorios y comunidades en la región atacameña". *In:* FORNILLO, Bruno (org.). *Litio en Sudámerica: geopolítica, energía, territorios*. Buenos Aires: El Colectivo, 2019, p. 173-220.

ARONOFF, Kate; BATTISTONI, Alyssa; COHEN, Daniel & RIOFRANCOS, Thea. *A Planet to Win: Why We Need a Green New Deal*. Londres: Verso, 2019.

AVENDAÑO, Tatiana Roa. "Soberanía y autonomía energética: treinta años de debates alrededor de asuntos cruciales". *In*: AVENDAÑO, Tatiana Roa. (org.). *Energias para la transición: reflexiones y relatos*. Bogotá: Censat Agua Viva, 2021, p. 27-64.

BACHRAM, Heide. "Climate Fraud and Carbon Colonialism: The New Trade in Greenhouse Gases", *Capitalism Nature Socialism*, v. 15 n. 4, p. 5-20, dez. 2004.

BALDWIN, Andrew; FRÖHLICH, Christiane & ROTHE, Delf. "From Climate Migration to Anthropocene Mobilities: Shifting the Debate", *Mobilities*, v.14, n. 3, p. 289-97, 2019.

BANCO MUNDIAL. "Special Economic Zone: Performance, Lessons Learned, and Implication for Zone Development", 2008.

BANCO MUNDIAL. "Morocco Noor Solar Power Project Additional Financing", Report n. PAD2642, 15 maio 2018.

BAQUERO, Diego Cazar. "Duplicar la producción petrolera, la controvertida apuesta del gobierno de Ecuador", *Plano V*, 1º set. 2021.

BARCA, Stefania. "The Labor(s) of Degrowth", *Capitalism Nature Socialism*, v. 30, n. 2, p. 207-16, 2019.

BASSEY, Nnimmo. *To Cook a Continent: Destructive Extraction and the Climate Crisis in Africa*. Oxford: Fahamu Press, 2012.

BELLVER, José. "Costes y restricciones ecológicas al capitalismo digital", *Papeles*, v. 144, p. 59-77, 2019.

BENDALL, Paul. "Mine 2022: A Critical Transition", PwC, 2022.

BERTINAT, Pablo; CHEMES, Jorge & FORERO, Lydia. *Energy Transition: Contributions for Collective Reflection*. Amsterdã/Rosario: Transnational Institute/Taller Ecologista, 2021.

BERTINAT, Pablo; CHEMES, Jorge & MOYA, L. "Derecho y energía" (manuscrito não publicado), curso de formação em energia, 2012.

BHAMBRA, Gurminder K. & HOLMWOOD, John. "Colonialism, Postcolonialism and the Liberal Welfare State", *New Political Economy*, v. 23, n. 5, p. 574-87, 2018.

BHAMBRA, Gurminder K. & NEWELL, Peter. "More than a Metaphor: Climate Colonialism in Perspective", *Global Social Challenges Journal*, v. 2, n. 2, p. 179-87, 2022.

BLAS, Ignacio de; MEDIAVILLA, Margarita; CAPELLÁN-PÉREZ, Iñigo & DUCE, Carmen. "The Limits of Transport Decarbonization under the Current Growth Paradigm", *Energy Strategy Reviews*, v. 32, 2020.

BLASER, Mario. "Ontological Conflicts and the Stories of Peoples in Spite of Europe: Towards a Conversation on Political Ontology", *Current Anthropology*, v. 54, n. 5, p. 547-68, 2013.

BMWK. "Federal Report on Energy Research: Research Funding for the Energy Transition", Federal Ministry for Economic Affairs and Energy, jun. 2020.

BMWK. "Annual Economic Report: Towards an Ecological Social Market Economy", Federal Ministry for Economic Affairs and Climate Action, jan. 2022.

BOND, Thomas. *Stopping Oil: Climate Justice and Hope*. Londres: Pluto, 2023.

BONILLA, Rafael Poveda. *Estudio de caso sobre la gobernanza del litio en Chile*. Santiago: Cepal, 2020.

BOOS, Tobias & BRAND, Ulrich. "State Transformation". *In*: KALTMEIER, Olaf; TITTOR, Anne; HAWKINS, Daniel & ROHLAND, Eleonora (org.). *The Routledge Handbook to the Political Economy and Governance of the Americas*. Londres: Routledge, 2022, p. 221-230.

BOSQUET, Michel (André Gorz). "Michell Bosquet: Si on permet aux grands monopoles de la 'recuperér', la lutte contre la pollution peut conduire au despotisme", *Nouvel Observateur*, n. 397, 19 jun. 1972.

BOWEN, Alex & KURALBAYEVA, Karlygash. "Looking for Green Jobs: The Impact of Green Growth on Employment", Grantham Research Institute on Climate Change and the Environment & Global Green Growth Institute, Policy Brief, mar. 2015.

BRAND, Ulrich. "How to Get Out of the Multiple Crisis? Towards a Critical Theory of Social-Ecological Transformation", *Environmental Values*, v. 25, n. 5, p. 503-25, 2016.

BRAND, Ulrich; GÖRG, Christoph & WISSEN, Markus. "Second-Order Condensations of Societal Power Relations: Environmental Politics and the Internationalization of the State from a Neo-Poulantzian Perspective", *Antipode*, v. 43, n. 1, p. 149-75, 2011.

BRAND, Ulrich & WISSEN, Markus. *The Imperial Mode of Living: Everyday Life and the Ecological Crisis of Capitalism*. Londres: Verso, 2021. [Ed. bras.: *Modo de vida imperial: sobre a exploração de seres humanos e da natureza no capitalismo global*. Trad. Marcela Couto. São Paulo: Elefante, 2021.]

BRAND, Ulrich *et al*. "From Planetary to Societal Boundaries: An Argument for Collectively Defined Self-Limitation", *Sustainability: Science, Practice and Policy*, v. 17, n. 1, p. 264-91, 2021.

BRAVO, Elizabeth & YÁÑEZ, Ivonne (org.). *No More Looting or Destruction! We the Peoples of the South are the Ecological Creditors*. Quito: SPEDCA, 2003.

BRIDGE, Gavin & FAIGEN, Erika. "Toward a Lithium-Ion Battery Production Network: Thinking Beyond Mineral Supply Chains", *Energy Research & Social Science*, v. 89, n. 1, jul. 2022.

BRINGEL, Breno. "Social Movements and Contemporary Modernity: Internationalism and Patterns of Global Contestation". *In*: BRINGEL, Breno & DOMINGUES, José Mauricio (org.). *Global Modernity and Social Contestation*. Londres: Sage, 2015, p. 122-38.

BRINGEL, Breno. "Covid-19 and the New Global Chaos", *Interface: a Journal for and about Social Movements*, v. 12, n. 1, p. 392-9, 2020.

BRINGEL, Breno & PLEYERS, Geoffrey (org.). *Social Movements and Politics during Covid-19*. Bristol: Bristol University Press, 2021.

BRINGEL, Breno & SVAMPA, Maristella. "Del Consenso de los Commodities al Consenso de la Descarbonización", *Nueva Sociedad*, v. 306, jul.-ago. 2023.

BÜSCHER, Bram & FLETCHER, Robert. "Accumulation by Conservation", *New Political Economy*, v. 20, n. 2, p. 273-98, 2015.

BÜSCHER, Bram *et al*. "Towards a Synthesized Critique of Neoliberal Biodiversity Conservation", *Capitalism Nature Socialism*, v. 23, n. 2, p. 4-30, 2012.

CÁMARA, Ángeles & SANTERO-SÁNCHEZ, Rosa. "Economic, Social, and Environmental Impact of a Sustainable Fisheries Model in Spain", *Sustainability*, v. 11, n. 22, 2020.

CARDOSO, Fernando H. & FALETTO, Enzo. *Dependency and Development in Latin America*. Berkeley: University of California Press, 1979. [Eb bras.: *Dependência e desenvolvimento na América Latina: ensaio de interpretação sociológica*. Rio de Janeiro: LTC, 1970.]

CAROMBA, Laurence. "Review of 'Ubuntu: Curating the Archive'", *Strategic Review for Southern Africa*, v. 37, n. 1, p. 208-11, 2014.

CARTY, Tracy & KOWALZIG, Jan. "Climate Finance Short-Changed", Oxfam, 19 nov. 2022.

CASTRO, Carlos de. *Reencontrando a Gaia*. Malaga: Ediciones del Genal, 2019.

CAVALLERO, Lucy & GAGO, Verónica. *Una lectura feminista de la deuda*. Buenos Aires: Fundação Rosa Luxemburgo, 2019. [Ed. bras.: *Uma leitura femi-*

nista da dívida: vivas, livres e sem dívidas nos queremos! Porto Alegre: Criação Humana, 2022.]

CHEMHURU, Munamato. "Interpreting Ecofeminist Environmentalism in African Community Philosophy and Ubuntu: An Alternative to Anthropocentrism", *Philosophical Papers*, v. 48, n. 2, p. 241-64, set. 2018.

CHOMSKY, Noam & POLLIN, Robert. *Climate Crisis and the Global Green New Deal: The Political Economy of Saving the Planet*. Londres: Verso, 2020.

CHUWA, Leonard Tumaini. *African Indigenous Ethics in Global Bioethics: Interpreting Ubuntu*. Nova York: Springer, 2014.

COMISSÃO DA VERDADE DA COLÔMBIA. *Hay futuro si hay verdad: Informe Final de la Comisión para el Esclarecimiento de la Verdad, la Convivencia y la No Repetición*. Bogotá: Comisión de la Verdad, 2022.

CORNELL, Drucilla & VAN MARLE, Karin. "Ubuntu Feminism: Tentative Reflections", *Verbum et Ecclesia*, v. 36, n. 2, 2015.

CORONIL, Fernando. "Naturaleza del poscolonialismo: del eurocentrismo al globocentrismo". *In:* LANDER, Edgardo (org.). *La colonialidad del saber: eurocentrismo y ciencias sociales*. Buenos Aires: Clacso, 2000, p. 53-67.

COSTANZA, Robert *et al.* "The Value of the World's Ecosystem Services and Natural Capital", *Nature*, v. 387, p. 253-60, 1997.

DE LA CADENA, Marisol. *Earth Beings: Ecologies of Practice Across Andean Worlds*. Durham: Duke University Press, 2015.

DE LA CADENA, Marisol & BLASER, Mario (org.). *A World of Many Worlds*. Durham: Duke University Press, 2018.

DEMARIA, Federico; SCHNEIDER, François; SEKULOVA, Filka & MARTINEZ-ALIER, Joan. "What is Degrowth? From an Activist Slogan to a Social Movement", *Environmental Values*, v. 22, n. 2, p. 191-215, 2013.

DENGLER, Corinna & LANG, Miriam. "Commoning Care: Feminist Degrowth Visions for a Socio-Ecological Transformation", *Feminist Economics*, v. 28, n. 1, p. 1-28, 2021.

DENGLER, Corinna & SEEBACHER, Lisa Marie. "What About the Global South? Towards a Feminist Decolonial Degrowth Approach", *Ecological Economics*, v. 157, p. 246-52, 2019.

DORNINGER, Christian & HORNBORG, Alf. "Can EEMRIO Analyses Establish the Occurrence of Ecologically Unequal Exchange?", *Ecological Economics*, v. 119, p. 414-18, 2015.

DORNINGER, Christian *et al.* "Global Patterns of Ecologically Unequal Exchange: Implications for Sustainability in the 21st Century", *Ecological Economics*, v. 179, 2021.

DRESSLER, Wolfram; MCDERMOTT, Melanie; SMITH, Will & PULHIN, Juan. "REDD Policy Impacts on Indigenous Property Rights Regimes on Palawan Island, The Philippines", *Human Ecology*, v. 40, n. 5, p. 679-91, 2012.

DURÁN, Ramon Fernández & GONZÁLEZ REYES, Luis. *En la espiral de la energía*. Madri/Vila-Real: Libros en Acción/Baladre, 2018.

ELLERBECK, Stefan. "These Regions Produce a Lot of Carbon Emissions – Here's what They Plan to Do about It," Fórum Econômico Mundial, 26 ago. 2022.

ESCOBAR, Arturo. *Territories of Difference: Place, Movements, Life, Redes*. Durham: Duke University Press, 2008.

ESCOBAR, Arturo. "Degrowth, Post-Development, and Transitions: A Preliminary Conversation", *Sustainability Science*, v. 10, n. 3, p. 451-62, 2015.

ESCOBAR, Arturo. *Autonomía y diseño: la realización de lo communal*. Popayán: Editorial Universidad del Cauca, 2016.

ESCOBAR, Arturo. "Reframing Civilization(s): From Critique to Transitions", *Globalizations*, 30 nov. 2022.

FAIRHEAD, James; LEACH, Melissa & SCOONES, Ian. "Green Grabbing: A New Appropriation of Nature?", *Journal of Peasant Studies*, v. 39, n. 2, p. 237-61, 2012.

FANON, Frantz. *The Wretched of the Earth*. Nova York: Grove Press, 2004. [Ed. Bras.: *Os condenados da Terra*. Trad. José Laurênio de Melo. Rio de Janeiro: Civilização Brasileira, 1968.]

FEDERICI, Silvia. *Caliban and the Witch: Women, the Body and Primitive Accumulation*. Brooklyn: Autonomedia, 2004. [Ed. bras.: *Calibã e a bruxa: mulheres, corpo e acumulação primitiva*. Trad. Coletivo Sycorax. 2. ed. São Paulo: Elefante, 2023.]

FEDERICI, Silvia. "From Commoning to Debt: Financiarization, Microcredit, and the Changing Architectures of Capital Accumulation", *The South Atlantic Quarterly*, v. 113, n. 2, p. 231-44, 2014. [Ed. bras.: "Da comunalidade à dívida:

a financeirzação, o microcrédito e a arquitetura em mutação da acumulação capitalista". *In*: FEDERICI, Silvia. *Reencantando o mundo: feminismo e a política dos comuns*. Trad. Coletivo Sycorax: Solo Comum. São Paulo: Elefante, 2022.]

FEDERICI, Silvia. *Re-Enchanting the World: Feminism and the Politics of the Commons*. Oakland: PM Press, 2019. [Ed. bras.: *Reencantando o mundo: feminismo e a política dos comuns*. Trad. Coletivo Sycorax: Solo Comum. São Paulo: Elefante, 2022.]

FEDERICI, Silvia; GAGO, Verónica & CAVALLERO, Luci (org.). *¿Quién le debe a quién? Ensayos transnacionales de desobediencia financiera*. Buenos Aires: Fundación Tinta Limón / Rosa Luxemburgo, 2021. [Ed. bras.: *Quem deve a quem? Ensaios transnacionais de desobediência financeira*. Trad. Igor Peres. São Paulo / Porto Alegre: Elefante / Criação Humana, 2023.]

FEENSTRA, Robert. *Advanced International Trade: Theory and Evidence*. Princeton: Princeton University Press, 2015.

FERNANDES, Sabrina. "Sovereignty and the Polycrisis", Alameda Institute, 2023.

FERRER, Aldo. "Deuda, soberanía y democracia en América Latina", *Estudios Internacionales*, v. 17, n. 67, p. 309-23, 1984.

FORNILLO, Bruno (org.). *Litio en Sudámerica: geopolítica, energía, territórios*. Buenos Aires: El Colectivo, 2019.

FÓRUM ECONÔMICO MUNDIAL. *Everybody's Business: Strengthening International Cooperation in a More Interdependent World*. Davos: Global Redesign Initiative, 2010.

FÓRUM ECONÔMICO MUNDIAL. *New Nature Economy Report II: The Future of Nature and Business*. Genebra: Fórum Econômico Mundial, 2020.

FOSTER, John Bellamy & CLARK, Brett. "Ecological Imperialism: The Curse of Capitalism". *In*: PANITCH, L. & LEYS, C. (org.). *The Socialist Register 2004: The New Imperial Challenge*. Monmouth: The Merlin Press, 2004, p. 186-201.

FOURNIER, Valérie. "Escaping from the Economy: The Politics of Degrowth", *International Journal of Sociology and Social Policy*, v. 28, n. 11-12, p. 528-45, 2008.

FRANSEN, Taryn *et al*. *The State of Nationally Determined Contributions: 2022*. Washington: World Resources Institute, 2022.

GARRETT, Tim. "What Is Your Carbon Footprint?", University of Utah, 2018.

GAUDICHAUD, Franck; WEBBER, Jeffery & MODONESI, Massimo. *Los gobiernos progresistas latinoamericanos del siglo XXI: ensayos de interpretación histórica*. México: Unam, 2019.

GELDERLOOS, Peter. *The Solutions are Already Here: Strategies for Ecological Revolution from Below*. Londres: Pluto, 2022.

GERBAUDO, Paolo. "Protest Diffusion and Cultural Resonance in the 2011 Protest Wave", *The International Spectator*, v. 48, n. 4, p. 86-111, 2013.

GETACHEW, Adom. *Worldmaking after Empire: The Rise and Fall of Self-Determination*. Princeton: Princeton University Press, 2019.

GIBSON-GRAHAM, J. K., CAMERON, Jenny & HEALY, Stephen. *Take Back the Economy: An Ethical Guide for Transforming our Communities*. Mineápolis: University of Minnesota Press, 2013.

GLASIUS, Marlies & PLEYERS, Geoffrey. "The Global Moment of 2011: Democracy, Social Justice and Dignity", *Development and Change*, v. 44, n. 3, p. 547-67, 2013.

GLECKMAN, Harris. *Multistakeholder Governance and Democracy: A Global Challenge*. Londres: Routledge, 1998.

GLOBAL JUSTICE NOW. "Reparations and Climate Justice: What Are Climate Reparations and Why We Are Talking about Them?", set. 2022.

GÓMEZ, Diana M. "De la inclusión de género a la estructuración de la paz feminista: aportes de los feminismos decoloniales al proceso transicional en Colombia". *In*: GÓMEZ, Diana M. *et al.* (org.). *Comisiones de la verdad y género en el Sur Global: miradas decoloniales, retrospectivas y prospectivas de la justicia transicional*. Bogotá: Cider, 2021, p. 267-310.

GONTHARET, Amélie. *An Ecofeminist Perspective of the Impact of Development Policies on Women's Lives: The Case of Ethiopia* (dissertação de mestrado). Nicósia: University do Chipre, 2018.

GONZÁLEZ REYES, Luis. *Educar para la transformación ecosocial*. Madri: Fuhem, 2018.

GONZÁLEZ REYES, Luis. "Crisis energética", *Papeles de Relaciones Ecosociales y Cambio Global*, v. 156, p. 67-78, 2022.

GONZÁLEZ REYES, Luis *et al.* "Escenarios de trabajo en la transición ecosocial 2020-2030", Ecologistas em Acción, 2019.

GRAEBER, David. *En deuda: una história alternativa de la economía*. Barcelona: Ariel, 2014. [Ed. bras.: *Dívida: os primeiros cinco mil anos*. São Paulo: Três Estrelas, 2016.]

GRAMSCI, Antonio. *Selections from the Prison Notebooks*. Nova York: International Publishers, 1971.

GROSSMAN, Gene M. & HELPMAN, Elhanan. "Quality Ladders in the Theory of Growth", *The Review of Economic Studies*, v. 58, n. 1, p. 43-61, 1991.

GROVE, Richard. *Green Imperialism: Colonial Expansion, Tropical Island Edens and the Origins of Environmentalism: 1600-1860*. Cambridge: Cambridge University Press, 1995.

GUDYNAS, Eduardo. "Debates on Development and Its Alternatives in Latin America: A Brief Heterodox Guide". *In*: LANG, Miriam & MOKRANI, Dunia (org.). *Beyond Development: Alternative Visions from Latin America*. Quito / Amsterdã: Rosa Luxemburg Foundation / Transnational Institute, 2013, p. 15-39.

HAAS, Peter. "Introduction: Epistemic Communities and International Policy Coordination", *International Organization*, v. 46, n. 1, p. 1-35, 1992.

HAMILTON, Clive; BONNEUIL, Christophe & GEMENNE, François (org.). *The Anthropocene and the Global Environmental Crisis: Rethinking Modernity in a New Epoch*. Londres: Routledge, 2015.

HAMOUCHENE, Hamza. "Desertec: The Renewable Energy Grab?", *New Internationalist*, 1º mar. 2015.

HAMOUCHENE, Hamza. "The Ouarzazate Solar Plant in Morocco: Triumphal 'Green' Capitalism and the Privatization Of Nature", *Jadaliyya*, 23 mar. 2016.

HARVEY, David. *El nuevo imperialismo*. Madri: Akal, 2007. [Ed. bras.: *O novo imperialismo*. São Paulo: Loyola, 2004.]

HEADRICK, Daniel. *The Tools of Empire: Technology and European Imperialism in the Nineteenth Century*. Oxford: Oxford University Press, 1981.

HERRERO-LOPEZ, Yayo. "Prólogo: repensar la vida en tiempos de emergencias". *In*: AVENDAÑO, Tatiana Roa (org.). *Energías para la transición: reflexiones y relatos*. Bogotá: Censat Agua Viva / Fundación Heinrich Boll / Oxfam, 2021, p. 9-18.

HICKEL, Jason. "Apartheid in the World Bank and IMF: Exploring Banking, Race, and Colonialism", *Positive Money*, 7 jan. 2021a.

HICKEL, Jason. "The Anti-Colonial Politics of Degrowth", *Political Geography*, v. 88, 2021b.

HICKEL, Jason; DORNINGER, Christian; WIELAND, Hanspeter & SUWANDI, Intan. "Imperialist Appropriation in the World Economy: Drain from the Global South through Unequal Exchange, 1990-2015", *Global Environmental Change*, v. 73, 2022.

HICKEL, Jason & KALLIS, Giorgos. "Is Green Growth Possible?", *New Political Economy*, v. 25, n. 4, p. 469-86, 2020.

HIRSCH, Joachim. "Globalization of Capital, Nation-States and Democracy", *Studies in Political Economy*, v. 54, n. 1, p. 39-58, 2016.

HOBSBAWM, Eric. *The Age of Extremes: The Short Twentieth Century, 1914-1991*. Londres: Vintage, 1994. [Ed. bras.: *Era dos extremos: o breve século XX*. Trad. Marcos Santarrita. 2. ed. São Paulo: Companhia das Letras, 2003.]

HORNBORG, Alf. "Ecological Economics, Marxism, and Technological Progress: Some Explorations of the Conceptual Foundations of Theories of Ecologically Unequal Exchange", *Ecological Economics*, v. 105, p. 11-18, 2014.

HORNBORG, Alf. *Global Magic: Technologies of Appropriation from Ancient Rome to Wall Street*. Londres: Palgrave MacMillan, 2016.

HORNBORG, Alf. *Nature, Society, and Justice in the Anthropocene: Unraveling the Money-Energy-Technology Complex*. Cambridge: Cambridge University Press, 2019.

HOWSE, Robert. *The Concept of Odious Debt in Public International Law*. Genebra: Unctad, jul. 2007.

HUNDEYIN, David. "The 'French Colonial Tax': A Misleading Heuristic for Understanding Françafrique", *The Africa Report*, 21 nov. 2019.

INGE, Kaul; GRUNBERG, Isabelle & STERN, Marc (org.). *Global Public Goods: International Cooperation in the 21st Century*. Oxford: Oxford University Press, 1999.

IPCC — PAINEL INTERGOVERNAMENTAL SOBRE MUDANÇAS CLIMÁTICAS. *Climate Change 2007: Mitigation. Contribution of Working Group III to the Fourth Assessment Report of the Intergovernmental Panel on Climate Change*. Nova York: Cambridge University Press, 2007.

IRWIN, Terry. "The Emerging Transition Design Approach", *Design Research Society Proceedings*, v. 3, p. 968-89, 2018.

JANZWOOD, Scott & HOMER-DIXON, Thomas. "What Is a Global Polycrisis?", Cascade Institute, 16 set. 2022.

JESSOP, Bob. *State Power: A Strategic-Relational Approach*. Cambridge: Polity Press, 2007.

JOHANISOVA, Nadia & FRAŇKOVÀ, Eva. "Ecosocial Enterprises". *In*: SPASH, Clive (org.). *Routledge Handbook of Ecological Economics: Nature and Society*. Nova York: Routledge, 2018, p. 513-15.

JORGENSON, Andrew K. & CLARK, Brett. "Ecologically Unequal Exchange in Comparative Perspective: A Brief Introduction", *International Journal of Comparative Sociology*, v. 50, n. 3-4, p. 211-14, 2009.

JURIS, Jeffrey & PLEYERS, Geoffrey. "Alter-Activism: Emerging Cultures of Participation among Young Global Justice Activists", *Journal of Youth Studies*, v. 12, p. 57-75, 2009.

KALLIS, Giorgos. "In Defence of Degrowth", *Ecological Economics*, v. 70, n. 5, p. 873-80, 2011.

KALLIS, Giorgos. "Radical Dematerialization and Degrowth", *Philosophical Transactions of the Royal Society A: Mathematical, Physical, and Engineering Sciences*, v. 37, 2017.

KALLIS, Giorgos; DEMARIA, Federico & D'ALISA, Giacomo. "Introduction: Degrowth". *In*: KALLIS, Giorgos; DEMARIA, Federico & D'ALISA, Giacomo (org.). *Degrowth: A Vocabulary for a New Era*. Londres: Routledge, 2014, p. 1-17.

KINGSBURY, Donald V. "'Green' Extractivism and the Limits of Energy Transitions: Lithium, Sacrifice, and Maldevelopment in the Americas", *Georgetown Journal of International Affairs*, 20 jul. 2021.

KISHIMOTO, Satoko & PETITJEAN, Olivier. "Reclaiming Public Services: How Cities and Citizens Are Turning Back Privatisation", Transnational Institute, 2017.

KLEIN, Naomi. *This Changes Everything: Capitalism vs. the Climate*. Nova York: Simon & Schuster Paperbacks, 2015. [Ed. port.: *Tudo pode mudar: capitalismo vs. clima*. Barcarena: Presença, 2016.]

KLINGER, Julie Michelle. *Rare Earth Frontiers: From Terrestrial Subsoils to Lunar Landscapes*. Ithaca: Cornell University Press, 2017.

KÖHLER, Gernot. "The Structure of Global Money and World Tables of Unequal Exchange", *Journal of World-Systems Research*, v. 4, n. 2, p. 145-68, 1998.

KOTHARI, Ashish *et al.* (org.). *Pluriverse: A Postdevelopment Dictionary*. Nova Delhi: Tulika Books, 2019. [Ed. bras.: *Pluriverso: um dicionário do pós-desenvolvimento*. Trad. Isabella Victoria Eleonora. São Paulo: Elefante, 2021.]

KUMAR, V. M. Ravi. "Green Colonialism and Forest Policies in South India, 1800-1900", *Global Environment*, v. 3, n. 5, p. 101-25, 2010.

KWASHIRAI, Vimbai. *Green Colonialism in Zimbabwe: 1890-1980*. Nova York: Cambria, 2009.

LACHAPELLE, Eric; MACNEIL, Robert & PATERSON, Matthew. "The Political Economy of Decarbonisation: From Green Energy 'Race' to Green 'Division Of Labour'", *New Political Economy*, v. 22, n. 3, p. 311-27, 2017.

LANDER, Edgardo. "La utopía del mercado total y el poder imperial", *Revista Venezolana de Sociología*, v. 8, n. 2, p. 51-79, 2002.

LANDER, Edgardo & RODRIGUEZ, Santiago Arconada. *Crisis civilizatoria: experiencias de los gobiernos progresistas y debates en la izquierda latinoamericana*. San José: Universidad de Costa Rica, 2019.

LANG, Miriam. "Plurinationality as a Strategy: Transforming Local State Institutions toward Buen Vivir". *In*: KLEIN, Elise & MORREO, Carlos Eduardo (org.). *Postdevelopment in Practice: Alternatives, Economies, Ontologies*. Nova York/Londres: Routledge, 2019, p. 176-89.

LANG, Miriam. "El rol del Estado en la transición hacia una sociedad post-extractivista: aportes para un debate necesario", *Ecuador Debate*, v. 117, p. 143-69, 2022.

LANG, Miriam & BRAND, Ulrich. "Dimensiones de la transformación social y el rol de las instituciones". *In*: LANG, Miriam; CEVALLOS, Belén & LÓPEZ, Claudia (org.). *¿Cómo transformar? Instituciones y cambio social en América Latina y Europa*. Quito: Abya Yala / Fundación Rosa Luxemburgo, 2015, p. 7-32.

LANG, Miriam & HOETMER Raphael. "Buscando alternativas más allá del desarrollo". *In*: LANG, Miriam; REGELMAN, Ada & KÖNIG, Claus-Dieter (org.). *Alternativas en un mundo de crisis*. Quito: Universidad Andina Simón Bolívar / Fundación Rosa Luxemburgo / Grupo de Trabajo Global Más Allá del Desarrollo, 2019, p. 9-27.

LANG, Miriam & MOKRANI, D. (org.). *Beyond Development: Alternative Visions from Latin America*. Berlim: TNI / Rosa Luxemburg Stiftung, 2013.

LATOUCHE, Serge. *L'Invention de l'économie*. Paris: Albin Michel, 2005.

LAVAL Christian & DARDOT, Pierre. *The New Way of the World: On Neoliberal Society*. Nova York: Penguin Random House, 2017. [Ed. bras.: *A nova razão do mundo: ensaio sobre a sociedade neoliberal*. São Paulo: Boitempo, 2016.]

LENZEN, Manfred *et al.* "The Global MRIO Lab: Charting the World Economy", *Economic Systems Research*, v. 29, n. 2, p. 158-86, 2017.

LENZEN, Manfred *et al.* "Implementing the Material Footprint to Measure Progress towards Sustainable Development Goals 8 and 12", *Nature Sustainability*, v. 5, n. 2, p. 157-66, 2022.

LINERA, Álvaro García; PRADA, Raúl; TAPIA, Luis & CAMACHO, Oscar Vega (org.). *El Estado: campo de lucha*. La Paz: Clacso, 2010.

LYONS, Kristen & WESTOBY, Peter. "Carbon Colonialism and the New Land Grab: Plantation Forestry in Uganda and Its Livelihood Impacts", *Journal of Rural Studies*, v. 36, p. 13-21, 2014.

M'BAREK, Mabrouka *et al.* (org.). *Cities of Dignity: Urban Transformations around the World*. Bruxelas: Rosa Luxemburg Foundation, 2019.

MAATHAI, Wangari. *The Challenge For Africa*. Nova York: Pantheon, 2009.

MAJKUT, Joseph. "The Inflation Reduction Act: A Race to the Top or Protectionism in High Gear?", Center For Strategic & International Studies, 1º mar. 2023.

MALM, Andreas. *Capital fósil*. Madri: Capitan Swing, 2021. [Ed. bras.: *Capital fóssil: a ascensão do motor a vapor e as raízes do aquecimento global*. Trad. Humberto do Amaral. São Paulo: Elefante, 2025.]

MANAHAN, Mary Ann. "Commodifying and Selling Nature to Save It", *New Frame*, 21 fev. 2022.

MANAHAN, Mary Ann & KUMAR, Madhuresh. *The Great Takeover: Mapping of Multistakeholderism in Global Governance*. Amsterdã: People's Working Group on Multistakeholderism, 2021.

MANGENA, Fainos. "The Search for an African Feminist Ethic: A Zimbabwean Perspective", *Journal of International Women's Studies*, v. 11, n. 2, p. 18-30, 2009.

MAPONDERA, Margaret; REDDY, Trusha & HARGREAVES, Samantha. "If Another World Is Possible, Who Is Doing the Imagining? Building an Ecofeminist Development Alternative in a Time of Deep Systemic Crisis", *Bread & Butter Series: African Feminist Reflections on Future Economies*, African Women's Development Fund, 2020.

MARCUS, Hannah. "Fortress Conservation: The Green Colonialism that Must End to Achieve Ecological Harmony in a Post-covid World", Planetary Health Alliance, 13 mar. 2021.

MARTINEZ-ALIER, Joan; TEMPER, Leah & DEMARIA, Federico. "Social Metabolism and Environmental Conflicts in India". *In*: GHOSH, Nilanjan *et al.* (org.). *Nature, Economy and Society: Understanding the Linkages*. Nova Delhi: Springer India, 2016, p. 19-49.

MASSEY, Doreen. "A Global Sense of Place", *Marxism Today*, p. 24-9, jun. 1991.

MATTEI, Ugo & NADER, Laura. *Plunder: When the Rule of Law Is Illegal*. Malden: Blackwell, 2008.

MATURANA, Humberto & VERDEN-ZÖLLER, Gerda. *Amor y fuego: fundamentos olvidos de lo humano desde el patriarcado a la democracia*. Santiago: JC Sáez, 1993.

MAZHAR, Farhad. "Nayakrishi Andolon". *In*: KOTHARI, Ashish *et al.* (org.). *Pluriverse: A Post-Development Dictionary*. Nova Delhi: Tulika Books, 2019, p. 426-30. [Ed. bras.: "Nayakrishi Andolon". *In*: KOTHARI, Ashish *et al.* (org.). *Pluriverso: um dicionário do pós-desenvolvimento*. Trad. Isabella Victoria Eleonora. São Paulo: Elefante, 2021, p. 426-30.]

MAZHAR, Farhad; AKHTER, Farida & DAS, Upamanyu. "Nayakrishi Andolon: Geolocalization Bangladesh". *In*: GLOBAL TAPESTRY OF ALTERNATIVES. *Resilience in the Face of Covid-19*, v. 1, 2021. Disponível em: globaltapestryofalternatives.org/reports:pandemic:01.

MCKAY, David *et al.* "Exceeding 1.5 °C Global Warming Could Trigger Multiple Climate Tipping Points", *Science*, 9 set. 2022.

MCKEON, Nora. "Are Equity and Sustainability a Likely Outcome When Foxes and Chickens Share the Same Coop? Critiquing the Concept of Multistakeholder Governance of Food Security", *Globalizations*, v. 14, n. 3, p. 379-98, 2017.

MEADOWS, Donella; MEADOWS, Dennis L.; RANDERS, Jørgen & BEHRENS III, William. *The Limits to Growth: A Report for the Club of Rome's Project on the Predicament of Mankind.* Nova York: Universe Books, 1972. [Ed. bras.: *Limites do crescimento: um relatório para o projeto do Clube de Roma sobre o dilema da humanidade.* Trad. Inês M. F. Litto. 2. ed. São Paulo: Perspectiva, 1978.]

MICHÉLE, Laura *et al. When the SUN Casts a Shadow: The Human Rights Risks of Multi-stakeholder Partnerships. The Case of Scaling up Nutrition (SUN).* Heidelberg: Fian International, 2019.

MIES, Maria. *Patriarchy and Accumulation on a World Scale: Women in the International Division of Labour.* Londres: Zed, 1986. [Ed. bras.: *Patriarcado e acumulação em escala mundial: mulheres na divisão internacional do trabalho.* Trad. Coletivo Sycorax. São Paulo: Ema/Timo, 2022.]

MIES, Maria & SHIVA, Vandana. *Ecofeminism.* Londres: Zed, 1993. [Ed. bras.: *Ecofeminismo.* Trad. Carolina Caires Coelho. Belo Horizonte: Luas, 2021.]

MONCADA, Martha & CUÉLLAR, Juan Carlos. *El peso de la deuda externa ecuatoriana y el impacto de las alternativas de conversión para el desarrollo.* Quito: Abya-Yala, 2004.

MONSALVE, Sofia. "Re-Grounding Human Rights as Cornerstone of Emancipatory Democratic Governance", *Development*, v. 64, p. 13-18, 2021.

MOORE, Jason W. *El capitalismo en la trama de la vida: ecología y acumulación de capital.* Madri: Traficantes de Sueños, 2020.

MORENO, Camila; CHASSÉ, Daniel Speich & FUHR, Lili. "Carbon Metrics: Global Abstractions and Ecological Epistemicide", Heinrich Böll Stiftung, 2015.

MORENO, Vicenta. "Ay Dios baja y ve cómo las mujeres afrocolombianas resisten al destierro", *Revista CS*, v. 12, p. 415-34, 2012.

MUTHUKI, Janet Muthoni. *Rethinking Ecofeminism: Wangari Maathai and the Green Belt Movement In Kenya* (dissertação de mestrado). Durban: University of Kwazulu-Natal, 2006.

NEWELL, Peter & NEWELL, Mohamed. "Cutting the Supply of Climate Injustice", *IDS Bulletin*, v. 53, n. 4, p. 31-46, 2022.

NIETO, Jaime; CARPINTERO, Óscar; MIGUEL, Luis J. & BLAS, Ignacio de. "Macroeconomic Modelling under Energy Constraints: Global Low Carbon Transition Scenarios", *Energy Policy*, v. 137, 2020.

NKRUMAH, Kwane. *Neo-Colonialism, the Last Stage of Imperialism*. Londres: Thomas Nelson & Sons, 1965. [Ed. bras.: *Neocolonialismo, último estágio do imperialismo*. Rio de Janeiro: Civilização Brasileira, 1967.]

OGUNGBEMI, Segun. "An African Perspective on the Environmental Crisis". *In*: POJMAN, Louis (org.). *Environmental Ethics: Readings in Theory and Application*. Belmont: Wadsworth Publishing Co., 1997, p. 330-37.

OKEREKE, Chukwumerjie; FUCHS, Doris & HAYDEN, Anders. "North-South Inequity and Global Environmental Governance". *In*: KALFAGIANNI, Agni *et al.* (org.). *Routledge Handbook of Global Sustainability Governance*. Londres: Routledge, 2021, p. 167-79.

OSBORN, Catherine. "The Barbadian Proposal Turning Heads at COP27", *Foreign Policy*, 11 nov. 2022.

OTEROS, Elisa *et al. Biodiversidad, economía y empleo en España: análisis y perspectivas de futuro*. Madri: Amigos de la Tierra / Ecologistas en Acción / SEO BirdLife, WWF, 2023.

PALACIOS, Elba Mercedes. "Sentipensar la paz en Colombia: oyendo las re-existentes voces pacíficas de mujeres negras afrodescendientes", *Memórias: Revista Digital de Historia y Arqueología desde el Caribe colombiano*, v. 38, p. 131-61, 2019.

PALACIOS, Elba Mercedes *et al.* (org.). *Feminicidios y acumulación global: memórias del Fórum Internacional sobre Feminicídios*. Quito: Abya Yala, 2019.

PARRIQUE, Timothée *et al. Decoupling Debunked: Evidence and Arguments against Green Growth as a Sole Strategy for Sustainability*. Bruxelas: European Environmental Bureau, 2019.

PAULSON, Susan; D'ALISA, Giacomo; DEMARIA, Federico & KALLIS, Giorgos. *The Case for Degrowth*. Cambridge: Polity Press, 2020.

PÉREZ-OROZCO, Amaia. *Subversión feminista de la economía: aportes para un debate sobre el conflicto capital-vida*. Madri: Traficantes de Sueños, 2014.

PIÑERO, Pablo *et al.* "The Raw Material Basis of Global Value Chains: Allocating Environmental Responsibility Based on Value Generation", *Economic Systems Research*, v. 31, n. 2, p. 206-27, 2019.

POULANTZAS, Nicos. *State, Power, Socialism*. Londres: Verso, 1978. [Ed. bras.: *O Estado, o poder, o socialismo*. Rio de Janeiro: Paz & Terra, 2015.]

PREBISCH, Raúl. *The Economic Development of Latin America and Its Principal Problems*. Nova York: Lake Success, 1950.

PRELL, Christina *et al.* "The Economic Gains and Environmental Losses of U.S. Consumption: A World-Systems and Input-Output Approach", *Social Forces*, v. 93, n. 1, p. 405-28, 2014.

QUIJANO, Aníbal. "Coloniality of Power, Eurocentrism, and Latin America", *Nepentia: Vistas do Sul*, v. 1, n. 3, p. 533-80, 2000.

QUIROGA, Natalia. *Economía pospatriarcal*. Buenos Aires: Lavaca, 2019.

RÁTIVA-GAONA, Sandra. "La interdependencia como una clave analítica para pensar la transición energética". *In*: AVENDAÑO, Tatiana Roa (org.). *Energías para la transición: reflexiones y relatos*. Bogotá: Ántropos, 2021, p. 167-85.

RIEXINGER, Bernd; BECKER, Lia; DAHME Katharina & KAINDL, Christina. *A Left Green New Deal: An Internationalist Blueprint*. Nova York: Monthly Review Press, 2021.

RIFKIN, Jeremy. *The Age of Resilience: Reimagining Existence on a Rewilding Earth*. Londres: St. Martin's Press, 2022. [Ed. bras.: *A era da resiliência*. São Paulo: Cultrix, 2024.]

RIGNALL, Karen. "Theorizing Sovereignty in Empty Land: Contested Global Landscapes", International Conference on Global Land Grabbing II, 17-19 out. 2012.

RITCHIE, Hannah & ROSER, Max. "CO_2 Emissions", Our World in Data, jun. 2020.

ROBERTS, Erin L. & HUQ, Saleemul. "Coming Full Circle: The History of Loss and Damage under the UNFCCC", *International Journal on Global Warming*, v. 8, n. 2, p. 141-57, 2015.

RODNEY, Walter. *How Europe Underdeveloped Africa*. Londres: Bogle-L'Ouverture Publications, 1972. [Ed. bras.: *Como a Europa subdesenvolveu a África*. São Paulo: Boitempo, 2022.]

RUAULT, Jean-François *et al.* "A Biodiversity-Employment Framework to Protect Biodiversity", *Ecological Economics*, v. 191, 2022.

RUBIS, June & THERIAULT, Noah. "Concealing Protocols: Conservation, Indigenous Survivance, and the Dilemmas of Visibility", *Social & Cultural Geography*, v. 21, n. 7, p. 962-84, 2022.

RYNER, Magnus. "Passive Revolution/Silent Revolution: Europe's Recovery Plan, the Green Deal, and the German Question", Helsinki Centre for Global Political Economy Working Paper 05/2021.

SAAVE, Anna & MURACA, Barbara. "Rethinking Labour/Work in a Degrowth Society". *In*: RÄTHZEL, Nora; STEVIS, Dimitris & UZZELL, David (org.). *The Palgrave Handbook of Environmental Labour Studies*. Londres: Palgrave Macmillan, 2021, p. 743-67.

SALLEH, Ariel. "Ecological Debt: Embodied Debt". *In*: SALLEH, Ariel (org.). *Eco-Sufficiency and Global Justice: Women write Political Ecology*. Londres: Pluto, 2009, p. 1-42.

SALLEH, Ariel. *Ecofeminism as Politics: Nature, Marx and the Postmodern*. Londres: Zed, 2017.

SALVADOR, Mónica *et al. Mecanismos de conversión de deuda: alcances y limitaciones.* Quito: Ceplaes, 1990.

SÁNCHEZ, Jeannette; DOMÍNGUEZ, Rafael; SAMANIEGO, Mauricio & SUNKEL, Osvaldo. *Recursos naturales, medio ambiente y sostenibilidad: 70 años de pensamiento de la Cepal*. Santiago: Cepal, 2019.

SATGAR, Vishwas (org.). *The Climate Crisis: South African and Global Democratic Eco-Socialist Alternatives*. Joanesburgo: Wits University Press, 2018

SAUER, Birgit & WÖHL, Stefanie. "Feminist Perspectives on the Internationalization of The State", *Antipode*, v. 43, n. 1, p. 108-28, 2011.

SCHMELTZER, Mathias; VANSINTJAN, Aaron & VETTER, Andrea. *The Future is Degrowth: A Guide to a World beyond Capitalism*. Brooklyn: Verso, 2022.

SCHUMACHER, Juliane. *New Green Offers: A Big Deal for Fair Climate Protection or Just the Latest Version of the Capitalist Model?* Bruxelas: Fondation Rosa Luxemburg, 2021.

SCOTT, Frey R.; GELLERT, Paul K. & DAHMS, Harry F. *Ecologically Unequal Exchange: Environmental Injustice in Comparative and Historical Perspective*. Houndmills: Palgrave Macmillan, 2018.

SERJE, Margarita. "ONGs, indios y petróleo: el caso U'wa a través de los mapas del territorio en disputa", *Bulletin de l'Institut Français d'Études Andines,* v. 32, p. 101-31, 2003.

SINAGA, Hariati. "Sustaining Plantations and Certifying Inequalities: Towards A Decolonial Critique of Sustainable Palm Oil Certifications in Indonesia", Working Paper n. 17, Bioeconomy & Inequalities, 2022.

SLATER, David. "The Imperial Present and the Geopolitics of Power", *Geopolítica(s)*, v. 1, n. 2, p. 191-205, 2010.

SLIPAK, Ariel & ARGENTO, Melisa. "Ni oro blanco ni capitalismo verde: acumulación por desfosilización en el caso del litio ¿argentino?", *Cuadernos de Economía*, v. 8, n. 5, p. 15-36, 2022.

SLOBODIAN, Quinn. *Globalists: The End of Empire and the Birth of Neoliberalism*. Boston: Harvard University Press, 2018.

SOLER, Juan Pablo. "Ubuntus energéticos en audiencia pública", *Revista Raya*, 8 nov. 2022.

SOVACOOL, Benjamin *et al.* "The Decarbonisation Divide: Contextualizing Landscapes of Low-Carbon Exploitation and Toxicity in Africa", *Global Environmental Change*, v. 60, 2020.

STEFFEN, Will *et al.* "The Trajectory of the Anthropocene: The Great Acceleration", *The Anthropocene Review,* v. 2, n. 1, p. 81-98, 2015.

STUART-WATT, Adeline. "What Will It Take to Deliver Substantive Progress on Loss and Damage at COP27?", London School of Economics, 21 out. 2022.

SULTANA, Farhana. "The Unbearable Heaviness of Climate Coloniality", *Political Geography*, v. 99, abr. 2022.

SUWANDI, Intan; JONNA, R. Jamil & BELLAMY FOSTER, John. "Global Commodity Chains and the New Imperialism", *Monthly Review,* v. 20, n. 10, p. 1-24, 2019.

SVAMPA, Maristella. "Imágenes del fin: narrativas de la crise socioecológica en el Antropoceno", *Nueva Sociedad*, v. 278, 2018.

SVAMPA, Maristella. *Neo-Extractivism in Latin America: Socio-Environmental Conflicts, the Territorial Turn, and New Political Narratives*. Cambridge: Cambridge University Press, 2019. [Ed. bras.: *As fronteiras do neoextrativismo na América Latina: conflitos socioambientais, giro ecoterritorial e novas dependências*. São Paulo: Elefante, 2019.]

SVAMPA, Maristella & BERTINAT, Pablo. *La transición energética en Argentina*. Buenos Aires: Siglo XXI, 2022.

TÁÍWÒ, Olúfémi. *Reconsidering Reparations*. Nova York: Oxford University Press, 2022.

TAMALE, Sylvia. *Decolonization and Afro-Feminism*. Ottawa: Daraja Press, 2020.

TAMAYO, Juan José. *La internacional del odio*. Barcelona: Icaria, 2020.

TERREBLANCHE, Christelle. "Ubuntu and the Struggle for an African Eco-Socialist Alternative". *In*: SATGAR, Vishwas (org.). *The Climate Crisis: South African and Global Democratic Eco-Socialist Alternatives*. Joanesburgo: Wits University Press, 2018, p. 168-89.

TIENHAARA, Kyla & ROBINSON, Johana. *Routledge Handbook on the Green New Deal*. Londres: Taylor and Francis, 2023.

TOOZE, Adam. "Chartbook #165: Polycrisis — Thinking on the Tightrope", *Chartbook*, 29 out. 2022.

TURIEL, Antonio. *Petrocalipsis: crisis energética global y cómo (no) la vamos a solucionar*. Madri: Alfabeto, 2021.

TVERBERG, Gail. "The World's Energy Problem Is Far Worse than We're Being Told", *oilprice.com*, 29 ago. 2022.

ULLOA, Astrid. "Repolitizar la vida, defender los cuerpos-territorios y colectivizar las acciones desde los feminismos indígenas", *Ecología Política*, v. 61, p. 38-48, 2021.

ULLOA, Astrid & CORONADO, Sergio (org.). *Extractivismos y posconflicto en Colômbia: retos para la paz territorial*. Bogotá: Cinep/Universidad Nacional, 2016.

UNFCCC — CONVENÇÃO-QUADRO DAS NAÇÕES UNIDAS SOBRE A MUDANÇA DO CLIMA. "Acordo de Paris", 2015.

VALENZUELA-FUENTES, Katia; ALARCÓN-BARRUETO, Esteban & TORRES-SALINAS, Robinson. "From Resistance to Creation: Socio-Environmental Activism in Chile's 'Sacrifice Zones'", *Sustainability*, v. 13, n. 6, 2020.

VALERO, Alicia & VALERO, Antonio. *Thanatia: The Mineral Limits of the Planet*. Barcelona: Icaria, 2021.

VAN DER PAS, Hilde & DAMANIK, Riza. "The Case of Newmont Mining vs. Indonesia", Transnational Institute, 12 nov. 2014.

VAN HARTEN, Gus. "A Critique of Investment Treaties". *In*: SINGH, Kavaljit & ILGE, Burghard (org.). *Rethinking Bilateral Investment Treaties: Critical Issues and Policy Choices*. Amsterdã: Both Ends, 2016, p. 41-50.

VAN NORREN, Dorine. "The Nexus between Ubuntu and Global Public Goods: Its Relevance for the Post-2015 Agenda", *Development Studies Research*, v. 1, n. 1, p. 255-66, 2014.

VIGOYA, Mara Viveros. "La interseccionalidad: una aproximación situada a la dominación", *Debate Feminista*, v. 52, p. 1-17, 2016.

VOSKOBOYNIK, Daniel & ANDREUCCI, Diego. "Greening Extractivism: Environmental Discourses and Resource Governance in the 'Lithium Triangle'", *Environment and Planning E: Nature and Space*, v. 2, n. 5, p. 787-809, 2022.

WALLERSTEIN, Immanuel. *The Modern World-System*. Nova York: Academic Press, 1974.

WILSHUSEN, Peter. "Capitalizing Conservation/Development: Dissimulation, Misrecognition, and the Erasure of Power". *In*: BÜSCHER, Bram; DRESSLER, Wolfram & FLETCHER, Robert (org.). *Nature Inc.: Environmental Conservation in the Neoliberal Age*. Tucson: University of Arizona Press, 2014, p. 127-57.

WORSTER, Donald. *Transformaciones de la Tierra*. Montevidéu: Claes, 2008.

XIAOBEI, He; FAN, Zhai & JUN, Ma. "The Global Impact of the Carbon Border Adjustment Mechanism: A Quantitative Assessment", Task Force on Climate, Development and the International Monetary, 11 mar. 2022.

YÁÑEZ, Ivonne & BRAVO, Elizabeth. "La energía eólica: el case de China". *In*: BRAVO, Elizabeth (org.). *Energías renovables, selvas vaciadas: expansión de la energía eólica en China y la tala de balsa en el Ecuador*. Quito: Naturaleza de Derechos, 2021.

YÁÑEZ, Ivonne & DONOSO, Aurora. *Sur, soberanía y dignidad: no somos deudores, somos acreedores*. Quito: SPEDA-ALCA / Acción Ecológica / Instituto de Estudios Ecologistas del Tercer Mundo, 2008.

ZICARI, Julián; FORNILLO, Bruno & GAMBA, Martina. "El mercado mundial del litio y el eje asiático: dinámicas comerciales, industriales y tecnológicas". *In:* FORNILLO, Bruno (org.). *Litio en Sudámerica: geopolítica, energía, territorios*, Buenos Aires: El Colectivo, 2019, p. 51-79.

A publicação deste livro
foi apoiada por

Institute for
Policy Studies

Pacto
EcoSocial
eIntercultural
del SUR

GLOBAL
WORKING
GROUP
BEYOND
DEVELOPMENT
Towards Systemic Emancipatory Transformations

FUNDAÇÃO
ROSA
LUXEMBURGO

Título original
The Geopolitics of Green Colonialism:
Global Justice and Ecosocial Transitions
Pluto Press, 2024

Primeira edição, setembro de 2025
São Paulo, Brasil

Dados Internacionais de Catalogação na Publicação (CIP)
Angélica Ilacqua CRB-8/7057

Colonialismo verde, volume 1: geopolítica e transições ecossociais / organização de Miram Lang, Breno Bringel, Mary Ann Manahan; tradução de Adriana Guimarães Scarpelini Vieira. — São Paulo: Elefante, 2025.
408 p.

Bibliografia
ISBN 978-65-6008-107-9
Título original: The geopolitics of green colonialism: global justice and ecosocial transitions

1. Ciências sociais 2. Colonialismo 3. Meio ambiente 4. Ecologia I. Lang, Miram II. Bringel, Breno III. Manahan, Mary Ann IV. Vieira, Adriana Guimarães Scarpelini V. Série

25-3692 CDD 300

Índice para catálogo sistemático:
1. Ciências sociais

elefante
editoraelefante.com.br
contato@editoraelefante.com.br
fb.com/editoraelefante
@editoraelefante

tipografia ABC Gravity Variable, Whyte Ink Trap & Signifier
papel Cartão Supremo 250 g/m² & Pólen Natural 70 g/m²
impressão Margraf